DU MÊME AUTEUR

Chez d'autres éditeurs

L'HEURE DES CHOIX. POUR UNE ÉCONOMIE POLITIQUE, avec François Hollande, Odile Jacob, 1991.

À LA RECHERCHE DE LA GAUCHE PERDUE, Calmann-Lévy, 1994.

QUELLE ÉCONOMIE POUR L'EMPLOI ?, avec Lydia Bovelli, Alain Lipietz et Claude Quin, Éditions de l'Atelier, 1995.

L'URGENCE. PLAIDOYER POUR UNE AUTRE POLITIQUE, Plon, 1997.

AU CŒUR DE L'EUROPE, Pré-au-Clercs, 1999.

L'EUROPE. UNE PUISSANCE DANS LA MONDIALISATION, Seuil, 2001.

UN AN APRÈS, Grasset, 2003.

LES 10 QUESTIONS QUI FÂCHENT LES EUROPÉENS, Perrin, 2004.

LA FRANCE DANS UN MONDE DANGEREUX. DE L'EXCEPTION À L'INFLUENCE, Plon, 2006.

L'EUROPE EST MORTE, VIVE L'EUROPE !, Perrin, 2006.

LE LIQUIDATEUR, Hachette Littératures, 2008.

MISSION IMPOSSIBLE ? COMMENT LA GAUCHE PEUT BATTRE SARKOZY EN 2012, Le Cherche Midi, 2009.

DÉFAITE INTERDITE. PLAIDOYER POUR UNE GAUCHE AU RENDEZ-VOUS DE L'HISTOIRE, Flammarion, 2011.

COMBATS. POUR QUE LA FRANCE S'EN SORTE, Flammarion, 2013.

S'IL EST MINUIT EN EUROPE, Grasset, 2016.

DANS CE CLAIR-OBSCUR SURGISSENT LES MONSTRES. CHOSES VUES AU CŒUR DU POUVOIR, Plon, 2018.

NOS MEILLEURES ANNÉES

PIERRE MOSCOVICI

Nos meilleures années

La jeunesse, les amis, la politique

nrf

GALLIMARD

Pour Joseph, à qui je ne veux rien cacher.

INTRODUCTION

La France m'inquiète. Depuis toujours, elle est la nation politique par excellence, championne de la pensée démocratique et flambeau de l'idéal républicain. Elle est aujourd'hui en train de devenir l'homme malade de la politique européenne, sous la menace de la violence et du ressentiment.

J'ai passionnément aimé la politique, ses débats, ses affrontements. Elle animait toutes les conversations, elle constituait pour chacun un élément d'identité : on était de gauche ou de droite comme on est grand ou petit. Elle mettait les masses en mouvement, au nom d'idéaux élevés : la grandeur de la France, le rêve de changer la vie. Elle confrontait des visions opposées du monde et de la société. Certes, les droites étaient diverses, bourgeoises ou populaires, centralisatrices ou girondines, autoritaires ou libérales, et la gauche était traversée par la tension entre l'unité et l'identité, la radicalité ou le réformisme, mais de vraies polarités séparaient les camps : l'ordre contre le mouvement, la tradition contre le changement, les hiérarchies naturelles contre la lutte face aux inégalités, l'ambition productive contre la redistribution. Aux grandes heures de la geste gaulliste répondaient les conquêtes du Front populaire ou les espoirs du 10 mai 1981.

La guerre froide trouvait ses prolongements dans nos débats, à l'idée communiste s'opposaient les valeurs de la société libérale, l'Europe s'imposait comme une réponse aux conflits et au nationalisme.

Après vingt-trois ans de gouvernements de droite, la France a ensuite vécu pendant quarante ans au rythme des alternances. Les acteurs de notre vie politique étaient puissants, à la fois contestés et respectés. La Ve République avait été créée par un homme de l'histoire, le général de Gaulle, les champions émergents de la droite, derrière son successeur Georges Pompidou, s'appelaient Valéry Giscard d'Estaing et Jacques Chirac, l'opposition de gauche était dirigée par un maître de l'art politique, François Mitterrand. Sans être massifs, les partis politiques étaient des forces nombreuses, des écoles de formation qui attiraient les talents. L'élite politique était sans doute trop homogène, mais elle était de qualité, incarnée par des femmes et des hommes énergiques, qui savaient lire, écrire, parler, attachés à l'éloquence, rassemblant les foules dans les meetings, faisant ardemment campagne sur le terrain. Enfin, le service de l'État était une vocation, qui fascinait les meilleurs.

Je ne veux pas idéaliser une réalité qui a toujours été complexe et inégale : gardons-nous des illusions du « c'était mieux avant ». Mais force est de constater que tout est différent. En quelques décennies, cet univers, pas toujours enchanté mais vivant, stimulant, s'est affaissé, presque décomposé. La qualité du débat s'est effondrée, la communication a pris le pas sur la conviction, la magie du verbe et le goût du mot juste ont cédé le pas au storytelling et à l'addition de séquences plates ou de désinformations grossières véhiculées par des réseaux sociaux incontrôlés. Les ingénieurs de l'internet se sont substitués aux penseurs de la politique. L'irrespect a remplacé l'admiration, le goût du service public a reculé face au culte de l'argent, l'attractivité de l'État s'est érodée. Les partis politiques se sont dramatiquement affaiblis, les talents se défient de la politique, du moins à l'échelle nationale. La chute de l'Union soviétique après 1989 a marqué le triomphe de la démocratie, mais aussi son appauvrissement, l'Europe est devenue à la fois plus nécessaire, plus technique et plus lointaine, alors que la mondialisation apportait plus de prospérité et de nouveaux modes de consommation, mais aussi portait ses mutations brutales, ses inégalités, ses crises de toutes natures, économique, écologique, financière, sociale, sanitaire, géopolitique, démocratique.

Nous vivons le résultat de cette évolution. Une société fragmentée, archipélisée, à bout de nerfs se détourne de la chose publique, pourchasse les élus de sa vindicte, se rebelle contre des institutions épuisées, remet en cause la démocratie même. Elle est tentée par le populisme, l'autoritarisme ou l'illibéralisme. Il règne sur notre temps une ambiance à certains égards proche des années 30, mais avec les technologies d'aujourd'hui. Les forces de gouvernement traditionnelles, de gauche comme de droite, n'ont plus qu'un filet de voix, alors qu'elles sont pourtant indispensables. Le discours gestionnaire et raisonnable, qui semble parfois ne s'adresser qu'aux inclus, n'est qu'un mince rempart contre les colères de l'époque, faute d'avoir su créer un élan et une pensée suffisamment structurée. L'extrême droite, certes apparemment assagie, n'a jamais été aussi près de conquérir le pouvoir par les urnes.

Je ne me résigne pas à l'abaissement du débat public, à la fatalité de la violence ou de la médiocrité. Je suis persuadé que nous pouvons remonter cette pente et redonner du sens à notre démocratie, à condition bien sûr de répondre aux défis du siècle. Pour éclairer l'avenir, il faut comprendre comment nous en sommes arrivés là, sans quoi, comme le dit Tocqueville, « l'esprit marche dans les ténèbres ». C'est pourquoi j'éprouve le besoin de témoigner, à travers le récit de ma vie d'homme et d'acteur de la scène politique en France et en Europe. Depuis mon adolescence dans les années 70, j'ai beaucoup donné à la politique, et j'en ai beaucoup reçu. J'ai participé aux victoires comme aux défaites de la gauche socialiste. J'ai été député et élu local pendant vingt ans. J'ai été ministre sept ans, par deux fois, dans le gouvernement de Lionel Jospin sous la présidence de Jacques Chirac, puis avec François Hollande. J'ai milité pour un socialisme moderne aux côtés de Michel Rocard et Dominique Strauss-Kahn. Enfin, j'ai été député européen et commissaire européen. Tout cela, je l'ai fait sans jamais oublier d'où je venais, ce qu'étaient mes racines, ce que je devais à la République. Car, par-dessus tout, je suis un serviteur de l'État, depuis mon entrée à la Cour des comptes, que j'ai rejointe en 1984 et retrouvée trente ans après pour la présider, ce qui m'engage à une impartialité que je respecte et me donne une indépendance que je chéris.

Rien dans mes origines de fils d'intellectuels juifs venus d'Europe de l'Est ne me prédestinait à la politique. Et pourtant, je lui ai donné une grande partie de mon existence. Je veux revenir sur le parcours d'une génération qui a participé au combat politique, au gouvernement de la France et à la construction de l'Europe pendant quatre décennies, qui furent en quelque sorte nos meilleures années, une période finalement brève à l'échelle d'une histoire qui s'accélère. Cette génération a eu ses mérites et ses faiblesses. Elle porte forcément une responsabilité dans les dérives de l'époque, mais elle a encore un rôle à jouer, par son action comme par sa parole, pour éviter l'effondrement de l'esprit public et permettre le redressement démocratique.

Je veux dire ici la vérité d'une vie et sa cohérence éthique, intellectuelle, personnelle, à laquelle je suis attaché.

PREMIÈRE PARTIE

UNE JEUNESSE FRANÇAISE

Pensées sous l'hermine

Les grands choix d'une vie arrivent rarement par accident, même s'il faut toujours compter sur la chance ou l'aléa. Depuis juin 2020, je suis Premier président de la Cour des comptes et ce n'est pas arrivé par hasard : je l'ai voulu. Avant de la présider, j'y ai été auditeur, c'est-à-dire jeune magistrat, de 1984 à 1988, j'y étais revenu brièvement en 2003 après l'élimination de Lionel Jospin au premier tour de l'élection présidentielle et ma propre défaite aux élections législatives dans le pays de Montbéliard.

Et pourtant, je me suis toujours considéré comme un des siens. J'ai toujours suivi la vie, la production, l'activité de l'institution, j'ai côtoyé ses membres. Quand j'ai commencé à envisager mon avenir après la Commission européenne, en 2019, où je ne souhaitais pas faire un deuxième mandat, je me suis demandé ce que je pouvais encore faire pour être utile, et servir mon pays. Évidemment, je pouvais revenir à la politique, mais cela ne me tentait pas. La politique telle qu'elle est devenue, la gauche telle qu'elle est devenue ne me donnaient pas envie de m'y réinvestir fortement. Je pouvais aussi aller travailler dans le secteur privé, mais cela n'a jamais été mon tropisme. J'ai alors pensé à devenir président de la Cour des comptes. J'en ai parlé à Emmanuel Macron et à Alexis Kohler : leur réaction a été assez sceptique. Je me souviens de leur question : « Pensez-vous vraiment que c'est là que vous pourriez être le plus utile ? » Ma réponse fut oui, sans hésitation. Parce que je crois beaucoup à l'évaluation des politiques publiques, parce que je ne pense pas que contrôler l'action publique soit un luxe vain : je crois au contraire que c'est une nécessité impérieuse en période de crise. Parce que je suis à un autre âge de ma vie, à un autre cycle de ma carrière – ou plutôt de mon parcours car je n'ai justement pas le sentiment de faire carrière –, à un moment où la sagesse d'une institution juridictionnelle fait plus de sens qu'à quarante ou cinquante ans. Et puis, j'avais sans doute de façon plus personnelle, plus intime, le sentiment d'atteindre un achèvement en devenant Premier président de l'institution qui m'avait vu débuter.

La Cour des comptes représente beaucoup pour moi : c'est une grande institution de la République française. Elle marque à sa façon la permanence de ce qu'est ce pays. Naturellement, au moment de mon « installation », cette cérémonie très solennelle par laquelle on accède à la fonction en revêtant la robe ornée d'hermine et le mortier du haut magistrat, c'est à cela que je pensais. Au projet que je pouvais impulser dans cette maison, au rôle que la Cour des comptes doit jouer au sein des pouvoirs publics et auprès des Français, mais aussi au temps qui était passé, au temps retrouvé en quelque sorte, à ma première prestation de serment comme auditeur en juin 1984, à vingt-six ans, en présence de mes parents aujourd'hui disparus. Je pensais à tout le chemin parcouru, à leur origine, à ma naissance de Français venu d'ailleurs.

Je crois être à ma place dans cette fonction. Aucun de mes

prédécesseurs n'avait été ministre des Finances. Avant moi, parmi les hauts responsables de la Cour, je ne vois qu'un précédent, peu glorieux, celui d'Yves Bouthillier, ministre des Finances de Philippe Pétain, Pierre Laval et François Darlan, ardent partisan de la « coopération franco-allemande » et signataire des lois sur le statut des Juifs pendant l'occupation, qui avait été parachuté comme procureur général près la Cour de 1942 à 1944. Et pourtant, même si j'avais à l'évidence gravi tout le *cursus honorum*, ma présence, dans cette hermine, était un peu particulière. Mon père était apatride à ma naissance, mes deux parents étaient des rescapés de la folie antisémite de la guerre et de la Shoah, des persécutions et des pogromes. J'ai pensé à ma mère, Marie, si vive, si fière, qui aurait caché son bonheur de me voir dans ce costume par une plaisanterie. Sa parole me manque, parce qu'elle a toujours été une interlocutrice difficile, au caractère parfois dur, mais essentielle, avec la virulence d'une femme blessée qui n'empêchait pas la tendresse d'une mère. J'ai eu une pensée toute particulière pour mon père, Serge, qui toute sa vie a craint le retour de la tragédie, qui s'est toujours perçu comme un métèque, un étranger dans ce pays qu'il avait choisi, qui lui a donné beaucoup, même s'il pensait qu'il n'y avait pas été assez reconnu. Il a toujours vécu en France dans une grande insécurité, dont forcément je porte la trace indélébile.

J'ai revécu le moment où, dans cette même Grand'chambre de la Cour, je prêtais mon premier serment, en habit. J'avais eu alors l'impression que j'étais arrivé à un port et que j'y avais posé mon ancre. Mon père m'avait dissuadé de devenir professeur, comme je le souhaitais, comme il l'était, et de me présenter à l'École normale supérieure, comme je l'aurais aimé. Il m'a encouragé à faire l'ENA, ce dont je n'avais au départ pas la moindre envie. Pour lui, entrer à la Cour des comptes, ce n'était pas seulement être français, c'était être magistrat, appartenir à une sorte de noblesse de robe. C'était en somme un sentiment assez semblable à celui exprimé dans *La Promesse de l'aube*, quand sa mère dit à Romain Gary : « Tu seras ambassadeur de France, mon fils. » Il n'y a pas besoin d'être une femme pour être une mère juive. Toute sa vie, mon père a eu peur de la politique, dont il redoutait les aléas et les violences. Mais la Cour des comptes était pour lui un havre, un soulagement, la sécurité définitive dont il avait toujours été privé. Ici, il ne craignait plus rien pour moi. Alors, en imaginant qu'il aurait pu être là, avec ma mère, le jour où je suis devenu le Premier président de la Cour, j'étais ému. C'était être à la tête d'une institution française, une institution qui plonge ses racines loin dans l'histoire du pays, inventée par Napoléon, mais aussi héritière des Chambres des comptes de l'Ancien Régime. Je ressentais fortement ce mélange de fierté et d'émotion, d'étrangeté et de responsabilité.

Et j'ai évoqué dans ces murs, qui n'y étaient pas habitués, le judaïsme, l'antisémitisme, et la trajectoire de certains de mes maîtres, pris eux aussi dans l'épreuve de la Seconde Guerre mondiale. La guerre leur avait volé leur jeunesse et leur insouciance, et ils avaient pu compenser la douleur par la pudeur, l'ironie et l'élégance à l'abri de l'enceinte protectrice de la rue Cambon.

D'excellents Français

Nous sommes tous marqués par les fêlures de nos parents, par ce qui les a constitués. Pour autant, ce ne serait pas leur rendre justice que de les réduire à leurs blessures. Tout ce qu'ils ont essayé de construire pour leur fils aîné et pour mon frère Denis, plus jeune que moi de quatre ans, avait pour but de faire de nous d'excellents Français, qui ne se sentent pas exilés dans leur pays, comme eux pouvaient le ressentir. Mon père est arrivé à Paris à vingt-deux ans en 1948, venant de Roumanie, après avoir traversé l'Europe de l'après-guerre, celle des « personnes déplacées ». Il a passé la guerre dans un camp de travail à Bucarest. Il a assisté à des pogromes, expérience qui, disait-il, « débranche les nerfs de la vie ». Il était issu d'une famille désunie dont il pensait qu'elle l'avait abandonné, ce dont il a terriblement souffert. Dans sa *Chronique des années égarées*, ce beau récit de sa jeunesse douloureuse, il écrivait qu'« une des plus grandes chances dans la vie est de ne pas avoir été heureux dans son enfance ». Et il ajoutait : « J'ai été très malheureux, je n'avais pas de foyer, de maison, de jardin à aimer. Ni de famille à proprement parler. »

En écrivant ces mots, tout en les pensant, il s'est efforcé durant notre vie commune de les faire mentir. Il n'a en tout cas pas voulu pour ses enfants de cette supposée chance d'une enfance malheureuse. Il n'avait pas un don inné pour construire une famille classique, et la nôtre ne le fut pas. Il était timide, peu expressif sur ce qui relevait de l'intime, terriblement tourmenté, même s'il savait être bavard, et très drôle, sur les innombrables sujets qui le passionnaient, de l'amitié à la littérature en passant par la politique. Sa maladresse sociale le handicapait parfois. Mais il aimait sa famille, il a aimé ma mère, à sa façon d'homme qui aimait les femmes, qui les séduisait par son étrange beauté. Il était de très grande taille pour l'époque, presque 1 m 90, avait des yeux verts et un teint mat. Il maîtrisait de nombreuses langues, en bon fils de l'Europe de l'Est – le français, l'anglais, le russe, l'italien, l'allemand, le yiddish, l'hébreu, l'espagnol –, mais il ne perdit jamais son accent roumain. Il aimait ses enfants : il ne savait pas toujours nous prendre, mais à ses yeux nous étions le sel de la terre. Et c'est cet amour, si évident, si fort, si gauche parfois, qui nous a fait ce que nous sommes, qui m'a construit, fort et maladroit moi aussi.

Ma mère, née en France en 1932 d'une famille récemment arrivée de Pologne, a vécu dans Paris occupé, puis elle a passé une partie de la guerre en Lozère, cachée par des Justes. Elle était jolie, très séduisante et voluptueuse, aussi petite et tonique qu'il était grand et un peu indolent – elle mesurait 1 m 55 les grands jours. Elle était meurtrie, volcanique, éruptive. Elle était tout à la fois courageuse, ambitieuse, provocante, passionnée, affectueuse, querelleuse, rêveuse, éprise de lecture, amoureuse des textes, exubérante. Pas facile à vivre donc, mais vivante, survivante. Elle nous a donné la vie, et nous a appris à vivre, avec ses qualités et ses défauts, nos qualités et nos défauts. Tous les deux – mon père plus que ma mère, ma mère était plus agressive et optimiste d'apparence, mon père plus phobique, sujet à la mélancolie, au « black dog » churchillien – craignaient le retour du mal. Ils ont eu le souci de nous en protéger, y compris dans notre rapport à la religion. Je suis un Juif. Je l'ai toujours su, je ne l'ai jamais caché. Mais un Juif à qui toute croyance, toute pratique a été déniée, et qui de surcroît, comme l'écrivait Marc Bloch, « ne revendique jamais son origine que dans un cas : en face d'un antisémite ».

Mes parents avaient vécu la guerre, douloureusement, tragiquement, intimement, même s'ils ont échappé à la déportation. Peut-on croire en Dieu après la Shoah ? Pour eux, non ! Ils avaient d'ailleurs été éduqués l'un et l'autre dans une sorte de socialisme laïc, voire athée. Mon père avait été communiste dans sa jeunesse, avant de tourner le dos à cet engagement. Il avait même voulu partir pour Moscou et en avait été dissuadé par Ilya Ehrenbourg, l'éminent propagandiste soviétique et membre du comité antifasciste juif, qui se défiait des emballements romantiques. Mon grand-père maternel était socialiste de cœur. Il avait immigré en France au début des années 30, avec sa nombreuse famille, dont il était l'aîné, un peu le guide. Lui et ses frères avaient bien réussi dans la confection, le commerce de tissu, ce qu'on appelle en yiddish le *schmattes*, mais la guerre avait interrompu ce succès. Mon grand-père, pour sa part, ne s'en était jamais totalement remis. Il avait un magasin de tricot, rue d'Aboukir, dont les produits m'ont habillé enfant, et il vivait tranquillement, un peu au ralenti, comme il conduisait sa voiture, avec une prudence qui rendait fous les autres conducteurs. Lui et ma grand-mère, une femme minuscule qui était une incroyable cuisinière, attachée à la gastronomie juive d'Europe de l'Est et que mon père, toujours un peu taquin avec ses beaux-parents, invitait régulièrement à ouvrir un restaurant, habitaient à Montmartre, avenue Junot. Leur fille Fanny, la sœur aînée de ma mère, habitait l'étage au-dessous, avec son mari, Charlie, qui avait été l'associé de mon grand-père, et mes cousins jumeaux Laurette et Marc. Cette femme à la fois sociable et mélancolique a consacré une grande partie de sa vie à ses parents.

C'était une famille juive typique de l'immigration polonaise d'avant-guerre, nombreuse, dont la génération des grands-parents restait très attachée à sa culture, ses traditions, sa langue, tout en poussant ses enfants à développer leurs affaires ou, comme ma mère, à entreprendre des études, préparant l'envol des petits-enfants – mes cousins, mon frère, moi, devenus médecin, pharmacien, ingénieur, producteur, écrivaine, actrice, homme politique. Une histoire d'intégration résolue, méthodique, à l'image du très beau roman, injustement oublié, de Roger Ikor, *Les Eaux mêlées*, qui avait obtenu le prix Goncourt en 1955 et dont les enfants furent mes condisciples et amis au lycée Condorcet, où lui-même enseignait.

Mes grands-parents nous recevaient tous les dimanches, elle aux fourneaux, lui lisant son journal sioniste de gauche *Unzer Wort*. Ils parlaient surtout le yiddish – que j'ai longtemps un peu compris et dont je connais encore quelques mots –, beaucoup mieux que le français qu'ils prononçaient avec un accent à couper au couteau. J'avais peu d'échanges personnels avec mes grands-parents, et pourtant je les adorais. Leur mort, au début des années 80, a été pour moi un véritable choc, comme si je perdais avec leur disparition une racine invisible et pourtant indispensable. Pour ma mère, elle fut un arrachement, une profonde tristesse.

Mes parents avaient adopté une sorte d'agnosticisme, de laïcité intransigeante. Leur rapport à la pratique religieuse était plus que distant : inexistant. Et ils ne voulaient pas, mon père spécialement, que nous soyons identifiés comme des Juifs, sans pour autant nous pousser à renier notre identité. Mon frère et moi n'avons jamais mis les pieds enfants dans une synagogue, ni dans un espace communautaire. Il n'y a jamais eu chez moi de crainte de me faire remarquer, mais pas non plus de déni. Et comment cela aurait-il pu être possible ? Ma famille maternelle venait d'un village, Sterdyń, en Pologne, à côté de Varsovie, que je ne connais pas. Nous étions une famille juive ashkénaze de l'après-guerre, assumée mais française, laïque, républicaine. Tout le monde se mariait à la synagogue – j'ai ainsi été le garçon d'honneur du mariage de la cousine germaine de ma mère, Alice Bromberg, dont la sœur Betty et son mari Guy Frydman furent en quelque sorte mes parrain et marraine, avec Daniel Kiberlain – et tous les enfants faisaient leur bar-mitsva dans des fêtes mémorables, souvent au pavillon d'Armenonville, qui étaient à la fois des occasions de rassemblement familial et des affirmations de position sociale. Ce ne fut pas mon cas ni celui de mon frère. Mes parents étaient distants de la religion, même s'ils se sont mariés en présence d'un rabbin, il est vrai un peu particulier, puisqu'il s'agissait d'un de leurs amis sociologue, qui dirigea ensuite la SOFRES, Emeric Deutsch. Par un mélange de prudence et de choix – mon père avait la hantise du retour du nazisme, il craignait tout signe de distinction religieuse – mes parents ont décidé, comme mon père l'a écrit dans son deuxième livre de souvenirs, *Mon après-guerre à Paris*, de ne pas nous faire circoncire.

Au fond, ils tenaient à ce mélange : chez nous on ne croit pas en Dieu, nous sommes laïcs militants avec des engagements politiques, nous ne voulons pas que nos enfants soient prisonniers d'une communauté. Par l'histoire, par la famille, ils étaient, nous étions juifs malgré tout, mais dans le silence et le secret. Je suis juif, je suis reconnaissant à mes parents de tout ce qu'ils m'ont donné, je suis héritier de leur histoire. Mais cela ne me définit pas. Je fréquente peu la communauté, qui de son côté m'a peu recherché. Et je n'ai été pour la première fois en Israël, où le reste de ma famille paternelle s'est installée juste avant et juste après la guerre et vit toujours, qu'à quarante ans – sans doute parce que cela m'effrayait un peu. J'ai dû d'ailleurs y aller quatre fois en tout et pour tout. Sans doute y ferai-je un jour un vrai séjour, quand mon fils en éprouvera la curiosité ou l'envie – si elles lui viennent.

Cette religion, ce sentiment d'appartenance, je les ai reçus à ma naissance, ils me sont restés lointains. Peut-être les retrouverai-je après le dernier jour de ma vie, comme mes parents, comme ma mère inhumée auprès de sa famille au cimetière parisien de Bagneux. La tombe de mon père, elle, se trouve au cimetière du Montparnasse. Je ne savais pas que c'était son souhait d'y être inhumé. Jusqu'au jour où, quelques semaines après sa disparition, en 2014, mon frère et moi avons retrouvé un testament manuscrit, un texte magnifique, écrit la nuit des Pâques juives en 2002. Il disait de nous ce que nous savions sans jamais l'avoir entendu de sa bouche – « je les aime, je les ai aimés et je les aimerai à chaque instant plus que moi-même, au plus intime de moi-même » – et il exprimait sa volonté d'y être enterré. C'est à Montparnasse qu'il avait vécu après son arrivée à Paris, au lendemain de la guerre. Il aimait le jazz, la fête, l'ambiance du quartier. Il souhaitait aussi, bien qu'agnostique, qu'un rabbin s'exprime le jour de ses funérailles. Nous ne le savions pas, mais nous l'avions anticipé, et je suis reconnaissant à Haïm Korsia d'avoir parlé lors de ses funérailles, avec Lionel

Jospin, que mon père estimait, et Alain Touraine, qui fut son ami fidèle et proche jusqu'au dernier jour.

Je n'avais pas eu connaissance de ce testament. Mais je savais à quel point il était attaché à ce quartier où il avait habité et travaillé, à l'École des hautes études en sciences sociales et à la Fondation de la Maison des sciences de l'homme, boulevard Raspail ou rue de Chevreuse, quartier où je vis aujourd'hui. Je me souvenais de nos déjeuners en famille à La Coupole lorsque nous étions enfants, de ceux que nous prenions tous les deux à La Rotonde dans les dernières années de sa vie, de nos promenades dans les environs, des histoires de sa jeunesse laborieuse qu'il me racontait à cette occasion. Je pensais qu'il aurait aimé y trouver sa dernière demeure quand il est tombé malade à la fin 2013, et que nous avons compris qu'il ne reviendrait jamais chez lui, rue d'Aligre, où il avait élu domicile depuis des années. J'ai alors entrepris des démarches pour qu'il puisse être enterré au cimetière du Montparnasse : je ne m'étais pas trompé.

Tout près de sa sépulture se trouve la tombe du lieutenant-colonel Dreyfus. Quand je vais sur la tombe de mon père, suivant la tradition juive, j'y dépose un caillou, puis je me déplace de dix mètres et vais en mettre un autre sur celle d'Alfred Dreyfus, dont je souhaite d'ailleurs qu'il soit réhabilité jusqu'au bout et que la République ait le courage de l'élever au grade de général, qui eût évidemment été le sien s'il n'avait pas été brisé par cette injustice, et pourquoi pas qu'il entre au Panthéon. L'affaire Dreyfus a marqué notre histoire comme aucune autre. Elle a divisé le pays, avant que s'impose la vérité sur l'injustice, l'iniquité dont il a été victime de la part de l'armée au nom d'un antisémitisme viscéral. Elle a changé le cours de la IIIe République, permis l'arrivée de la Gauche radicale aux responsabilités, et indirectement de rompre avec le cléricalisme, par l'adoption des grandes lois laïques. Elle est un pilier républicain, auquel sont attachées les figures de Bernard Lazare, Georges Clemenceau, Émile Zola, Anatole France, Auguste Scheurer-Kestner, Charles Péguy, Jean Jaurès, Marie-Georges Piquart, Léon Blum. Elle m'a marqué, je n'ai jamais cessé, jusqu'à aujourd'hui, de lire et relire les ouvrages qui lui sont consacrés pour essayer d'en tirer les leçons. Nous devons constamment faire en sorte que ce que nous bâtissons, ce que nous voulons léguer aux générations qui viennent, ne cède pas aux instincts qui excluent, qui nourrissent la violence et la haine de l'autre. Et cela passe encore et toujours par l'apprentissage de l'histoire, par l'inscription de nos actes dans cette conscience historique.

Quand mon père écrit son premier livre de mémoires, en 1997, *La Chronique des années égarées*, un très beau livre, puissant, une véritable œuvre littéraire, j'ai quarante ans, je suis déjà ministre des Affaires européennes. Il me le dédicace en soulignant : « Ces choses sues mais non dites entre nous. » Pour la première fois, je lis l'histoire de la jeunesse de mon père et de ma famille paternelle, installée en Palestine après son départ de Roumanie. Mon père s'était fâché avec ses parents au point de leur cacher qu'il s'était lui-même marié et avait eu des enfants ! Il n'a jamais revu sa mère après guerre, et n'est allé en Israël qu'à la mort de celle-ci pour y retrouver son père, sans chaleur particulière, peu de temps avant sa disparition. Une histoire qui ne m'avait pas été racontée, une famille que je ne connaissais pas ! Je reçois ce livre avec une forme de colère, injuste mais incontrôlable, tant j'aurais préféré que ces choses qui n'étaient pas vraiment sues aient été dites. Je ne l'ai lu attentivement, et avec quelle émotion, qu'à la mort de mon père, en 2014. Je regrette aujourd'hui de n'avoir pas pris les choses plus sereinement, et de n'avoir pas engagé ce dialogue avec lui. Je ne saurai jamais s'il le souhaitait ou si ce livre en tenait lieu pour lui. Toujours est-il que nous nous sommes murés dans nos fiertés. Je m'en veux de n'avoir pas su lui tendre la main : je ne le pouvais tout simplement pas. Ma mère n'était pas plus loquace. Je pense toujours à elle et à sa famille, qui ont vécu jusqu'en 1942 dans Paris occupé, puis le reste de la guerre au Malzieu, un village en Lozère, dont je déplore qu'il n'ait pas été fait « Juste parmi les Nations » au prétexte que les familles juives qui y avaient été hébergées avaient habité à l'hôtel et payé un loyer. C'est ignorer le courage et la dignité de ceux qui ont protégé mes grands-parents, ma tante, ma mère, qui avait les papiers d'une autre petite fille, Françoise Bataille, et toute leur famille. Mais la guerre était bien là, et pour les Juifs, elle signifiait, s'ils étaient pris, à l'image d'un des frères de mon grand-père qui s'était naïvement fait recenser comme Juif en 1942 à Paris, la déportation à Auschwitz et la mort. Mon grand-père n'a jamais récupéré de la guerre, il a été spolié, privé de ses biens, et n'a pu retrouver son allant, son ambition, son dynamisme. Ma mère était une femme révoltée, avec un appétit de vivre absolument incroyable, une ambition phénoménale, une puissante volonté d'exister, beaucoup de colère aussi. Les blessures de la guerre ne l'ont pas laissée en paix. Elles furent sans doute le moteur de ses passions et de ses engagements, mais aussi la racine de son intranquillité. Mais elle ne parlait pas de ces années de crainte et de dissimulation.

Toujours est-il que mes parents ne m'ont pas raconté cette époque. Ni l'un ni l'autre ne m'a dit : « Voilà comment cela s'est passé, voilà ce que nous faisions. » Et pourtant mon père est né en 1925, ma mère en 1932. Ils ont vécu jusqu'à quatre-vingt-neuf et quatre-vingt-trois ans, et ils n'en ont jamais, ou presque, dit un mot. Cette terrible culture du silence, celle des survivants qui ne veulent pas revisiter ce passé honni, pesait sur notre famille. Je l'ai accepté, mais ce silence, ce secret m'a marqué, l'absence de parole, de transmission de cette expérience, si terrible qu'elle ait été, m'a affecté. Il m'en reste quelque chose. D'une certaine façon, j'essaye d'y répondre par ces pages, afin que mon fils n'ait pas à vivre avec un tel mystère.

Ma mémoire elle-même, la construction de ma personnalité sont imprégnées par cette occultation. Je ne fais pas partie des hypermnésiques qui gardent les souvenirs de chaque détail, de chaque mot, ou des diaristes qui notent religieusement chaque évènement, chaque anecdote. Je possède certes une excellente mémoire immédiate, quasi photographique, qui me permet de saisir en quelques secondes une note, un discours, un rapport, quitte à donner des sueurs froides à mes collaborateurs, qui craignent à tort que je n'en retienne rien pour les avoir à peine parcourus. Mais je pratique plutôt ce que les psychanalystes appellent l'« attention flottante », l'association libre d'impressions, de souvenirs, de noms, qui émergent ou demeurent au milieu d'une mer d'oubli plus ou moins volontaire. Tout se passe comme si je ne conservais, pour le coup de manière très fidèle, que ce qui m'importe ou a compté, pour faire silence en moi-même sur ce qui m'a heurté, mais qui m'a paru négligeable ou que j'ai souhaité pardonner, ou sur ce qui, finalement, n'aura pas eu grande importance : je n'ai pas la peau sensible d'une « princesse au petit pois », je pratique plutôt la réminiscence à la manière de la madeleine de Marcel Proust. De ma propre vie, je discerne avant tout quelques grands blocs, des piliers solides, des moments forts, dont la taille écrase beaucoup d'autres souvenirs, plus mineurs, qui ne réapparaissent que dans l'échange avec ceux qui les ont partagés.

J'ai aussi hérité de ce silence familial des habitudes discursives parfois déroutantes. Autant je suis à l'aise dans la parole publique – ou plutôt, je le suis devenu, les grandes salles provoquaient au début chez moi de véritables crises d'agoraphobie – et dans tout ce qui touche à ma sphère professionnelle, politique ou intellectuelle, autant je répugne à me dévoiler, je garde pour moi mes émotions, mes sensations, je préfère les exprimer par écrit. Je parle peu en privé, et cela a fait de moi un anti-mondain : j'ai toujours été surpris des portraits qui me dépeignaient en dandy, alors que je ne dîne jamais « en ville », que je sors peu, si ce n'est la fréquentation de ma famille et d'un cercle restreint d'amis. Pour éviter les questions des autres, j'en pose beaucoup : c'est de la curiosité, mais pas seulement. Je suis persuadé que ce fonctionnement un peu particulier, qui peut parfois surprendre, est lié à tout ce que l'on m'a tu. Les enfants de survivants héritent apparemment des capacités et des incapacités de leurs parents.

La vie de mon père est un roman. Ce qu'il a voulu pour ses enfants, pour mon frère et moi, c'est nous transmettre l'art du rebond tout en nous protégeant de ses vicissitudes. Alors oui, il a été fraiseur, vendeur de vêtements, de chaussures, de chapeaux, ajusteur. Il n'a pas bénéficié du confort d'un héritier ou d'un jeune bourgeois français. Il a connu le monde ouvrier, il a côtoyé la misère et souffert du froid. Mais, comme il le disait, il a toujours voulu devenir un homme de savoir. C'était son projet depuis l'enfance, celui d'un garçon très intelligent, qui avait beaucoup lu et avait soif d'apprendre. Et un jour il a eu l'occasion de le devenir. C'est ce que mon frère et moi avons écrit dans la postface de son livre posthume *Mon après-guerre à Paris*, reconstitué par Alexandra Laignel-Lavastine à partir de notes éparses, de paperoles, que nous avons trouvées chez lui après sa mort, qu'il n'avait pas eu la force de rassembler et qu'il avait laissé de côté pendant ses dernières années. Je suis reconnaissant à Olivier Nora de nous avoir permis de mener à bien ce projet qui lui tenait à cœur. Au fond il y avait pour lui les maîtres, les amis, et les femmes, dans cet ordre.

Les maîtres : Claude Lévi-Strauss, Alexandre Koyré, philosophe et historien des sciences qu'il admirait, qui lui ouvrit notamment les portes de Princeton, Daniel Lagache, un psychosociologue alors très connu, qui lui a mis le pied à l'étrier, Clemens Heller, fondateur avec Fernand Braudel de la Maison des sciences de l'homme. Des hommes qui ont repéré et distingué ce jeune apatride presque autodidacte, maladivement timide, avec son accent prononcé, qui lui ont donné confiance, ainsi que les moyens de faire sa thèse, de devenir chercheur au CNRS, d'entrer à l'École des hautes études en sciences sociales. Les amis : le « trio de métèques », qu'il formait avec le grand poète franco-allemand Paul Celan et Isac Chiva, l'homme qui faisait tourner le laboratoire de Claude Lévi-Strauss au Collège de France, et qui fut toujours son grand ami de cœur. Trois vies incroyables. Enfin, les femmes, qui étaient plus que son jardin secret, qui l'occupaient beaucoup. Il fut toute sa vie un séducteur, même si ma mère fut son grand amour.

Moi aussi, je sais ce que je dois à mes maîtres et je le reconnais. Je sais que construire un parcours, une vie, c'est d'abord pour beaucoup affaire de rencontres. Si le hasard ne m'avait pas amené à croiser le chemin de Dominique Strauss-Kahn, puis celui de Lionel Jospin, je ne serais sans doute pas devenu un homme politique. Je ne suis pas né, je n'ai pas grandi en me disant : « Tu vas être président de la République ou ministre. » J'aurais pu succomber comme d'autres au syndrome d'Icare, mais je me l'interdisais, par une forme de réserve que l'on m'avait probablement inculquée. Mes parents ont aussi voulu me protéger de la très grande incertitude, de la très grande angoisse que l'ambition démesurée crée au quotidien.

Mon père rêvait que moi puis mon frère soyons polytechniciens. Ce n'était pas une idée fixe, mais presque ! Quand je suis arrivé au lycée Condorcet, j'ai tout de suite développé un tempérament plus littéraire que scientifique. Je comprenais les sciences, mais je m'y intéressais peu, j'étais rétif. Néanmoins, alors qu'arrivait le moment de faire un choix de filière, et que mes goûts m'avaient porté jusqu'à me présenter au concours général de latin, de grec et de philosophie, mon père m'a dit : « Tu ne vas pas être normalien et agrégé, c'est une impasse, tu vas être polytechnicien. » Je n'en avais ni le talent, ni l'envie : je lui ai résisté à moitié, j'ai renoncé à mes ambitions littéraires mais me suis totalement désintéressé des matières scientifiques, à l'exception des « sciences naturelles ». La médiocrité de mes notes en physique et en maths m'a barré la route de la classe préparatoire scientifique. J'ai même eu mon bac au rattrapage, avec une modeste mention assez bien, qui aujourd'hui m'aurait interdit le parcours universitaire que j'ai fait ensuite. Cela en dit long sur les incroyables excès de la sélection précoce qui prévaut aujourd'hui, qui réserve pour l'essentiel l'accès à Sciences Po, où j'ai étudié et enseigné, aux titulaires d'une mention très bien. Il y a moins de deuxième chance pour les flâneurs, et c'est dommage !

Je suis ensuite allé en fac d'économie, à Nanterre, où pendant quatre années j'ai surtout milité le jour et vécu intensément la nuit. Depuis le lycée, j'étais devenu un « compagnon de route » de la Ligue communiste révolutionnaire, pour le dire autrement un sympathisant trotskiste. En mai 1968, j'étais déjà au comité d'action lycéen du petit lycée Condorcet – on dirait aujourd'hui collège. J'étais passionné par la politique, au point de connaître le MRP, parti de centre-droit de la IVe République, depuis longtemps disparu, et son histoire, ce qui convenons-en n'était ni banal, ni peut-être sain pour un enfant de dix ans ! Condorcet, c'était le grand lycée de la rive droite, celui de Raymond Aron, Henri Bergson, Emmanuel Berl, Ferdinand Buisson, Jean Cocteau, Bernard Frank, Alain Krivine, Georges Mandel, Marcel Proust, Henri de Toulouse-Lautrec, Paul Valéry, mais aussi celui de Jacques Dutronc, Louis de Funès, Serge Gainsbourg ou Boris Vian. On y trouvait beaucoup d'enfants de la bourgeoisie ashkénaze, des fils de commerçants ou d'intellectuels dont les parents étaient communistes ou socialistes et dont les enfants, comme moi, se sont tournés assez naturellement vers le trotskisme. Je n'ai pas été communiste, comme mon père qui, ayant d'abord épousé le mouvement, l'avait rejeté pour avoir éprouvé le système totalitaire après guerre, alors que ma mère était plutôt une sympathisante du Parti communiste, en rupture de ban toutefois. Jeune, je n'ai pas suivi le Parti socialiste, car c'était celui de François Mitterrand, dont la personnalité et le parcours me rebutaient, et parce qu'il portait une forme de modérantisme qui me déplaisait. Je n'ai pas non plus adhéré à la Ligue communiste révolutionnaire, mais l'ai accompagnée pendant toutes mes années au lycée Condorcet, puis à la fac d'économie à Nanterre.

Ce qui m'a retenu d'appartenir à la Ligue communiste au début des années 1970, c'est Israël et l'Europe. Les trotskistes, en tout cas à la Ligue communiste révolutionnaire, n'étaient pas des souverainistes, mais des internationalistes antistaliniens. Et sans en être membre, je m'y sentais assez bien, même si leur engagement européen me semblait trop timide et lointain. L'autre raison qui m'a empêché d'entrer à la Ligue communiste révolutionnaire est la guerre du Kippour. Je voyais au lycée Condorcet beaucoup de professeurs et de camarades trotskistes souhaiter la défaite d'Israël, et, bien que sensible à la terrible injustice faite aux Palestiniens, et partisan du camp de la paix et d'une solution à deux États, je n'y parvenais pas. Il se trouve que j'avais des grands-parents paternels, que je n'ai jamais connus, qui vivaient là-bas, toute une famille, en particulier deux cousines germaines, que je ne connaissais pas non plus et que j'ai rencontrées plus tard, à la mort de mon père. Je ne pouvais pas souhaiter qu'Israël, cet État né de la Shoah, de l'extermination des Juifs, fût défait. Israël a mille défauts que je connais, le pays est aujourd'hui bien éloigné des idéaux socialistes de ses fondateurs, il a viré politiquement très à droite, trop à droite, et le traitement réservé aux Palestiniens est indigne. Pour autant, au nom de l'histoire, parce que c'est aussi la seule démocratie vivante de la région, malgré les dangereuses tentations illibérales de remise en cause de l'indépendance de la justice du dernier gouvernement de Benyamin Netanyahou, je défendrai toujours le droit d'Israël à l'existence dans des frontières sûres et reconnues. L'évolution actuelle d'Israël m'inquiète et me déplaît, mais je continue de penser que cette nation demeure singulière par son histoire, son origine et sa culture. Je suis donc resté un sympathisant, sans jamais franchir le pas de l'adhésion, dans un lycée qui était toujours à l'avant-poste des manifestations de l'époque. Le chef des trotskistes à Condorcet était Michel Field, jeune leader du mouvement lycéen, qui a bien changé depuis. Jean-Marie Brohm, professeur de gymnastique, était aussi un théoricien trotskiste réputé. Il y avait dans ce mouvement une aspiration généreuse que je ne renie pas.

J'ai participé à tous les mouvements lycéens des années 70, et j'ai poursuivi dans cette voie à l'université – sympathisant actif, mais pas adhérent – gardant toujours mes distances et ma liberté. L'économie m'intéressait – c'était une approche à la fois concrète et philosophique de l'existence, une manière de penser la vie en société qui me séduisait. La faculté d'économie de Nanterre me permettait d'associer ce goût avec la politique. Elle était en effet un haut lieu du gauchisme, vécu sur un mode assez ludique et très libertaire, qui unissait les étudiants et les professeurs dans des combats communs. Nos enseignants étaient pour la plupart trotskistes, à l'image de Jacques Valier, que je retrouvai plus tard au Parti socialiste, et l'économiste euro-communiste Philippe Herzog, qui devint plus tard mon ami, et y faisait figure de droitier. Nous étudiions Karl Marx avant de comprendre David Ricardo et Adam Smith, puis de rejoindre les manifestations et occupations d'amphis qui nous mobilisaient souvent. C'était engagé et joyeux, j'en garde un heureux souvenir même si je ne m'y suis pas senti surmené. Il fallait bien, il est vrai, que je récupère de mes courtes nuits.

Mes parents s'étaient séparés au début des années 70, jeunes encore – ils n'ont pourtant jamais divorcé ni refait leur vie avec d'autres comme si, bien qu'éloignés, ils étaient restés indissolublement liés. C'était sans doute pour moi une souffrance, un motif d'angoisse, mais aussi une formidable opportunité de profiter d'une liberté très tôt acquise. Je fus un fêtard sage. Mes journées se partageaient entre le babyfoot dans les cafés de la rue Champollion, les cinémas du

Quartier latin et ceux de l'Étoile, la lecture et les passions politiques. Mes nuits se passaient dans les boîtes de nuit, au Bus Palladium, aux Bains Douches ou chez Castel. J'avais rencontré au début des années 70 un garçon un peu plus âgé que moi, et très différent, Laurent Starkman, resté mon ami depuis ces quelque cinquante années qui avait pris en charge le solitaire que j'étais. Sortir le soir était pour moi plus un passe-temps qu'un goût profond. Je fumais des cigarettes, des Craven A sans filtre, puis des havanes, j'observais beaucoup. Je n'avais pas encore la figure sévère et la calvitie qu'on prête au haut fonctionnaire, mais une longue chevelure bouclée, un regard tendre derrière les yeux cernés, le teint très mat comme mon père, qui me valaient quelques succès. Le reste du temps – il en restait peu – je travaillais, suffisamment pour réussir mes examens, mais sans m'investir. Cette paresse dura longtemps – de la première au lycée jusqu'à la maîtrise. J'étais tout simplement un adolescent, puis un jeune homme de mon temps, de cette période des années 60 et 70 marquée par la libéralisation de la société et la libération des mœurs.

À vingt ans, après que j'ai obtenu deux maîtrises d'économie et de sciences politiques, mon père, pourtant peu porté sur les actes d'autorité mais sans doute lassé et un peu inquiet de me voir tourner en rond, me dit lors d'un déjeuner à la Brasserie Balzar, rue des Écoles : « Ça suffit, tu as eu ta période *vitelloni* » – c'était le nom d'un film de Federico Fellini sur cinq jeunes inutiles, les « gros veaux » –, « il est temps de passer à autre chose, fais Sciences Po ». Conseil que cette fois j'ai suivi, en deux temps. Au terme de ma licence d'économie, je m'étais inscrit en maîtrise de sciences politiques à la Sorbonne, où je fus happé par la philosophie politique. L'ambiance n'y était guère plus studieuse qu'à Nanterre, mais un plus grand pluralisme politique – assez relatif néanmoins – y régnait, et d'excellents professeurs m'ont marqué. Je pense d'abord à Pierre Birnbaum, dont les travaux sur les élites administratives m'intéressaient, à Bertrand Badie, qui enseignait alors les sciences politiques et dont j'appréciais la clarté et l'érudition, et à François Châtelet, philosophe et historien des idées, dont la voix magnifique, la vaste culture politique et le charisme nous entraînaient. Je me souviens encore de l'oral qu'il m'a fait passer, en enchaînant cigarette sur cigarette, au café en face de la Sorbonne, sur Marx évidemment, et des mots chaleureux d'encouragement qu'il m'avait prodigués. Le hasard faisait, mais je ne le savais pas, qu'il était le beau-frère de Lionel Jospin, qui plus tard jouera le rôle qu'on sait dans ma vie, le mari de sa sœur Noëlle, une femme exquise et remarquablement belle. De nouvelles curiosités, de nouveaux appétits s'étaient ouverts, j'étais prêt à entrer à l'Institut d'études politiques. J'avais déjà tenté de le faire, et échoué à l'oral un an plus tôt, par pédanterie et désinvolture, persuadé que mes talents de rédaction et mon bagout suffiraient. Je fus déçu et vexé. Je préparai cette fois plus sérieusement l'examen et fus admis.

J'ai aimé ces années rue Saint-Guillaume. Sans être dupe de l'élitisme de cet environnement et d'une certaine superficialité, j'en ai apprécié la liberté. J'y ai découvert les relations internationales et l'histoire politique. J'y ai appris une méthode auprès de bons maîtres, pas tous de gauche – Jean-Thomas Nordmann, Philippe Benetton, Christian de Boissieu, Jean-Louis Quermonne –, parfois à la dure, et ça ne m'a pas fait de mal. Un déclic m'est venu lorsqu'un de mes maîtres de conférences, en relations internationales, François Nicoullaud, qui fut plus tard ambassadeur à Téhéran et dont j'ignorais qu'il était un militant socialiste dévoué, m'eut rabattu le caquet en me donnant à plusieurs reprises des notes lamentables sur des copies que j'estimais pour ma part excellentes. « Vos rédactions sont trop littéraires et précieuses, répondit-il à mes protestations. Visez la moyenne, rédigez plus sobrement et plus brièvement, développez les thèses et antithèses avant d'exposer vos propres propositions, et tout ira mieux. » Je suivis son conseil, pour le meilleur et pour le pire, et mes résultats s'envolèrent. À Sciences Po, je me suis aussi fait des amis que, pour beaucoup, je n'ai jamais perdus de vue. Ce n'est pas si mal ! Je me suis mis au travail, j'ai fait deux DEA d'économie et de philosophie en parallèle.

Puis, juste après Sciences Po, un peu par accident, je suis entré à l'ENA. L'anecdote paraîtra invraisemblable, voire prétentieuse, et pourtant elle est exacte : je n'ai même pas retiré mon dossier d'inscription, qu'un de mes camarades de Sciences Po, Igor Bove-Ziemann, avait pris pour moi ! Je ne me sentais pas prêt à entrer dans cette école, ou n'en avais pas envie. Mes origines ne venaient pas de la haute fonction publique, je ne savais pas bien ce qu'on y faisait, mes aspirations intellectuelles comme mes engagements politiques qui se voulaient révolutionnaires ne m'y poussaient guère. Toutefois, je n'étais pas insensible à ce que pouvait représenter cette aspiration à servir l'État. Je pensais que la transformation de la société pour laquelle je militais passait par le service public, par ce que Pierre Birnbaum appelait les « sommets de l'État ». Par jeu, par défi, j'ai suivi mon ami, mais n'ai pratiquement pas préparé les écrits. J'avais toutefois déjà un certain bagage universitaire et je sortais juste de Sciences Po, où j'avais solidement réussi mon diplôme, et les matières se ressemblaient. J'ai donc consciencieusement rempli mes copies, en improvisant parfois, sans avoir l'impression de démériter. Pourtant, je ne pris pas la peine d'aller voir les résultats de l'admissibilité. Igor y alla à ma place : j'étais admissible, il ne l'était pas. J'ai certes alors eu des sueurs froides. Je me doutais que je n'étais pas bien placé – et de fait j'étais le dernier admissible. Il y avait des impasses dans mon fragile savoir, j'ai compensé mon retard grâce aux oraux. J'ai dû combler mes lacunes dans plusieurs matières, à commencer par les questions sociales. Ce furent les jours et les nuits de travail les plus intenses de ma vie. Je n'avais jamais étudié ce sujet et j'étais contraint de me mettre à niveau très vite. Je fus finalement accepté parmi les derniers, sinon le dernier. Peu importe, à la surprise générale, à commencer par la mienne, j'étais énarque, deux ans après avoir émergé de longues années peu acharnées au labeur. À l'issue de ma scolarité à l'ENA, j'en suis sorti suffisamment bien classé pour entrer, comme je l'avais espéré, à la Cour des comptes.

Quant à mon frère Denis, qui n'était pas spécialement attiré à l'origine par les mathématiques, il a suivi l'inspiration paternelle, et a été jusqu'à Centrale après avoir été admissible à Polytechnique. Il a ensuite travaillé dans la banque, puis dans l'immobilier, tout en devenant un amateur d'art érudit, spécialiste reconnu des courants d'avant-garde du XXe siècle, et un lecteur éclectique qui, à ses heures perdues, écrit. Nos vies ont été très différentes, mais à bien des égards nous nous ressemblons beaucoup. Ce que nos parents avaient voulu pour nous, c'était une autre vie que la leur, que nous ne connaissions pas ce sentiment d'être étrangers dans notre propre pays mais au contraire que nous puissions aller jusqu'au cœur de la société française. Nous l'avons fait, en grande partie pour eux, en tout cas grâce à eux.

Quand je suis revenu au palais Cambon comme Premier président de la Cour des comptes, après un long détour – j'avais entre-temps été vingt ans parlementaire et élu local, sept ans ministre, cinq ans commissaire européen –, j'ai éprouvé le sentiment de parachever ce parcours par l'inscription dans une histoire très française, en présidant une institution inscrite dans le roman national. Ce n'était pas la fin d'un exil : c'était le point d'arrivée d'un parcours personnel, celui d'un homme venu d'ailleurs, que ses parents ont voulu très français et qui a toujours souhaité l'être, sans jamais rien renier. Je crois définitivement plus à l'intégration qui dépasse qu'à l'assimilation qui efface.

Devoir de réserve

Mon parcours a été profondément laïc, républicain, et c'était dans mon acte de naissance. Si je devais me reconnaître des filiations politiques, je citerais d'abord Léon Blum, qui m'a inspiré tout au long de ma vie publique. Juriste, membre du Conseil d'État, autre grande institution française, lettré et littérateur, très impliqué d'abord dans la défense d'Alfred Dreyfus, Léon Blum a adhéré progressivement au socialisme à travers cette affaire, sous l'influence de Jean Jaurès et de Lucien Herr, le bibliothécaire de l'École normale supérieure. Il est entré en politique active sur le tard, après avoir été le chef de cabinet du socialiste Marcel Sembat pendant la Première Guerre mondiale. Devenu député en 1919, à quarante-sept ans, il prend le leadership de la SFIO à la suite du congrès de Tours de 1920, qui marque la scission avec le communisme, pour « garder la vieille maison » socialiste. Surtout, il a mené avec le Front populaire en 1936 la première expérience de la gauche socialiste au pouvoir, et quelle expérience, avec la semaine de 40 heures, le droit à la syndicalisation ou les congés payés ! Pendant la guerre, son comportement exemplaire, son refus de voter les pleins pouvoirs au maréchal Pétain, sa virtuosité pour ridiculiser la justice de Vichy lors du procès de Riom lui permirent de sauver l'honneur de la famille socialiste. Ce grand intellectuel fut un grand politique et un grand humain. Il n'était pas homme politique par vocation ou par ambition, mais par conviction et par devoir. Il ne se définissait jamais comme Juif, mais il savait d'où il venait, ce qu'il était. Il n'était pas un Juif de cour, expression dans laquelle je ne me reconnais pas !

Pierre Mendès France, grand talent du Parti radical-socialiste avant guerre, ministre du général de Gaulle après la Libération, chef de gouvernement aussi éphémère que marquant en 1954, rétif à la logique de la Ve République jusqu'à sa mort en 1982, ne l'était pas non plus. Parlons plutôt, comme Pierre Birnbaum encore, de Juifs d'État, de ces « fous de la République » qui, dans le respect le plus jaloux de la laïcité, dans leur dévotion au service public, ont mis leur talent et leurs convictions au service de l'État et de la République, comme universitaires, militaires, hauts fonctionnaires, et aussi comme hommes politiques. Des Juifs happés par la politique, avec le sentiment que cela impliquait une construction républicaine extrêmement rigoureuse, et pas par hasard souvent engagés dans le socialisme réformiste. Mais aussi avec une limite : celle, justement, d'être juifs, donc, d'une certaine façon, interdits du pouvoir suprême. Ou plutôt, il n'y a pas d'interdit, sauf peut-être celui que l'on se fixe à soi-même.

Sans avoir eu l'ambition d'être un nouveau Léon Blum ou un autre Pierre Mendès France, je me suis très tôt inspiré de leurs parcours. Je me suis nourri de leurs vies, notamment en dévorant les biographies que Jean Lacouture et d'autres leur ont consacrées, mais aussi en lisant leurs œuvres. Ce qui me fascinait, c'était leur attachement à la vérité, leur engagement à la fois démocratique et républicain, leur entêtement à amener la gauche à exercer le pouvoir sans se déjuger, sans trahir ses valeurs et ses électeurs, leur courage indomptable face à la plus grande adversité, celle de la guerre qui voulut les discréditer comme responsables et les abaisser en tant que Juifs. De manière différente – ma sensibilité humaine et politique me portait davantage vers le socialiste Léon Blum, personnage plus littéraire et romantique, presque romanesque, mythifié par le Front populaire et le procès de Riom, que vers le radical Pierre Mendès France, devenu il est vrai plus tard membre du PSU, qui était davantage mon contemporain et dont la rectitude m'impressionnait – ils furent pour moi des modèles, des figures aussi indépassables que tutélaires.

Qu'il s'agisse de Léon Blum, de Pierre Mendès France ou de Dominique Strauss-Kahn, tous ont eu des familles installées en France depuis plus longtemps que la mienne. Je suis le fils d'une double immigration. J'en ai toujours été conscient. Je pensais depuis très jeune au service de l'État, à l'appartenance à un grand corps, comme Léon Blum. Je me reconnaissais en la « république moderne » de Pierre Mendès France. Je voyais l'économie dans une optique keynésienne, comme lui. J'avais d'ailleurs fait un DEA d'économie sur le plein-emploi chez Keynes avec le doyen Alain Barrère, grand universitaire girondin, à la personnalité chaleureuse et bienveillante, qui avait été un des premiers à diffuser la pensée économique de Keynes en France. J'avais aussi obtenu un DEA en philosophie politique sur les représentations sociales chez Keynes, Marx et Schumpeter avec le sociologue libéral Raymond Boudon, dont la culture était encyclopédique et l'enseignement lumineux. Mon orientation, mes centres d'intérêt étaient bien marqués.

Devenu plus tard homme politique, je me suis senti à l'aise

assez rapidement, mais pour autant je ne m'imaginais pas initialement comme tel, davantage plutôt en conseiller du prince. Je n'étais pas dénué d'ambition, mais je ne me voyais pas sur l'affiche. Il a fallu qu'on m'y pousse, comme Lionel Jospin en l'occurrence l'a fait et, quand cela fut accompli, ma foi, j'ai aimé ça. Pas un jour de ma vie, je n'ai eu l'obsession de concourir à la présidence de la République. D'abord c'est dans mon tempérament : je répugne à me dévoiler totalement, je ne suis pas prêt à renoncer à toute intimité, je ne me sens pas de me livrer à cette surexposition permanente et de plus en plus impudique qu'implique l'élection présidentielle en France. Je n'irai pas jusqu'à penser « pour être heureux, vivons cachés », mais comme André Malraux je sais que « pour l'essentiel, l'homme est ce qu'il cache : un misérable petit tas de secrets ». Je ne pensais pas par ailleurs qu'un Juif, de surcroît d'origine étrangère aussi fraîche que la mienne, puisse être élu président. Au moment de l'approche de l'élection suprême – Pierre Mendès France a esquivé la Ve République en prenant position contre le régime présidentiel, il a subi un certain nombre de défaites électorales précisément pour avoir refusé les institutions de la Ve et, quand il s'est frotté à l'élection, c'était en seconde position derrière Gaston Defferre en 1969, un choix incompréhensible, presque incohérent, débouchant sur une déroute assez pathétique.

Toute ma vie, on m'a prêté une forme de distance, parfois de dilettantisme, une volonté de préserver âprement une option privée, qui m'aurait éloigné du vrai pouvoir, le pouvoir suprême. Je ne crois pas à cette thèse. Je pense qu'on peut accéder au plus haut niveau politique en continuant à lire des livres, en ayant une vie privée, en étant curieux des arts – Georges Pompidou ou François Mitterrand par exemple ne se sont pas privés de vivre –, l'un avait le goût du bonheur, l'autre celui du plaisir. Il y avait chez moi autre chose, une forme de réserve très intime. De réserve dans la personnalité d'abord, car je peux plus facilement parler en public que me dévoiler en privé. Une forme de réserve aussi par rapport à l'élection suprême, comme si j'avais intériorisé que ce n'était pas permis à un fils de métèque, encore un peu métèque lui-même. Car, oui, même si c'est en partie imaginaire, je pense l'être encore dans le regard des autres, et le suis vis-à-vis de moi-même. Je crois avoir une forme d'étrangeté, que je ne saurais pas définir moi-même, une manière particulière d'être, y compris dans le milieu politique, qui m'a valu à la fois des sympathies et des inimitiés que je ne parviens pas toujours à expliquer – les unes comme les autres.

Je me suis interdit certaines audaces, et ce n'est pas parce que j'aimais lire, vivre, ou pour me protéger. Contrairement à une certaine image, j'ai beaucoup sacrifié à la politique, même si je le montrais moins que les autres. Pendant près de trente ans, j'ai connu les déplacements incessants, en train ou en avion, les réunions militantes aussi passionnées qu'abstraites, les meetings, des plus petits aux plus grands, les débats interminables des instances du parti, les visites de terrain par tous les temps, les hôtels de province où l'on arrive tard le soir épuisé et qu'on quitte tôt le matin après une trop courte nuit, les nuits au Parlement, le travail d'élu et de ministre, dans les assemblées locales ou au gouvernement, les conseils des ministres européens, les débats de la Commission, les grands forums internationaux, et j'ai aimé tout cela. J'ai voulu afficher une certaine facilité, qui m'a valu toute ma vie d'être taxé de dilettantisme, mais j'ai toujours énormément travaillé, et avec angoisse. C'est un gros travail d'être dilettante ou de le feindre ! En vérité, j'ai payé de ma personne autant qu'un autre, mais quelque chose, un je-ne-sais-quoi, toujours me retenait. Et je ne voyais pas l'élection présidentielle comme une aventure personnelle, comme un projet égotique, mais comme un rendez-vous collectif pour faire triompher des idées.

Dans toutes mes fonctions, je ne me suis jamais départi d'une certaine conception de l'État, à laquelle je reste très obstinément attaché. Je n'y ai pas renoncé, et c'est précisément le sens de ce que je fais à la Cour des comptes : essayer de garder la très grande tradition d'une maison comme celle-ci, tout en tentant de la transformer, de la moderniser, de changer très fortement ses codes, parfois en la bousculant un peu. Comme le Guépard de Lampedusa, je sais que pour que rien ne change, ou plutôt pour que tout se poursuive, il faut que tout change. J'ai une mission à accomplir dans cette fonction, je le fais en pensant souvent à une personnalité qui n'appartient pas à ma famille politique, Philippe Séguin, qui est finalement venu conclure son parcours à la tête de la Cour des comptes. Nous n'avons pas le même tempérament – il était sans conteste plus volcanique que moi – ni les mêmes idées – il fut un ténor de la droite, j'ai milité à gauche, il était aussi hostile à l'Europe communautaire que j'en suis enthousiaste.

Chacun de nous était, à sa manière, un outsider, et nous avons l'un comme l'autre joué un rôle politique à la fois au cœur et en marge de nos formations politiques. Et nous sommes tous deux revenus à la Cour après un long trajet politique, en l'ayant quittée très jeune, après notre auditorat, et d'ailleurs au même moment, en 2002-2003, où nous nous sommes alors croisés sans nous fréquenter. Nous l'avons tous deux présidée avec un plaisir et un engagement que ceux qui nous connaissaient mal n'attendaient pas, pour des raisons que je crois proches. Il est devenu Premier président, sur l'insistance de Nicolas Sarkozy qui en a convaincu un Jacques Chirac réticent, mais aussi conscient des qualités éminentes de celui qui fut à son égard aussi obstinément fidèle que rebelle et surtout déçu. Pour ma part, je suis à nouveau parti de la Cour et y suis revenu pour lui succéder, dix ans après sa mort, avec l'idée, qu'à mon avis il partageait, qu'il était possible d'y capitaliser sur l'expérience, y apporter tout un vécu, mais aussi le dépasser, ne plus être dans *la politique*, mais toujours dans *les politiques*, les politiques publiques. Et finalement qu'on pouvait y peser davantage que sur le cours des choses, autrement, peut-être d'ailleurs à certains égards plus que dans *la politique*, où un ministre est, et de plus en plus, un acteur parmi d'autres dans une équipe, avec une contrainte très forte et des marges de manœuvre extrêmement limitées.

Ces années à la Cour des comptes sont pour moi une occasion de retrouver le temps passé, de boucler la boucle, de payer ma dette envers les miens. Mais elles seront aussi, j'en suis persuadé, un nouveau départ pour autre chose, je ne sais pas encore quoi, je n'y pense même pas.

Je suis né dans les livres

Je ne suis pas un intellectuel, je suis un fils d'intellectuels, et ce n'est pas la même chose ! Mais du coup, je sais ce que représente le sacerdoce du travail intellectuel. Un intellectuel, c'est quelqu'un dont le métier est de lire, de conceptualiser, de suer sang et eau pour acquérir, produire, enseigner, transmettre un savoir, pour pondre des articles et écrire des livres que peu de gens liront peut-être mais qui feront autorité dans le débat public. Je lis moi aussi beaucoup, j'aime écrire – mes discours, des articles, des livres. J'aime aussi enseigner, transmettre. Mais je ne cherche pas, je ne trouve pas, je ne théorise pas, ou peu. Je me revois, enfant, dans le bureau de mon père, qui à l'époque était fumeur – il fumait la pipe, le cigare, des cigarettes, de mauvais cigarillos –, avec sa grande bibliothèque, où il passait ses journées à lire, à rédiger. Bien sûr, j'étais là avec lui. Quand on me demandait ce que je faisais, en jouant, je répondais avec le plus grand sérieux : « Je travaille avec mon papa. » Ma mère, qui avait été l'étudiante de mon père, était également chercheuse au CNRS avant de devenir psychanalyste. Elle travaillait dans le bureau adjacent, en fumant elle aussi, des cigarettes qu'elle couvrait de son rouge à lèvres, et donc je travaillais aussi avec ma maman.

Mes parents m'ont donné une éducation à l'image de ce qu'ils étaient et de ce qu'ils pouvaient offrir, qui m'a permis de grandir en étant à la fois extrêmement choyé, culturellement privilégié, mais aussi très vite largement livré à moi-même, un peu comme une herbe folle. Ils étaient de leur temps et de leur milieu, élitistes sans doute, mais d'un élitisme de l'esprit, un peu bohèmes, très libéraux, en apparence tout au moins, ce qui n'excluait pas certaines rigidités. Leurs enfants étaient essentiels à leurs yeux, mais ils ne délaissaient pas pour autant leur travail, leurs amis, leur amour et leurs amours. Nous habitions rue Ballu, une rue magnifique du IXe arrondissement, près de la place Clichy, non loin de chez mes grands-parents mais pas dans leur proximité directe. J'aimais ce quartier, à la fois bourgeois et proche de lieux plus populaires, vers la porte de Clichy ou vers Pigalle, beau et vivant. Je suis resté quatre ans et demi le seul fils de mes parents, élevé à domicile, avant l'arrivée de mon frère, qui passa sa première année à Princeton, où mon père avait été invité, avant que je rentre à l'école, rue de Bruxelles.

D'emblée, je fus un de ces élèves qui embarrassent les professeurs, qu'ils aiment ou détestent, un de ceux qu'on dit doués mais indisciplinés. Je n'ai jamais brillé par mon acharnement scolaire, et mes résultats, excellents dans certaines matières, lamentables dans d'autres, s'en sont toujours ressentis – moins dans le primaire que par la suite. J'apprenais vite, je lisais avidement, j'écrivais abondamment, mais je ne faisais que ce qui m'intéressait, laissant le reste du temps mon esprit vagabonder, en résistant à l'autorité, au prix je le crains d'une certaine insolence. Il n'y a pas une photo de classe où je n'aie l'air ailleurs, à moins que je bouge ou fasse une grimace. Bref, bien que faisant preuve de curiosité et disait-on de vivacité, je n'étais pas un enfant sage, mais distrait et faisant toujours plusieurs choses à la fois. Certains, qui ne m'aiment pas forcément, ou qui au contraire ont de la tendresse pour moi, diront que je n'ai pas changé : ils ont heureusement (en grande partie) tort, mais il reste toujours en chacun un peu de l'enfant qu'il a été. Ces facilités me permettaient en tout cas de suivre l'école sans difficulté, et de faire simultanément autre chose. Très tôt, mon père m'a initié aux échecs, qui furent la grande passion de ma prime jeunesse. Comme tout père digne de ce nom, il m'a d'abord laissé gagner, avant de l'emporter difficilement, puis de perdre effectivement. Avec mes meilleurs amis, Laurent Fribourg et Claude Lutaud, nous ne cessions de jouer, après l'école, ainsi que le jeudi – qui était alors le jour sans classe.

Nous avions vite compris que ce jeu, fascinant, obsédant, avait une dimension stratégique, mais aussi politique et géopolitique. Le monde des échecs était alors dominé par l'école soviétique, et les autorités mettaient en avant les joueurs sobres et prudents, à l'image de Tigran Petrossian, redoutable défenseur, plutôt que des attaquants plus fantasques, et qui plus est juifs, à l'image de Mikhaïl Tal, avant de trouver le champion parfait en Boris Spassky. Son match en 1972 à Reykjavik, contre l'Américain Bobby Fischer, génie juif qui finira dans une paranoïa antisémite, fut en pleine guerre froide un moment de basculement : la chute de l'Union soviétique a peut-être commencé à ce moment-là. Nous nous passionnions pour ces confrontations, pour les grands tournois, pour les meilleures parties de ces géants des échecs. Vers mes dix ans, je me tournai vers un autre jeu, le go, qui avait été introduit en France à la fin des années 60, et pratiqué dans l'arrière-salle d'une librairie située rue de Médicis, l'Impensé radical. Celle-ci appartenait à un libraire et éditeur grec, Lukis Thanassecos, marié à une collègue et amie très proche de ma mère, Hélène Trivous. Mon cerveau ne comptait plus seulement 64 cases, mais 361 intersections !

À l'approche de l'adolescence, rebuté par les efforts nécessaires pour atteindre un haut niveau dans ces disciplines, qui exige l'étude inlassable et approfondie des parties, la mémorisation obsessionnelle d'ouvertures et de développements, j'abandonnais progressivement le go et les échecs, dont la familiarité m'a toutefois façonné l'esprit. J'étais désormais plus mobilisé par d'autres préoccupations, plus sensuelles, et passionné par la musique pop-rock, que j'écoutais en boucle, quand je ne courais pas les concerts – celui des Who en 1972, à la fête de l'Humanité, fut un sommet indépassable. J'ai été un fidèle de la fête de l'Huma jusqu'au milieu des années 80, où mes goûts, qui n'ont pas changé, se sont alors figés. Je ne ratais rien des Beatles ou des Rolling Stones, de Cream, Led Zeppelin ou de Deep Purple, de Jimi Hendrix, Janis Joplin, Otis Redding, Bob Dylan ou Lou Reed, j'admirais Grateful Dead, Jefferson Airplane et Crosby, Stills, Nash and Young, j'aimais Pink Floyd ou Emerson, Lake and Palmer, je m'intéressais au hard rock de Black Sabbath ou Grand Funk Railroad, je suivais Woodstock et les grands rassemblements des années 70, et David Bowie garde ma dévotion. Comme c'était la mode à l'époque, je portais des pantalons à pattes d'éléphant, les « pattes d'eph », qu'il m'arrivait de troquer contre un costume trois pièces lorsque j'allais après les cours au lycée Condorcet jouer au billard dans les salles autour de la gare Saint-Lazare. Bref, j'étais devenu un adolescent des années 70, se prenant tantôt pour Jimi Hendrix, tantôt pour le Paul Newman de *L'Arnaqueur*, sans bien sûr avoir les talents de guitariste de l'un ou les yeux bleus de l'autre !

Mes parents suivaient tout cela avec indulgence, en me remettant parfois dans le droit chemin – j'ai le souvenir de quelques robustes engueulades à la découverte des « pourrait mieux faire s'il était présent au lycée » de certains bulletins scolaires. Ils recevaient beaucoup, leurs collègues et amis, comme Alain Touraine et son épouse Adriana, Michel Crozier, Henri Mendras, des éditeurs, comme Monique et Philippe Cahen, des écrivains, parmi lesquels Paul Celan, Bernard Frank, André Schwarz-Bart, des architectes, autour de Gérard Thurnauer et Jean-Louis Véret, des psychanalystes, à l'image de Jean-Bertrand Pontalis ou Monique Rousseau, qui fut l'amie intime de ma mère – et tant d'autres – Alain Schlumberger, Guy Hermann, tôt disparu, Monique Gonthier, qui fut jusqu'au jour de sa mort la grande amie de mon père. Et ils sortaient tout autant, nous laissant parfois désemparés – c'est une expérience particulière que d'attendre ses parents partis humer l'air des barricades nocturnes en 1968. Ils étaient sociables mais pas mondains, à l'image d'une époque qui ne considérait pas l'échange, le débat, comme une palabre mais comme un mode de vie et une passion.

Ils n'étaient pas très doués pour les vacances – et ainsi je n'en ai jamais été non plus un champion. Dès l'âge de six ans, ils m'envoyèrent en colonie de vacances à Saas-Grund et Saas-Fee en Suisse, pour apprendre le ski, qui demeure le seul sport que j'ai aimé et assidûment pratiqué avec quelque succès. Mes autres tentatives, en particulier au tennis que je suivais depuis la première finale de Roland Garros à laquelle j'ai assisté, opposant Jan Kodeš et Ilie Năstase en 1971, n'ont pas débouché, malgré de beaux gestes, sur un niveau probant : j'ai longtemps aimé les sportifs, notamment par la lecture quotidienne de *L'Équipe*, mais le sport, lui, ne m'a jamais beaucoup aimé. Je crois être robuste, mais je ne suis assurément pas un athlète ! Nous passions beaucoup de nos vacances d'été à Étretat, chez le grand ami de mon père, Gérard Thurnauer, un architecte protestant au cœur généreux, marié à une femme splendide, Loïse, et dont les enfants Rémi, lourdement handicapé et avec qui j'ai grandi, Agnès et Marie, étaient proches de mon frère et moi. J'y admirais les grandes marées en pensant, en bon lecteur d'*Arsène Lupin* et de Jules Verne, que l'aiguille sous la falaise était creuse et le rayon dans la mer vert. Vers le milieu des années 60, mes parents s'essayèrent brièvement à la propriété, en faisant l'acquisition d'une maison de village en étages, à Fayence dans le Var, au milieu de la « rue Droite », entre l'atelier de poterie de Michel Couchat et Jean-Jacques Condom, qui devinrent leurs amis et avaient des filles de nos âges, et la maison de Pierre Vidal-Naquet, le grand historien de la Grèce antique, dont ils étaient proches – il était à la fois le collègue de mon père à l'École pratique des hautes études, puis à l'EHESS, et le signataire, comme ma mère, du Manifeste des 121 contre la guerre en Algérie. La maison n'était pas luxueuse, et les vacances pittoresques, nous passions l'essentiel du temps à jouer dans la rue.

Mes parents n'avaient pas le permis de conduire – ma mère l'avait tenté, mon père n'avait même pas fait cet effort – comme je ne l'ai pas moi-même, ce qui m'a valu plus tard quelques sarcasmes quand je suis devenu le conseiller général puis député du Doubs. Nous n'allions donc qu'une fois ou deux par an à la mer, à Saint-Raphaël ou à Fréjus. Nous nous y rendions en car, et nous passions autant de temps à la maison de la presse, où je me souviens avoir acheté *Vingt Ans après* d'Alexandre Dumas, qu'à la plage. Mon père, qui aimait le soleil, ne savait au demeurant pas nager, et la fréquentation des parasols ne le passionnait pas ! L'autre activité notable de l'été était une ou deux soirées au cirque, à Fayence ou à Draguignan, que toute la famille appréciait. Mes parents eurent d'autres projets, comme celui d'acquérir un terrain au Plan-de-la-Tour avec les Thurnauer et d'autres amis, pour y construire une grande maison, mais ils firent long feu, et Fayence ne résista pas à leur séparation. L'enfance était passée. Mon frère et moi vivions avec ma mère, qui avait sa vie, ses amis, et se consacrait avec ardeur à son nouveau métier, la psychanalyse, ainsi qu'à la direction de revues, dont la principale, *L'Écrit du temps*, publiée au début des années 80 avec le soutien de Jérôme Lindon, fut pour elle un motif de fierté et une tâche considérable. J'avais treize ans, et déjà une organisation très personnelle. Nous étions toujours une famille, je voyais mon père toutes les semaines, mes parents étaient en bons termes, échangeaient beaucoup sur leurs métiers et leurs enfants, mais chacun disposait d'une large autonomie. À l'exception de quelques brefs séjours avec ma mère, à Saint-Tropez ou à La Garde-Freinet, et d'une semaine – une seule ! – beaucoup plus tard à Quissac avec mon père, dans le Gard, chez Gérard Thurnauer et Alain Schlumberger, je n'ai plus passé de vacances avec mes parents. Je partais désormais avec des amis, à Méribel, à Biarritz, où j'ai tant de souvenirs, dans le Midi, en Angleterre ou en Écosse, en Italie, en Suède et au Danemark. Une autre vie, à la fois classique et originale comme celle qui l'avait précédée, commençait.

Au cœur de cette éducation à la fois très construite et un peu anarchique, se trouvait un pilier extrêmement solide : je suis né dans une famille où le livre a toujours joué un rôle central. Dès que j'ai su lire, j'ai lu frénétiquement. D'emblée, après une brève période « Bibliothèque rose », « Bibliothèque verte » et *Club des cinq*, j'ai attaqué les « contes et légendes » – à commencer par ceux de la mythologie grecque, qui m'ont passionné. J'aimais déjà la bande dessinée, un goût qui ne m'a pas quitté, et ne ratais jamais un numéro de *Pilote*, du *Journal de Mickey*, de *Tintin* ou de *Spirou* : je fus vite un des meilleurs clients du buraliste de la rue de Vintimille ! Puis je suis passé presque directement à Alexandre Dumas, qui est pour moi l'écrivain fondateur. J'ai lu tout Alexandre Dumas, pas seulement *Les Trois Mousquetaires*, suivi du plus méconnu et plus subtil *Vingt Ans après* et surtout du *Vicomte de Bragelonne*, chef-d'œuvre absolu, mais aussi toutes ses séries historiques, celle moins connue sur la période du passage des Valois aux Bourbons – *La Dame de Monsoreau*, magnifique et tragique histoire d'amour, *La Reine Margot*, avec son récit effrayant et magnifique de la Saint-Barthélemy, et une vision convaincante de la personnalité du futur Henri IV, *Les Quarante-Cinq* – ou encore toute la remarquable trilogie sur la Révolution et ses antécédents : *Joseph Balsamo*, qui m'a fait découvrir les mystères et les rites de la franc-maçonnerie, *Le Collier de la reine*, *Ange Pitou*. Et, bien sûr, *Le Comte de Monte-Cristo*, qui est pour moi le grand livre sur le temps, la patience, les passions.

C'est une histoire d'amour, pour une femme, Mercedes, puis pour une autre, plus jeune, Haydée, qui intervient davantage comme une consolatrice ou un bâton de vieillesse. C'est une histoire d'amitié, de jeunesse trahie, avec ses compagnons Danglars, Fernand. C'est une histoire de justice, avec le personnage glaçant du procureur de Villefort. C'est bien sûr une histoire de vengeance. Mais derrière la vengeance, il y a deux notions qui sont très importantes pour Edmond Dantès, devenu le comte de Monte-Cristo. D'abord, la patience car la vengeance est effectivement un « plat qui se mange froid », ce n'est pas une fureur qui vous dirige, c'est un ressentiment que l'on doit pouvoir digérer, organiser, avec lequel on vit. Et puis il y a la question de la mesure : à un moment donné la vengeance est faite, la colère est passée, ses excès s'imposent. Pour un homme politique, ce roman est extrêmement spécial. Parce que forcément ce sont des moments, des sentiments que l'on est amené à vivre. La politique vous fait traverser des trahisons, des humiliations, des blessures, elle engendre une envie de vengeance ou de revanche qu'il faut domestiquer, parfois exercer, et le plus souvent retenir.

Quand j'étais adolescent, j'écrivais des romans, des poèmes ou des manifestes politiques qui ne sont heureusement jamais sortis de mes tiroirs. En réalité, mes goûts me portent depuis bien longtemps vers la littérature et l'histoire – souvent la littérature dans l'histoire, ou l'histoire dans la littérature. S'y sont ajoutées la politique, qui se trouve elle-même souvent être introduite par la littérature et l'histoire, à moins qu'elle ne s'en inspire, et la géopolitique. Aujourd'hui, si je dévore les biographies historiques, littéraires ou intellectuelles, je ne lis que peu d'essais, peu de livres d'économie ou de sociologie, quelques livres toutefois de géopolitique, de politique ou de géographie politique, ceux de Jérôme Fourquet, de Daniel Cohen, un ami trop tôt disparu, de David Goodhart ou de Yascha Mounk par exemple ont ces dernières années nourri mes réflexions. Alors qu'il fut un temps où je lisais Pierre Bourdieu, Alain Touraine, Michel Foucault, Louis Althusser, Raymond Aron, Jean-François Revel avec minutie. C'est sans doute une évolution de mes préférences, mais aussi un signe des temps, qui ont pendant mes quatre décennies d'adulte vu reculer, presque disparaître en réalité, la figure et la fonction de l'intellectuel.

Je fais partie des lecteurs agaçants, maniaques, de ceux qui ne cornent pas les livres, ne supportent pas les livres abîmés ou surlignés. Il y a pour moi une beauté, presque une sensualité du livre comme objet, qui passe par sa préservation. Mon père annotait ses livres pour en retenir l'essentiel – je ne le fais jamais. Je ne tire pas de leçons de mes lectures, je n'éprouve pas le désir d'en parler, souvent même je les oublie. Lire est pour moi une passion, un plaisir, un refuge : en lisant un livre, on échappe à tout, aux soucis de la vie professionnelle, au stress de la vie politique, aux aléas de la vie privée. Lire est vraiment une plongée, une immersion totale, dans laquelle j'oublie tout ce qui peut me préoccuper, me contrarier ou me blesser.

Je ne suis pas un intellectuel, sans doute aurais-je pu le devenir. Mais j'ai été confronté à un monument, qui était mon père. Un homme d'une intelligence exceptionnelle, qui avait une culture universelle. Il était un très bon scientifique, avec une formation en mathématique et physique. Il a écrit des livres d'épistémologie, d'histoire des sciences, il a diffusé la psycho-sociologie en France, il a été un penseur de l'écologie. Il connaissait tout de la philosophie, comme de la littérature ou de la politique. Il était très impressionnant, et pour ceux qui se sont plongés dans son œuvre, d'une grande originalité, car il a créé un univers intellectuel très personnel. Cela m'a sans doute inhibé. Je ne me sentais pas cette volonté qui fut la sienne d'être uniquement un homme de savoir. Je ne me voyais pas vivre dans l'ascèse, presque la souffrance, que représentaient pour lui, comme d'ailleurs pour ma mère, la recherche et la création. Je voulais être davantage un homme d'action, je n'avais pas un rapport aussi phobique que le sien au monde extérieur. Je savais que si je poursuivais mon parcours universitaire, je serais probablement devenu un professeur de sciences politiques, un honnête théoricien des relations internationales, un habile assembleur, mais que je n'aurais pas, comme il l'a réussi, fait une œuvre. J'étais assez humble pour en avoir conscience, et assez orgueilleux pour m'y refuser ! Après Sciences Po et mes deux DEA, je m'étais inscrit en thèse pour travailler sur les théories de la dissuasion nucléaire, et je devais poursuivre ce travail à l'occasion d'un service militaire aménagé au Secrétariat général de la Défense nationale. Mon entrée à l'ENA a interrompu ce parcours.

J'ai toutefois toujours aimé enseigner. Dès ma sortie de l'ENA, en 1984, je suis devenu maître de conférences à Sciences Po, où je donne encore des cours près de quarante ans après, ainsi qu'au Collège de l'Europe à Bruges et à l'université Columbia à New York. Je dis rarement non aux invitations qui me sont faites pour intervenir dans une université ou une école de commerce, à Paris, en région ou à l'étranger. Transmettre à la jeunesse les connaissances, les expériences que j'ai pu acquérir au fil du temps m'a toujours motivé, passionné. Même si je suis conscient que le regard porté sur moi par les étudiants est différent de ce qu'il fut il y a quelques décennies, avec la distance qu'instaurent le temps qui passe et les fonctions accumulées, je m'efforce d'être proche, pédagogue et d'éviter la solennité. Ce goût de la transmission, cet esprit de « passeur » m'a aussi accompagné dans la politique, où j'ai développé le sens de ce que les Anglo-Saxons appellent le *talent scouting*, le dépistage des talents. J'ai la fierté d'avoir amené beaucoup de jeunes, étudiants, hauts fonctionnaires, intellectuels, professionnels, de toutes origines sociales – à la fonction publique et à la politique, nationalement ou localement, et le plaisir de constater qu'ils me sont pour beaucoup restés affectivement très fidèles. Peut-être, après tout, n'aurais-je pas été un si mauvais professeur !

J'ai lu jeune les *Mémoires* de Raymond Aron. Je me sentais éloigné de son personnage, à mes yeux trop lié à la droite, mais j'étais séduit par son approche et impressionné par l'ampleur de sa culture. Je ne partageais pas son orientation idéologique, encore que je lui reconnaissais une grande lucidité, du réalisme, une finesse d'analyse inégalable et une compréhension intime de l'histoire et des relations internationales. Sa définition de l'intellectuel, du *spectateur engagé*, à la fois universitaire, penseur, journaliste et conseiller du prince, me tentait beaucoup. C'est probablement comme cela que je me voyais avant mes vingt-cinq ans, avec un pied dans le monde intellectuel, mais aussi solidement ancré dans le réel, avec une capacité d'influence. Je voulais penser la politique tout en la vivant. Pour autant, je ne me sentais pas de devenir chercheur. J'étais aussi probablement plus littéraire que lui, et uniquement littéraire. Donc j'ai choisi de lire !

À Paris, comme à l'étranger ou en province, je flâne dans les librairies. Je suis fasciné par les librairies, qui sont pour moi un univers absolument magique. J'aime les grandes librairies de nos villes : la librairie Mollat à Bordeaux, Sauramps à Montpellier, Le Furet à Lille, Kléber à Strasbourg. Une ville où il n'y a pas de librairie digne de ce nom est une ville qui va mal, où la population n'a pas accès à ce bien commun indispensable à l'édification de l'esprit qu'est le livre. Lorsque j'étais élu à Montbéliard, je me suis battu, avec le maire Jacques Hélias, pour que la ville et l'agglomération conservent leur librairie menacée. À Paris, je fréquente assidûment la librairie Gallimard du boulevard Raspail, la plus proche de chez moi, les librairies Le Divan et Delamain – la plus ancienne de Paris, place du Palais-Royal –, la librairie de Paris, place Clichy, celle de mon enfance. J'aime la librairie Compagnie, rue des Écoles, L'Écume des pages, boulevard Saint-Germain, à côté du café de Flore, dont je fus un pilier, mais que je ne reconnais plus, et bien sûr la librairie Chantelivre, rue de Sèvres, où j'achète des livres pour mon fils Joseph, qui suit les traces de son père et ne peut déjà plus vivre sans lire, même s'il ne comprend pas encore tout. À Londres, j'ai découvert Daunt Books, à New York, j'aime Three Lives books store et McNally Jackson, à Tokyo la librairie Tsutaya à Daikanyama, j'ai visité avec fascination la librairie El Ateneo Grand Splendid de Buenos Aires. À quelques mètres de la Cour, rue de Rivoli, se trouve la librairie Galignani, qui est sans doute la meilleure librairie d'Europe continentale en littérature anglo-saxonne, où je vais souvent.

Je lis bien sûr beaucoup de livres français avec plaisir. Les classiques, ces monuments qui vous accompagnent et vers lesquels on retourne – Balzac, Flaubert, Stendhal, Victor Hugo, sans surprise, sont mes préférés, comme Émile Zola, davantage passé de mode, le fut dans ma jeunesse. Proust, que chérissait ma mère, qui m'a fait découvrir *À la recherche du temps perdu*, un monde en soi, une œuvre totale. Les grands écrivains du siècle dernier – je fais un sort particulier à Joseph Kessel, qui avec *Le Tour du malheur* a écrit un livre phénoménal, que je relis tous les dix ans, l'histoire d'un avocat parisien, Richard Dalleau, de la Première Guerre mondiale aux années folles, écartelé entre l'idéalisme et les vices du temps – la drogue, le crime, la politique, la prostitution – jusqu'à se détruire et trahir son éducation, sa famille. Je n'ai jamais compris pourquoi cette saga vibrante, haletante, n'a pas été adaptée au cinéma ou n'a pas fait l'objet d'une série, tant le récit est foisonnant, palpitant, avec des personnages inoubliables, de l'aristocrate drogué au Corse « homme d'honneur », de l'infirmière pure et distinguée à la somptueuse fille du gardien du musée du Luxembourg devenue demi-mondaine, d'autres à mille facettes, comme le héros, tiraillé entre l'idéalisme et l'instinct de mort. Il n'est pas trop tard pour y penser ! Les *Mémoires d'Hadrien* de Marguerite Yourcenar sont aussi un des livres vers lesquels je reviens toujours, une méditation superbement stylisée sur l'âge, le pouvoir et la vie, qui m'impressionne chaque fois davantage au fil du temps qui passe. Et aujourd'hui, je suis attentivement et lis abondamment une production nombreuse et de qualité.

Je me suis assez vite tourné vers la littérature anglo-saxonne, en particulier la littérature américaine, qui est d'une incroyable richesse. Je pense aux géants du siècle précédent, à William Faulkner, un écrivain indépassable, avec une œuvre d'une profondeur, d'une puissance impressionnantes, le créateur d'un univers unique, ou à Robert Penn Warren, qui a écrit un grand livre sur la politique, en particulier sur le populisme, *Tous les hommes du roi*. Mais aussi à Ernest Hemingway, Scott Fitzgerald, et à ceux qui sont venus plus tard, Saul Bellow, Norman Mailer, Philip Roth, John Updike, Raymond Carver, Richard Ford, Joyce Carol Oates, Margaret Atwood, et aujourd'hui à toute une école littéraire américaine, dont les livres de Joshua Cohen, Lauren Groff, Nicola Kraus, William Boyle, Jay McInerney, Jonathan Franzen, Jeffrey Eugenides, Viet Thanh Nguyen, Colson Whitehead et beaucoup d'autres : ce réservoir de talents semble inépuisable !

J'aime également la littérature européenne. Celle de

la Mitteleuropa : Stefan Zweig, Arthur Schnitzler, Joseph Roth, Sándor Márai, et Italo Svevo – j'ai une prédilection particulière pour son roman *La Conscience de Zeno*, portrait plein d'autodérision d'un dilettante velléitaire et séduisant. J'apprécie la littérature britannique – William Boyd, Jonathan Coe, Julian Barnes, Graham Greene, John Le Carré, Somerset Maugham ou John Galsworthy, dont *La Dynastie des Forsyte*, qui témoigne d'une époque pour l'essentiel disparue, a su fixer l'âme de l'Angleterre, si élégante et pleine d'esprit. Et je n'oublie pas la littérature hispanophone : Mario Vargas Llosa et Javier Cercas sont mes auteurs de prédilection, et j'aime relire *Le Siège de l'aigle* de Carlos Fuentes, à mes yeux un des plus grands livres sur le pouvoir.

Je crois enfin que le roman policier, que j'ai toujours aimé, est un genre d'une grande richesse. Dès mon enfance, j'ai dévoré les aventures de Sherlock Holmes, qui est bien plus qu'un détective, un virtuose de la déduction confronté au mal incarné par le professeur Moriarty, un artiste, violoniste et toxicomane, à l'identité sexuelle trouble, sujet à la mélancolie. Et je n'ai manqué aucun des exploits d'Arsène Lupin, le « gentleman cambrioleur », grand séducteur passé au fil du temps de l'anarchisme à un patriotisme exacerbé, proche du nationalisme. Mais il y a une spécificité du « polar » moderne, devenu beaucoup plus politique et ambitieux. Cette littérature est aujourd'hui sans doute la plus féconde par sa qualité et par sa capacité à décrire notre monde tel qu'il est, ouvert, sombre, violent. Je lis de plus en plus de « polars », de toute nationalité, de Deon Meyer à William Bayer en passant par Jo Nesbø ou Henning Mankell – et les auteurs français à l'image d'Hervé Le Corre ou Jérôme Leroy, aujourd'hui, J.-P. Manchette ou Raf Valet hier, sans oublier le grand Simenon avant-hier – qui était certes belge ! –, sont excellents.

Si j'éprouve un stress, une angoisse, un souci, si une pensée me pèse sur l'âme, je vais marcher. Et je m'arrête automatiquement dans une librairie. Peu importe que j'y sois allé deux heures avant ou la veille, je vais m'arrêter, toucher les livres, les ouvrir, lire les quatrièmes de couverture, chercher des lectures futures. Cela me tranquillise, me détend : je sais que la lecture apaisera mon âme et chassera mes tourments. Je viens du peuple du livre, et j'ai la passion du livre.

La culture, contre la sécession des élites

Penser la démocratie, défendre la démocratie, c'est aussi défendre la liberté d'écrire, de parler, de s'exprimer. Tous ceux qui, à droite comme à gauche, censurent, vocifèrent, assènent pour faire taire les opinions dissidentes m'effraient. Les autodafés restent dans mon esprit associés au nazisme, ou à la science-fiction – *1984*, *Fahrenheit 451*. Je suis attaché au livre, à la tolérance, je fais mienne la phrase de Voltaire : « Je ne partage pas votre opinion, mais je me battrai pour que vous puissiez l'exprimer. » Et c'est la raison pour laquelle je pense, c'est banal mais vrai, que tout part de l'école et de l'éducation. Il ne faut jamais enseigner aux enfants une histoire qui soit tronquée, révisée ou revue. L'histoire est complexe, elle est faite de tragédies, de divisions, de contradictions, de mélanges, et il ne faut pas les dissimuler. La tolérance, la conscience de la pluralité humaine font partie des valeurs qui doivent être transmises dès le plus jeune âge.

Dans le mien, il y eut la littérature, mais aussi le cinéma. Mes premiers souvenirs de cinéma, enfant, sont les séances au Gaumont Palace. C'était une salle comme on n'en fait plus aujourd'hui, et que l'on a oubliée, qui pouvait contenir six mille personnes dans sa plus grande configuration, deux mille cinq cents personnes à l'époque où j'y allais, avec un écran courbé, immense, en Cinérama. C'est là que j'ai vu mes premiers Walt Disney mais aussi *Autant en emporte le vent*, *Ben-Hur* ou *Règlements de comptes à O.K. Corral* : l'incendie d'Atlanta, le premier baiser de Rhett Butler et Scarlett O'Hara vus sur un écran de vingt mètres de hauteur, c'est absolument mémorable, comme les courses de chars de Ben-Hur ou les exploits de Wyatt Earp et Doc Holliday ! J'en ai conservé un culte pour Clark Gable, Kirk Douglas, Burt Lancaster et Charlton Heston qui ne s'est jamais démenti. Non loin de là, il y avait le Grand Rex et ses mille places.

Jeune, j'allais l'après-midi au studio des Acacias, au Mac-Mahon, dans les salles de la rue Champollion, pour y voir un ou plusieurs films l'après-midi. J'ai dû voir *Easy Rider* de Denis Hopper et *Sunset Boulevard* de Billy Wilder dix fois, tout comme *Le Bal des vampires* de Roman Polanski ou *Eve* de Joseph Mankiewicz, un de mes réalisateurs préférés. J'aurais alors pu participer à *Monsieur cinéma*. Je regardais d'ailleurs l'émission de Pierre Tchernia à la télévision, et soufflais les réponses au candidat depuis ma chaise. Je suis extrêmement attaché à la politique française en matière de cinéma, de soutien à la production, à l'exploitation, à la diffusion, par des mécanismes fiscaux qui ont été créés dans l'après-guerre, gérés par le CNC, qui nous ont permis de garder une production élevée, dense, de qualité, et un réseau de salles unique au monde.

Au fond, j'ai toujours vécu de manière un peu clivée. J'ai fait beaucoup de politique, cela m'a pris le cœur, les tripes, le cerveau, l'âme. Elle m'a occupé le jour et la nuit, et je dois confesser qu'il m'arrive encore aujourd'hui d'en rêver. Oui, je rêve souvent de politique, mais je ne cherche pas à retrouver la politique partout dans la culture, je cherche même d'une certaine façon à m'en évader. Ça n'est pas un hasard si je ne regarde la télévision que très exceptionnellement – pour les soirées électorales, les étapes de montagne du Tour de France ou d'autres grands évènements sportifs. Mais la politique et la culture ne s'opposent pas, elles ne sont éloignées qu'en apparence. La France souffre d'une forme de dépression collective. Les Français se déprécient, ils sont à la fois très fiers de leur statut et finalement mécontents d'eux-mêmes et mécontents les uns des autres. D'où ce climat extrêmement divisé, délétère, pesant dans lequel nous vivons. Ce n'est pas le regard que l'on porte forcément sur nous à l'étranger. On ne nous voit pas comme une superpuissance, à l'image des rêves de tous nos présidents et de beaucoup d'aspirants à la fonction, mais comme un pays rayonnant et attractif, riche d'atouts et d'histoire, qui conserve une influence mondiale et une voix particulière ! La France en ce moment est un pays malheureux, profondément malheureux. Beaucoup plus malheureux que la situation objective n'y conduirait. C'est compliqué de traiter sa dépression, le travail consiste essentiellement à permettre au patient de retrouver la fierté de lui-même, de s'apprécier davantage, de s'aimer plus, et c'est à cela qu'il faut travailler.

Rien ne se fera sans la culture. La France dispose encore des mécanismes absolument exceptionnels de défense de notre culture. La francophonie en pleine expansion : il y aura 700 millions de francophones dans le monde en 2050, 8 % de la population mondiale. Nous sommes un pays qui a parmi les premiers créé un ministère de la Culture, qui a sans doute besoin de se réformer, parce qu'il a finalement atteint les objectifs qui étaient les siens dans les années 60, et de redéfinir une stratégie culturelle, mais qui reste une tour de contrôle puissante. Je suis favorable à la rénovation et au renforcement de tous nos outils de rayonnement culturel ou diplomatique qui ont été trop délaissés, en tout cas affaiblis.

Pendant la crise Covid, la vente des livres a battu des records. L'édition a fait en 2021 un chiffre d'affaires supérieur de 19 % à celui de 2019. C'est une spécificité française, une supériorité pour le coup sur les États-Unis. Il doit y avoir 4 000 librairies sur tout le territoire des États-Unis, il y en a 2 000 en France, 850 à Paris, dont 200 entre le Ve et le VIe arrondissement de la capitale. C'est quelque chose de formidable, cette persistance française et cet amour du livre. Nous le devons à une politique publique mise en œuvre par Jack Lang, qui suivit Jérôme Lindon : le prix unique fut la planche de salut du livre dans notre pays. Nous sommes le pays des librairies... et des pharmacies : ne sont-ce pas là les deux distributeurs de ces « vitamines du bonheur », dont parlait Raymond Carver, qui permettent de lutter contre la dépression ? Il faut voir le livre comme un refuge, un rapport charnel, physique, que rien ne remplace. Je n'ai jamais pu lire sur une tablette ou sur une liseuse, je lirai des livres physiques, en papier, jusqu'au bout. Je ne lirai jamais autrement, comme il est probable que je garderai toujours le goût d'écrire la plume à la main.

Je ne voudrais toutefois pas non plus que la culture devienne l'unique valeur refuge, quand tout le reste est parti. C'est un risque qui n'est pas théorique. La chute possible de la démocratie américaine est pour moi un souci, une préoccupation, parce qu'elle ne laisserait personne indemne si elle se produisait. Mais si cela arrive un jour, il existera toujours des *red states* et des *blue states*. L'État central pourrait être contrôlé par des fous dangereux, on vivra toujours bien à New York, à Boston, à Philadelphie, à Chicago, à Houston, à Los Angeles ou à San Francisco, partout dans les villes américaines. On pourrait imaginer que la même chose puisse arriver chez nous. Nous pourrions avoir un jour nous aussi un trublion autoritaire au pouvoir, et Paris sera toujours une belle ville, une ville de culture. Jérôme Fourquet a forgé à partir des cartes électorales et de constats objectifs un concept saisissant, celui de la « sécession des élites ». Celles-ci, de plus en plus, vivent en vase clos, à l'écart du monde, insensibles à ses inégalités, inconscientes de ses terribles inégalités. Prenons garde à ce confort trompeur qui coupe du monde, mais ne dure qu'un temps : quand la démocratie s'étouffe, quand le totalitarisme triomphe, il finit toujours par vous débusquer, par casser les institutions, *in fine* par détruire ou brûler les livres. La diffusion de la culture, de la lecture est extrêmement importante, elle est aussi un instrument de combat politique.

L'Amérique

Les États-Unis ont joué un grand rôle dans ma vie. Dans les années 70, Jean-Pierre Chevènement avait trouvé un mot, à sa façon à la fois talentueuse, cruelle et mesquine, pour qualifier et disqualifier Michel Rocard, pour le dépeindre en centriste libéral et atlantiste : « la gauche américaine ». Je ne sais pas si j'appartiens à la gauche américaine, je me sens plutôt tout à fait européen et français sur le terrain politique. Mais j'aurais sans doute pu être américain.

Il se trouve que mon père a été *fellow* à Princeton quand j'étais enfant, et j'y ai passé l'année 1962, à quelques mètres de Julius Oppenheimer, le physicien qui a piloté le projet Manhattan et les équipes qui ont conçu la bombe atomique. J'y ai appris l'anglais, ou plutôt l'américain. Ce fut un atout pour la dimension internationale de mon parcours, tant l'anglais, qu'on le regrette ou pas, est devenu plus qu'une langue étrangère : un véhicule mondial pour les échanges. Je le pratique sans effort particulier, souvent avec plaisir, mais j'y résiste aussi, car je prends soin de toujours défendre la francophonie. Ainsi, lorsque j'étais commissaire européen, je me suis systématiquement refusé, contrairement à la plupart de mes collègues, à utiliser l'anglais dans mes interventions au collège de la Commission ou devant le Parlement européen. Et si j'ai une fois, m'attirant des critiques, répondu en anglais à une lettre de Michel Sapin, alors ministre des Finances, c'est parce que son courrier était lui-même écrit dans cette langue : cette réplique un peu ironique avait échappé à mes contempteurs qui m'avaient alors bien injustement décerné le prix spécial du jury de la Carpette anglaise. Comme George Steiner ou Umberto Eco, je pense que la langue de l'Europe, voire la langue universelle, c'est la traduction ! J'ai passé un autre trimestre aux États-Unis avec mes parents, à l'été 1969, cette fois-ci sur la côte pacifique, à Stanford.

Si nos séjours furent magiques – la découverte de New York et de Boston en 1962 fait partie de mes premiers souvenirs conscients et marquants, et celle de San Francisco en 1969 reste pour moi un enchantement –, nos voyages eux-mêmes le furent tout autant. Mon père avait en effet une terrible appréhension de l'avion, qui ne lui passa qu'au milieu des années 70, à partir desquelles il ne cessa au contraire de voler d'un continent à l'autre, avec une prédilection particulière pour le Brésil, où il rêva de faire son dernier voyage sans y parvenir. Nous allâmes donc aux États-Unis en bateau. La seconde traversée fut mythique, puisque nous avons mis trois semaines pour arriver à San Francisco, à bord d'un navire de la P&O, l'*Oriana* je crois, en passant par les Bahamas, les Bermudes, Acapulco, le canal de Panama, Disneyland. Les retours, en avion avec ma mère, furent plus classiques.

Mon père a ensuite été pendant vingt ans professeur à la New School for Social Research à New York, où il a trouvé, après l'École des hautes études en sciences sociales, un deuxième lieu d'épanouissement pour son esprit en quête d'indépendance et d'affection. La New School était un lieu particulier à ses yeux, puisque sans être une université juive, elle se situait au cœur de Greenwich Village, où il vivait pendant ses séjours new-yorkais, et avait accueilli beaucoup d'intellectuels juifs ayant fui le nazisme avant-guerre, comme Max Wertheimer, Hannah Arendt ou Leo Strauss, au point d'être appelé l'« université en exil ». Il y retrouvait un ami, cher à son cœur, le célèbre psychosociologue Leon Festinger, auteur avec Henry Riecken et Stanley Schachter de *L'Échec d'une prophétie*. Mon père partageait un bureau avec lui, et Leon devint pour lui comme un frère un peu plus âgé. Leur amitié était exclusive, inconditionnelle, parfois autoritaire. Lors d'un des derniers séjours de Leon Festinger à Paris, au milieu des années 80, mon père me demanda de lui prêter pendant trois semaines le petit appartement où j'habitais alors, rue de Seine, avec vue sur la coupole de l'Académie française, sans guère me laisser le choix. Je fus frappé, en reprenant possession des lieux, par le nombre impressionnant de trous de cigarettes laissés par Leon et sa femme Trudie – il est vrai qu'il était gros fumeur, et que ses soirées avec mon père étaient réputées pour leur teneur en fumée et en whisky et leurs parties de backgammon. Sa mort prématurée, en 1989, causa à mon père un profond chagrin. Cette amitié participa à l'origine de la réputation internationale qui lui valut de recevoir, outre une vingtaine de doctorats *honoris causa*, les plus grands prix de sa discipline.

Les États-Unis jouaient un grand rôle dans notre vie familiale, et il y a eu peu d'années où je n'y sois allé – quand je n'ai pu le faire, comme pendant la crise Covid, cela m'a beaucoup manqué. J'essaye maintenant d'y aller deux à trois fois par an, avec une prédilection particulière pour New York, cette ville magique, où j'aime aller en famille, et que mon fils Joseph a déjà adoptée. J'ai aussi découvert le Québec en 2008, grâce à Jean Charest, alors Premier ministre de la Province, devenu un ami cher, et me suis passionné pour cette partie francophone de l'Amérique, tiraillée entre l'aspiration à l'indépendance et l'appartenance au Canada. J'aime y séjourner et y retourne souvent. Je n'oublierai jamais le 11 septembre 2001, où alors ministre des Affaires européennes en déplacement à Washington, j'avais la veille rencontré entre autres mon homologue de l'époque, un certain Anthony Blinken. En vol vers Boston, et vers Harvard où je devais donner une conférence dans l'après-midi, j'ai survolé New York entre les deux avions détournés par Al-Qaida qui ont détruit les tours jumelles. Réveillé de ma somnolence par le pilote qui nous signalait une « fumée gigantesque sur la gauche de l'appareil », je ne compris pas la raison d'une accélération inédite du vol avant un atterrissage en catastrophe à l'aéroport de Boston Logan envahi par le FBI. Installé avec ma délégation à Harvard Square, j'ai partagé pendant une semaine la réaction sidérée mais aussi incroyablement digne et patriotique des Américains frappés par un drame inouï. Je garde en mémoire le souvenir d'un magnifique rassemblement des étudiants d'Harvard, l'après-midi même de la tragédie, soudés, tristes et dignes, la main dans la main, autour d'un hommage œcuménique rendu par un pasteur, un curé, un rabbin et un imam. Les États-Unis peuvent décevoir ou irriter : ils ont toujours des ressources étonnantes.

Ce pays me fascine pour et par ses contrastes. Je connais les contradictions de l'Amérique, l'opposition historique entre les partisans de la fédération et ceux de la confédération, son passé esclavagiste, l'histoire persistante de la ségrégation raciale, l'opposition entre les *red states*, l'Amérique des républicains trumpistes, rurale, périurbaine, déclassée, pleine de ressentiment, et les *blue states*, l'Amérique des démocrates, urbaine, multiculturelle, multiraciale, plus libérale, plus ouverte au monde. Je connais la coexistence d'attitudes brutales, vulgaires, de fermeture sur soi, et d'îlots de grand raffinement, où règne la culture la plus érudite. Je sais que les universités américaines ont toujours attiré les talents, et qu'elles continuent de le faire, dans tous les domaines, dans les sciences « dures » comme dans les sciences humaines, ce qui leur permet de truster les premières places dans les classements internationaux. Il existe une gauche en Amérique, il y a une partie du pays qui ressemble incroyablement à l'Europe, qui est tournée vers nous, qui est inspirée par nous, qui vit avec nous, d'une certaine façon, puisqu'elle vient de notre immigration. Il y en a une autre qui s'est désintéressée de nous, et qui s'est tournée vers le Pacifique. Il y en a une, enfin, grandissante, qui ne s'intéresse ni à nous ni au Pacifique, qui ne s'intéresse en fait qu'à elle-même, qui se replie sur elle-même. Tout cela avec un système politique aujourd'hui obsolète, au bord de l'implosion, voire du coup d'État. La démocratie américaine est malade, tout comme la démocratie mondiale.

Pour beaucoup en France, la gauche américaine d'aujourd'hui est synonyme du *wokisme*, lui-même assimilé à la *cancel culture*, cette forme de relecture systématique du passé pour effacer les offenses faites aux communautés, ou à la *critical race theory*. Je ne suis pas de cet avis. Nous jugeons les États-Unis avec notre regard de pays ancien, de pays pour l'essentiel unitaire, de pays homogène – en tout cas, nous l'avons longtemps été, puisque la France a fondé son histoire politique républicaine sur la laïcité, l'intégration, l'État-nation comme structure centrale. Et nous jugeons notre grand voisin, notre cousin démocratique avec ce regard-là, alors que nos systèmes et nos histoires sont totalement différents. D'autant plus que nous souffrons d'un problème jamais résolu avec notre histoire coloniale, que nous continuons d'aborder avec un mélange de déni honteux et de culpabilité excessive.

Les États-Unis sont un pays jeune qui, une fois devenu indépendant après la colonisation britannique, a créé son système politique sur un modèle fédéral assez lâche, unissant des États très divers, avec d'emblée un rapport contradictoire à l'esclavagisme, reconnu par la Constitution, refusé par beaucoup. Ce n'est pas un État unitaire comme la France. C'est une union d'États, avec une défiance assumée à l'égard du pouvoir central, des « élites de Washington », capitale créée de toutes pièces sur le Potomac pour devenir le lieu du pouvoir central, entre la Virginie et New York – ce qui explique d'ailleurs les déséquilibres institutionnels d'aujourd'hui. L'égalité reconnue entre les États favorise le poids politique de l'Amérique rurale et périurbaine, blanche et républicaine, au détriment des grands États et des villes, multiethniques, multiculturelles et démocrates. Deux présidents américains ont été élus au cours de ce siècle en étant minoritaires, voire très minoritaires en voix, George Bush et Donald Trump. Et Donald Trump a perdu les dernières élections en 2020 d'une centaine de milliers de voix pour la majorité au « collège électoral » dans quelques *swing states*, et aurait pu être déclaré élu si ce résultat avait été inversé – il a d'ailleurs tout fait pour le conserver, jusqu'à soutenir l'insurrection armée contre le Capitole – alors qu'il avait plus de six millions de voix de retard sur Joe Biden. La défiance à l'égard du pouvoir central crée aujourd'hui un système profondément déséquilibré et divisé.

Ce pays est fait d'une addition de communautés, les Amérindiens d'abord, les Blancs, les Noirs, et puis aujourd'hui les Latinos, les Asiatiques. Et c'est ce qu'il faut comprendre avant de juger : si la question raciale est beaucoup plus présente dans le débat américain que chez nous, jusqu'à l'excès parfois, certes, c'est qu'il y a eu dans l'histoire américaine des injustices, des crimes commis au nom du racisme, et il y a encore des discriminations massives et des comportements inacceptables. La ségrégation des Noirs est une réalité très prégnante, et il y a soixante-dix ans elle était encore légale. L'esclavagisme est l'un des péchés originels des États-Unis, il figurait dans la Constitution initiale du pays. Les premiers présidents – Washington, Adams, Jefferson, Madison – furent tous propriétaires d'esclaves. N'oublions pas les Amérindiens, qui ont été pratiquement éliminés de la surface de la terre ou cantonnés dans des réserves.

En France, on manie la dénonciation du wokisme, de la cancel culture à longueur d'interviews, de livres, d'anathèmes, en ignorant cette réalité, que le wokisme a d'abord cherché à faire reconnaître. Combattre le racisme est une nécessité, y compris en relisant l'histoire. Bien sûr il y a des excès qui peuvent conduire à des réécritures fallacieuses de l'histoire, ou à de la censure. Je ne les ignore pas, et je les condamne. La première des censures ne vient toutefois pas de ce camp-là, mais de tous ceux, nombreux, qui veulent faire taire les blessures de ce passé douloureux, souvent atroce, et en vérité les perpétuer. Qu'est-ce que c'est que Donald Trump au fond, de quoi est-il le symptôme ? Qu'est-ce qui engendre le surgissement brutal, derrière une personnalité déjà installée dans le paysage depuis longtemps et sans charisme particulier, comme Éric Zemmour, de la thèse du « grand remplacement » ?

C'est le ressentiment de l'homme blanc issu des couches

populaires ou de la classe moyenne, qui se sent devenir minoritaire dans son propre pays – aux États-Unis, ce sera peut-être le cas dans quelques décennies, ce n'est pas vrai en France – et qui en retour exacerbe les mécanismes racistes, xénophobes ou d'exclusion qui préexistaient. Je suis frappé de l'usage, voire du détournement fait en France de ces contradictions américaines, qui ont un fondement objectif dans la société, pour créer une sorte de contre-attaque contre la gauche. Et quand je lis les thèses du « Printemps républicain », tournées contre la gauche, supposée être modérément républicaine, insuffisamment laïque, imprégnée de cancel culture, quand je vois l'attaque en piqué contre un wokisme supposé être le symétrique, pour certains en plus dangereux, d'une dérive fasciste qui menace à nouveau notre pays, je me dis qu'il y a là un système intellectuel trop rigide, trop organisé pour être anodin. Parce que ces questions – le racisme, la place des communautés, l'intégration dans la société française – sont des problèmes réels, massifs. Les nier au nom de la critique du wokisme et de la cancel culture, comme si tous ceux qui les portent étaient des radicaux américains ou des islamo-gauchistes, me paraît une ruse de la rhétorique devenue thèse dominante dans le débat politique français.

Ce qui se joue aux États-Unis est décisif. C'est le laboratoire de la démocratie, mais aussi celui des pathologies de la démocratie. Et nous sommes dans une période qui me préoccupe, parce que la démocratie américaine est malade, très malade. Pour la première fois, les républicains ne reconnaissent pas dans leur majorité le résultat de l'élection suprême – or la définition d'une démocratie, c'est d'accepter le résultat des élections, et donc la possibilité comme la légitimité d'une alternance. Le plus vieux parti américain a abandonné son traditionnel libéralisme économique pour une rhétorique proche de l'extrême droite, il est longtemps resté surplombé par un ancien président qui n'a jamais concédé sa défaite, passe son temps à l'organisation méthodique d'un vol de l'élection future, qui a lancé un assaut sur le Capitole, et a montré ainsi à quel point la violence était présente dans cette démocratie. Si Donald Trump ou un de ses clones venait à revenir au pouvoir sur une base de totalitarisme assumé cette fois, si ce pays, malgré tous ses défauts, cessait de lancer un message de démocratie au monde, la menace sur le système démocratique serait universelle, en même temps que notre isolement serait très grand pour représenter ce camp des démocraties libérales. La guerre en Ukraine est pour nous tous un choc terrifiant. Parce qu'elle symbolise le retour des conflits armés sur notre continent, mais aussi et peut-être surtout parce qu'elle atteste de la réalité de la menace nucléaire – cette arme cessant d'être purement dissuasive pour devenir un potentiel instrument de combat. Dans ces circonstances, il vaut mieux avoir à Washington un président comme Joe Biden, qui a pris la tête d'une coalition de pays démocratiques contre l'autocratie, qui s'est engagé au côté des Européens, plutôt qu'un Donald Trump, qui ne croyait plus à l'utilité de l'OTAN, considérait les Européens comme des « ennemis » et voit en Vladimir Poutine un « génie » !

Les Américains ont surpris le monde lors des élections dites de *midterm*, en novembre 2022. Ils ont refusé aux républicains une « vague rouge » qui leur semblait promise, ils ne leur ont donné qu'une faible majorité au Congrès et ont laissé le Sénat aux démocrates. Surtout, ils ont rejeté beaucoup des candidats soutenus par Donald Trump, qui refusaient de reconnaître le résultat de l'élection de 2020, et manifesté leur attachement au droit à l'avortement malmené par la Cour suprême, devenue ultra conservatrice grâce aux nominations faites par l'ancien président. Ils ont aussi montré une adhésion indéfectible, à laquelle on ne croyait plus, à la démocratie, ses valeurs et ses règles. Donald Trump, contesté, plusieurs fois inculpé et affaibli, et ses partisans les plus fanatiques sont maintenant en difficulté. Mais son courant politique, qui représente une forme de fascisme américain, reste très puissant. Les autres candidats républicains, à l'image du gouverneur de Floride Ron DeSantis, ne sont sans doute guère plus pondérés que lui, pas moins radicalement à droite, pas moins tentés par un libéralisme à la Orban ni moins influencés par la rhétorique délétère de Fox News. L'élection présidentielle de 2024 est loin d'être écrite : elle sera l'une des plus importantes de l'histoire, pour les États-Unis, mais aussi pour nous. Ce qui se joue outre-Atlantique n'est pas anodin. C'est pourquoi je n'ai jamais cessé de m'y intéresser.

Aux racines de la gauche

Car l'Amérique influence aussi notre regard sur la politique française. Pour les uns, elle est un repoussoir, pour les autres un modèle. Elle fascine autant qu'elle irrite. Jean-Pierre Chevènement critiquait la « gauche américaine » pour son extrême modération. À ses yeux c'était une droite mal déguisée. Les nouveaux nationalistes issus de la gauche, qui l'ont en vérité quittée depuis longtemps et la détestent de toutes leurs tripes, fustigent au contraire une forme de gauchisme américain. Je ne suis pas sûr qu'on ait gagné au change : Jean-Pierre Chevènement, qui ne fut jamais un de mes modèles, avait au moins une forme de constance et de cohérence intellectuelle ! Il y a là pour la gauche un piège dont elle doit sortir. Ce que tentent ces faux amis, ou ces vrais adversaires de la gauche, c'est de ramener le débat politique vers une seule question, l'identité, de l'amener sur un terrain qui favorise toujours la droite et l'extrême droite, qui aiment essentialiser l'âme du pays ou de l'être humain pour le réduire à ses origines, supposées pures. La gauche identitaire est une impasse.

Je ne crois pas non plus à la gauche « bobo », qui se définit uniquement par la prise en compte des questions sociétales.

Je ne suis pas favorable à une vie politique axée comme aux États-Unis sur la recherche d'une alliance de communautés, parce que le ciment d'une telle majorité est artificiel et fragile, et de surcroît nourrit la réaction. Je ne pense pas que l'on puisse reconstituer une gauche conquérante en France sur la base d'un mélange de vote à seize ans, de GPA, de mariage homosexuel, de mouvements LGBT, et de féminisme exacerbé, ça ne marche pas ! Je partage depuis longtemps le combat féministe, j'ai participé à la bataille pour le « mariage pour tous » : j'ai d'ailleurs été le premier à proposer au Parti socialiste d'approuver dans les années 1990 un Contrat d'Union Civile. La parité, la mixité sont nécessaires, et j'en ai fait une cause dans toutes les fonctions que j'ai exercées. J'ai beaucoup réfléchi aux moyens nouveaux d'accéder à la parentèle, et suis un ardent partisan de la PMA.

Ce sont, incontestablement, des réformes importantes, souvent venues de la gauche, et ceux qui les attaquent, à l'image de la contre-révolution américaine hostile au droit à l'avortement, sont le plus souvent très conservateurs. Mais elles ne suffisent pas à définir la gauche. J'appelle cette gauche-là la « gauche Zapatero », du nom du Premier ministre espagnol José Luis Zapatero, grâce auquel le PSOE est revenu au pouvoir après le PP de José María Aznar, qui a fondé tout son mandat sur des réformes sociétales. Ce sont des conceptions qui séduisent surtout dans les strates très éduquées, dans les villes, auprès de certaines communautés ou groupes. Ce n'est pas un facteur suffisamment unifiant. Je pense que la gauche, si elle veut reprendre des forces, doit retrouver ses racines : elle incarne d'abord la lutte contre les inégalités, le combat pour la justice sociale. Et les principales inégalités sont sociales, économiques et territoriales. Il faut reparler au monde ouvrier, aux catégories populaires, avec leurs préoccupations.

Le think tank Terra Nova avait en 2011, sous la houlette d'Olivier Ferrand, publié une note restée fameuse, au demeurant mal comprise, qui semblait suggérer au Parti socialiste de devenir le parti des classes moyennes, en délaissant les couches populaires, qu'il aurait définitivement perdues. J'aimais beaucoup Olivier Ferrand, qui avait animé auprès de moi les groupes d'experts de Dominique Strauss-Kahn et l'association À gauche en Europe, que nous avions créés avec DSK et Michel Rocard. Olivier était un jeune homme très talentueux, mort très jeune d'une crise cardiaque alors qu'il venait juste d'être élu, de haute lutte, député des Bouches-du-Rhône en 2012, à l'aube d'un brillant avenir. Il avait compris dès 2010, avant Emmanuel Macron, l'essence de ce qui fut plus tard le macronisme – l'affaiblissement du clivage gauche-droite, l'aspiration au renouveau politique, l'esprit dégagiste. Il avait créé ce think tank remarquable, qui continue aujourd'hui de produire, il avait théorisé les primaires et il avait conçu cette espèce de nouvelle alliance de la bourgeoisie et du progressisme. J'avais alors réagi à cette note, parce que je la pensais fausse, en tout cas pour la gauche, même si elle est sans doute davantage valide pour le centre. Si la gauche ne mène pas le combat contre les inégalités – les inégalités économiques, les inégalités sociales de naissance, les inégalités de destin, les inégalités de parcours –, alors il n'y a tout simplement plus de raison d'être pour elle ! Si la gauche est uniquement une addition de réformes libertaires ou libérales – libertaires sur le plan sociétal, libérales sur le plan économique ou politique – elle se coupe de l'essentiel de ses racines. Et quand la gauche n'est pas non plus adepte de la liberté, que lui reste-t-il ?

Ce fut l'erreur majeure du Premier ministre Manuel Valls, qui s'est tout de suite placé sur le terrain de l'ordre et de la République comme une forme de police de la pensée, en réussissant l'exploit de combattre les réformes sociétales, libérales et libertaires, tout en oubliant le terrain économique et social. Ce qui m'a beaucoup frappé dans les conversations que j'ai pu avoir avec Manuel Valls, quand il était Premier ministre, c'est son incomplétude et sa partialité, que sa vivacité et son tempérament ne compensent pas. Il y a toujours deux racines dans la gauche : une qui part de Clemenceau, ou plutôt d'une partie de Clemenceau, qui avant d'être le champion de l'ordre fut dans les débuts de la IIIe République le représentant de l'extrême gauche anti-opportuniste, dont il avait fait sa référence unique, et l'autre qui vient de Jaurès, que Valls avait oubliée – s'il l'avait jamais adoptée. Et il faut les deux ! Je ne tourne pas le dos à Clemenceau, je le situe très haut dans mon panthéon personnel. Georges Clemenceau est un personnage absolument fascinant, par son courage, par sa personnalité, par son engagement dans l'affaire Dreyfus, par son goût pour l'ordre et la sécurité, par son rôle dans la guerre bien sûr. Je suis moi aussi un homme d'ordre : la Cour des comptes plaide pour le sérieux, pour le respect des règles dans les comptes publics. Mais je crois à la symbiose de ces deux courants de pensée : celui qui n'a pas lu Clemenceau n'est pas assez républicain et celui qui n'a pas appris de Jaurès n'est pas socialiste !

Il est très important qu'un socialisme moderne, que la gauche réformiste, si elle veut avoir un avenir, n'oublie jamais d'où elle vient, du mouvement social, du mouvement ouvrier. Même si celui-ci n'est plus ce qu'il était, même si les formes de l'injustice sociale ne sont plus ce qu'elles étaient, il faut s'attaquer aux inégalités aujourd'hui. N'oublions pas la leçon de Marx : « L'infrastructure précède la superstructure. » Si beaucoup de mes électeurs d'hier, ceux de Sochaux ou d'Audincourt, votent aujourd'hui vraisemblablement pour la famille Le Pen et pour le Rassemblement national, c'est parce que la gauche ne leur parle plus, ne leur dessine plus un avenir, alors que le parti lepéniste s'adresse à eux. La gauche réformiste a perdu sur tous les terrains. Elle a perdu sa frange radicale, qui vote Mélenchon, le vote populaire s'est tourné vers Marine Le Pen, les plus libéraux et européens se sont réfugiés chez Emmanuel Macron, les jeunes sont plus proches des écologistes. Seule une reconstruction intellectuelle et politique globale, s'adressant à tous ces électorats égarés, pourra faire renaître un socialisme crédible, entraînant et moderne. C'est dire l'ampleur de la tâche ! Aucune mission n'est impossible, mais celle-ci, qui n'est plus aujourd'hui la mienne, est herculéenne. Il ne s'agit pas de refaire le chemin à l'envers. Comme le disait Antonio Gramsci, « l'histoire enseigne, mais elle n'a pas d'élèves ». Pour inventer l'avenir, il faut toujours réfléchir sur le passé. C'est ce à quoi le récit de ma vie politique veut contribuer, sans prétendre donner la moindre leçon.

DEUXIÈME PARTIE

SPLENDEURS ET MISÈRES DE LA POLITIQUE

La politique et la vie

Pourquoi ai-je fait de la politique ? Qu'est-ce qui m'a attiré, et m'intéresse encore dans la politique ? C'est l'altérité ! La politique n'a jamais été une sinécure, elle est devenue une activité très dure, à beaucoup d'égards extrêmement frustrante, où l'on rencontre de moins en moins de respect, où la reconnaissance est une notion inconnue. Le pouvoir est désormais concentré, voire absent ou diffus – la construction européenne, la décentralisation, la mondialisation, les mutations des médias et des réseaux sociaux y contribuent. Le temps est loin, qui fut encore celui de ma génération, où faire de la politique était une ambition suprême, en tout cas supérieure à beaucoup d'autres, où le député ou le ministre étaient considérés par leurs concitoyens comme des personnages d'une étoffe particulière – alors qu'aujourd'hui ils sont souvent maltraités, parfois agressés. Le monde politique a toujours été dur, mais le rapport des Français à la politique s'est beaucoup dégradé, il devient violent.

Et pourtant, elle reste à nulle autre pareille. J'ai été pendant vingt ans élu national, local et européen, député du Doubs, conseiller municipal de Montbéliard et Valentigney, président de Pays de Montbéliard agglomération, conseiller général de Sochaux, conseiller régional de Franche-Comté. J'ai eu l'occasion de rencontrer, parfois sans ménagement, des ouvriers, des techniciens, de visiter des dizaines, des centaines d'usines. Rien ne m'y prédestinait et cela m'a passionné ! J'ai été ministre et commissaire européen, j'ai voyagé sur tous les continents, j'ai rencontré des chefs d'État, des Premiers ministres, des ministres. J'ai rencontré des intellectuels, des politistes, des chefs d'entreprise, des journalistes, des ecclésiastiques. J'ai côtoyé des agriculteurs, des artisans, des médecins, des infirmiers, des pompiers, des professeurs. J'ai planché devant les francs-maçons, j'ai échangé avec des rabbins, des évêques, des curés, des pasteurs, des imams. La politique, pour moi, c'est d'abord ce qui vous permet de sortir de vous-même pour vous confronter à d'autres, qui ne vous ressemblent pas.

À l'origine, je suis un fils d'intellectuels de gauche juifs né en France par choix, je n'appartiens pas à la bourgeoisie d'argent – je la respecte, j'admire la réussite dans l'entreprise, mais n'ai pas voulu la rejoindre, et je finirai ma vie sans fortune. On s'est même moqué de moi pour la modestie de mon patrimoine lié à un parcours tout à fait républicain ! J'ai en revanche hérité d'un capital culturel important, j'en suis conscient et reconnaissant à mes parents. J'aurais pu ne jamais bouger du VIe arrondissement de Paris, où en effet j'habite depuis trente-cinq ans. Mais la politique m'en a heureusement extrait, et m'a confronté à des réalités très différentes, qui assurément m'ont transformé.

Je suis sorti de ma zone de confort, au demeurant relative, grâce à la politique et par la politique. Ce fut pour moi la rencontre de colères, de révoltes et de convictions. Les ressorts de mes engagements n'ont pas changé : le refus de l'injustice sociale et la nécessité de lutter contre les inégalités de toute sorte (de condition, de situation, des chances, des possibles), la volonté de combattre le caractère insupportable des discriminations, la confiscation du pouvoir par un camp, une classe ou une caste, les faiblesses de la démocratie française, le rejet de l'arrogance, du cynisme ou du mépris des détenteurs d'une autorité, l'attachement à la dignité humaine. Rien n'eût par ailleurs été possible sans les circonstances, qui m'ont permis de me trouver au rendez-vous d'une époque, celle de l'arrivée de la gauche au pouvoir au moment où j'entrais dans la vie professionnelle. Pour le dire autrement, je n'aurais sans doute pas fait de la politique, ou pas de cette façon, si je n'avais pas été de gauche, et si je n'étais pas devenu un jeune haut fonctionnaire au moment où elle revenait aux responsabilités après vingt-trois ans dans l'opposition. J'aurais sans doute continué à m'y intéresser, comme je le faisais déjà, à accompagner ses combats, mais probablement pas été amené à m'y investir en acteur, comme je l'ai fait ensuite. J'y ai connu des frustrations et des échecs, à côté de beaux succès. Mon parcours dans le pays de Montbéliard a été une longue (re)conquête, finalement inachevée. J'ai quitté le Doubs en 2014, pour devenir commissaire européen, et le lien s'est depuis distendu, même si les lieux, les problèmes, les gens restent très présents dans mon esprit, mon cœur et ma mémoire.

Ce fut pour moi une découverte du « pays réel », de sa diversité. Pourtant je me suis toujours efforcé de rester moi-même, je ne me suis pas travesti. Quand je me suis présenté aux ouvriers de ma circonscription de Sochaux, d'Audincourt, je n'ai pas changé mes costumes ou mes idées, même si j'ai modifié mon discours et ma pensée avec ce que j'apprenais d'eux et de leur existence. J'y ai forgé mon expérience et fortifié mon jugement. Je n'ai pas raconté que je me méfiais de l'Europe, j'ai d'ailleurs été élu deux fois parlementaire européen. J'ai assumé d'être né à Paris, et cela ne m'a pas empêché de prôner la réindustrialisation de notre pays. Je pense que l'on peut à la fois garder sa vérité et apprendre des autres.

J'ai résisté à ce que je n'aime pas en politique, son exigence monomaniaque, qui suppose des qualités d'obsessionnalité, de plasticité, de démagogie que je ne possède pas, qui impose des sacrifices, y compris par rapport à soi-même, que je n'avais pas envie de faire, qui conduit souvent à un travestissement de la vérité. Je n'ai jamais su faire semblant. Et je n'étais sûrement pas prêt à renoncer à mes goûts, à une vie privée qui a longtemps été particulière sans être en quoi que ce soit scandaleuse – je suis resté longtemps célibataire, je me suis marié à cinquante-sept ans, je suis devenu père à soixante ans. Je n'avais pas envie de l'afficher. Un jour, j'ai rencontré la femme avec qui je me suis marié, pas par injonction sociale, mais parce que c'était elle, Anne, une inspectrice des finances corse passionnée par l'écriture, dont la rencontre fut pour moi à tous égards essentielle, et parce que c'était moi. Nous avons eu un enfant, notre fils Joseph, qui a totalement changé ma perception des choses, bouleversé le sens de ma vie. Il fait le bonheur de mes jours et j'ai envie de le voir grandir, protégé des vicissitudes d'une exposition publique violente. J'ai modifié ma vie pour cela aussi. Dans les pays scandinaves ou en Allemagne, la vie politique est beaucoup plus « normale », moins monarchique, elle ne contraint pas à l'exposition permanente, à l'exhibition ou à la mise en scène. Là-dessus également, Lionel Jospin, qui se définissait lui-même comme un « austère qui se marre », m'a inspiré : il montrait, par sa discrétion, sa pudeur, qu'on peut être un homme politique de premier plan sans tout dévoiler, sans tout sacrifier.

Je suis persuadé, enfin, que la forme que prennent les institutions et la vie démocratique ont une influence sur les types de leadership, sur le mode de vie et la personnalité de ceux qui exercent le pouvoir. Mark Rutte, le Premier ministre néerlandais, est un célibataire qui, dit-on, mange tous les jours seul dans le même restaurant : on n'imagine pas un dirigeant français vivre ainsi. On dit volontiers que devenir président exige une forme de folie. C'est peut-être vrai, d'une certaine façon : je n'ai jamais eu envie de la posséder, j'ai voulu rester rationnel – je n'ose pas dire normal, tant cette expression a été mal comprise quand François Hollande l'a utilisée en 2012. Cette folie fait partie du théâtre du pouvoir en France. Les lumières de Bercy sont encore ouvertes à onze heures du soir et pour certains hauts fonctionnaires, le grand sport est de savoir qui quittera le bureau le plus tard. En Suède, les administrations ferment à quatre heures de l'après-midi, les ministres quittent leur bureau à six heures. Pour autant ces pays sont-ils beaucoup moins efficaces que le nôtre ? J'ai d'ailleurs toujours veillé à partir à des heures respectables mais pas excessives de mon bureau, dans toutes mes fonctions, à garder une forme d'équilibre entre la vie publique et la vie privée. Dans les différentes fonctions que j'ai occupées, j'ai toujours essayé d'organiser et faire vivre des équipes. Je bâtissais et je bâtis partout où je suis des logiques de projet, je fais confiance à ceux qui travaillent avec moi. Peut-être est-ce un peu scandinave ou anglo-saxon – cela me semble juste réfléchi et adapté.

Je ne voudrais pas caricaturer les oppositions : la personnalisation de la politique, du leadership, existe partout. Mais la soumission à la communication, son omniprésence, nuit à la qualité de l'action, qui finit par ressembler à une pièce de théâtre. J'ai fait beaucoup de médias dans ma vie, des émissions, des interviews par dizaines, par centaines, on peut s'en intoxiquer, et je sais à quel point on peut avoir peur d'être oublié si on se tait une semaine. Donc on est tout le temps en train de parler. Je préfère, de loin, la thèse de Jacques Pilhan – l'ancien conseiller de François Mitterrand et de Jacques Chirac en qui François Bazin voyait le « sorcier de l'Élysée » –, sur « l'écriture médiatique ». Ce ne sont pas les médias qui doivent écrire la politique, c'est au politique d'écrire son récit. J'ai la nostalgie d'un univers où l'on peut concevoir sa trace médiatique, où l'on peut écrire sa vie, organiser et écrire son projet. Tout au long de ma vie politique, c'est ce que je me suis efforcé de faire, quitte à paraître trop poli ou trop discret dans un monde de plus en plus régi par les émotions et les ressentiments. C'était pour moi la condition *sine qua non* pour développer et faire partager mes convictions, pour rester aussi près que possible de l'éthique que j'avais choisie, celle des hommes qui avaient inspiré à Pierre Mendès France son livre de portraits, *La vérité guidait leur pas*. Et lorsque je ne me suis plus senti totalement à l'aise dans la politique telle qu'elle était devenue, dans ses jeux de rôle et avec ses personnages, j'ai pris une voie différente.

La gauche et le pouvoir

La politique, depuis mon adolescence, a été pour moi une passion brûlante, un engagement précoce. D'emblée, j'ai choisi la gauche, et me suis vite situé dans une gauche particulière, aujourd'hui bien malade, la gauche qui sait et veut gouverner. Une gauche dont l'objectif est le pouvoir, et qui a appris dans la conquête du pouvoir puis dans son exercice comment le réel, comment l'État fonctionnent et pris conscience d'un certain nombre de devoirs, notamment le devoir de cohérence. Ce que Lionel Jospin, qui fut mon mentor, appelait le réalisme de gauche. La gauche a perdu cette culture de gouvernement depuis 2017, c'est d'ailleurs une perte considérable pour la vie politique française, qui se trouve en quelque sorte amputée d'une de ses composantes essentielles. Après, il y a les personnages, il y a l'histoire qu'ils fabriquent. Les personnalités de Lionel Jospin et Dominique Strauss-Kahn, certes très différentes, ont été marquantes dans mon parcours personnel, intellectuel et politique. Celle de Michel Rocard a aussi beaucoup compté, même si je n'ai pas partagé longtemps son aventure politique. Cette gauche-là s'est érodée petit à petit, puis à un moment donné elle s'est effondrée, et d'une certaine façon évaporée. Elle a implosé au terme d'un quinquennat raté, celui de François Hollande.

Mais tout cela vient de loin, de très loin ! François Mitterrand a été un homme très particulier, très discuté, que j'ai moi-même beaucoup critiqué, et pour lequel j'ai éprouvé des sentiments pour le moins mitigés. Toute mon adolescence, toute ma jeunesse, s'est construite à gauche, mais contre le personnage de François Mitterrand, dont j'avais quelques raisons de penser qu'il avait reçu les insignes de la francisque sous Vichy, et qui incarnait pour moi la IVe République, dont je n'avais pas la nostalgie. Cette méfiance me vient sans doute de ma mère, qui avait été signataire du Manifeste des 121 contre la guerre d'Algérie, et qui se souvenait que François Mitterrand avait été un partisan de l'Algérie française sous la IVe République, de son caractère un peu sulfureux ou ambigu, du parcours qu'on lui prêtait durant la guerre, qui s'est par la suite révélé juste, un parcours sinueux, en tout cas peu rectiligne. Mais à côté de cela je lui reconnaissais un talent sans égal, et il en fallait pour ramener la gauche au pouvoir après vingt-trois années de droite, après le général de Gaulle, après Giscard d'Estaing, en passant par Georges Pompidou. Peut-être fallait-il même cette ambiguïté, voire une porosité avec une partie de l'esprit de la droite non gaulliste.

Ce furent d'abord le rêve initial de « changer la vie » puis le virage de 1983 et la dérégulation à marche forcée. Vient ensuite la cohabitation, dont il a profité deux fois comme un maître, mais davantage à son propre service qu'à celui de la gauche, se faisant réélire sur le slogan par définition incolore de la « France unie ». On peut dire tout cela, mais sans lui, la gauche ne serait pas revenue au pouvoir. Je n'épouse donc pas la thèse de la trahison. Pour moi, le choix de la rigueur en 1983 n'est pas une trahison. C'est un choix, pesé et mis en scène, celui de la nécessité d'insérer la gauche française dans le cadre européen, d'intégrer pleinement celui-ci dans les options de celle-là. Ce fut l'occasion du « tournant » réformiste des socialistes français, leur « Bad Godesberg », à l'image du congrès du SPD allemand par lequel ce parti renonça au marxisme pour se rallier à l'économie de marché, mais avec une différence majeure : le virage des socialistes français, lui, ne fut jamais avoué ni théorisé, donc pas tout à fait accepté par une grande partie d'entre eux.

François Mitterrand, c'est bien sûr l'artiste de la politique, celui qui a ramené la gauche au pouvoir, l'homme des grandes réformes post-1981, le vainqueur de deux cohabitations face à la droite, c'est aussi un personnage dont l'ambiguïté était une seconde nature. C'est surtout le choix assumé, et structurant pour longtemps, de l'Europe, refusé d'emblée par Jean-Pierre Chevènement et ceux qui allaient devenir le courant nationaliste et souverainiste du socialisme français, discuté par ceux qui comme Laurent Fabius en voyaient les coûts économiques et politiques, présenté par Lionel Jospin comme une simple « parenthèse » – dont il ne savait pas nécessairement qu'elle ne se refermerait pas –, voulu enfin et surtout par François Mitterrand, véritable colonne vertébrale de ses deux septennats.

Oui, pour les socialistes, l'Europe est une partie constitutive de leur identité. Et oui, être européen suppose d'admettre que nous appartenons à une collectivité, l'Europe, qui est plus vaste que nous, dont nous devons respecter les règles, et qui doit nous conduire à faire des compromis avec d'autres à condition qu'ils restent progressistes. Et au fond c'est par ce choix que François Mitterrand permet aussi le *rocardo-jospinisme* des années 90, donc la suite de l'histoire.

Michel Rocard aura en effet été la victime du mitterrandisme : ministre d'abord marginalisé au Plan, un peu enfermé à l'Agriculture, Premier ministre encerclé par les proches du président et détesté par celui-ci, condamné de ce fait à une prudence excessive, il est arrivé à la tête des socialistes trop tard et trop faible, dans une situation trop difficile. Il avait été brisé par la cohabitation avec Mitterrand. Il a pris le Parti socialiste en 1993, au lendemain d'une terrible défaite, alors qu'il n'avait plus l'énergie et la force de mener la gauche au combat, a fortiori à la victoire. Je l'ai accompagné dans cette tentative de redresser le PS après la défaite de 1993, et j'ai regretté cet échec.

Lionel Jospin a été l'héritier un peu inattendu de tout cela, en faisant la synthèse du mitterrandisme et du rocardisme, à travers l'expérience du gouvernement de la gauche plurielle, dont je continue de penser qu'elle fut réussie malgré sa triste fin le 21 avril 2002. Finalement pendant ces années, c'est la même gauche qui a dirigé le pays, une gauche de responsabilité et de transformation, avec de vrais débats, des conflits, une destruction progressive de l'*affectio societatis*, de l'inventivité collective.

La défaite de Lionel Jospin le 21 avril 2002 signe le début de la fin. C'est le moment où aurait pu enfin redémarrer une expérience complète de la gauche de gouvernement, avec une équipe déjà soudée, expérimentée, et un leader qui s'était frotté aux réalités du pouvoir. Mais celui-ci est battu, dans des conditions dramatiques, puisque pour la première fois l'extrême droite se qualifie pour le deuxième tour de l'élection présidentielle, obligeant les électeurs de gauche à un choix aussi évident que douloureux. Ensuite, nous revenons au pouvoir en 2012, après de très longues années d'opposition, mais hélas essentiellement tactiques et très stériles. Nous sommes sérieux, experts, compétents mais il n'y a plus de souffle, plus de créativité, et surtout nous n'avons pas renouvelé notre pensée. Dominique Strauss-Kahn s'y essaye, et il était notre seule chance de réinvention. Il explose en vol et derrière, c'est une version affadie du réalisme de gauche, une version habile et balancée, mais moins profonde et originale, qui arrive aux responsabilités avec François Hollande.

L'élection de 2012 engendre un paradoxe. Nous gagnons alors les élections, avec une puissance électorale que nous n'avons jamais eue, même aux plus beaux jours du mitterrandisme – près de 30 % des voix au premier tour, toutes les Régions, l'essentiel des départements, les grandes collectivités du pays, l'Assemblée, le Sénat et des équipes qui ne sont pas forcément plus mauvaises que celles de 1997. Mais malheureusement peu d'idées, une formation déjà minée par ses divisions, qui n'a pas tranché ses désaccords sur l'Europe, notamment avec le référendum de 2005 sur le Traité constitutionnel européen, un parti confus sur son identité, et qui ne répond pas aux questions économiques, sociales, culturelles que les Français se posent de façon puissante. Ce Parti socialiste n'est pas outillé pour gouverner en temps de crise – car n'oublions pas que nous sommes alors en pleine crise financière. Et enfin, un leader réputé pour sa très grande habileté, mais qui ne s'est jamais frotté aux affaires internationales et n'a pas de grande expérience d'État, puisqu'il n'a jamais été ministre. Il a été un chef d'État, un homme d'État, convenable, honorable, mais un homme politique, un chef politique manquant trop souvent d'autorité et de leadership. Il a été solide là où on ne l'attendait pas, faible et maladroit où d'aucuns le pensaient un maître. La gauche revient au pouvoir alors que les circonstances de son implosion sont déjà réunies. Ce quinquennat fut un échec politique massif, dont la gauche socialiste ne s'est toujours pas remise. Telle fut la toile de fond de ma vie politique.

Mon socialisme, un lent cheminement

J'ai participé à cette aventure de la gauche au pouvoir ou dans le combat pour le pouvoir pratiquement sans interruption depuis 1984, mais je ne suis pas né socialiste. Je ne l'ai toutefois jamais été de façon tiède ou neutre. Dans les années 70, le seul dans la galaxie socialiste qui trouvait grâce à mes yeux était Michel Rocard. Cela peut paraître surprenant, parce que Michel Rocard, pour ceux qui l'ont découvert tard, est l'incarnation de la droite socialiste, alors que j'étais un sympathisant trotskiste. Mais c'est en réalité logique. Il était à l'origine à gauche des socialistes. Il fut le candidat du PSU à l'élection présidentielle de 1969, où il avait donné un sacré coup de vieux à Gaston Defferre et à Pierre Mendès France, qui s'était laissé entraîner dans cette aventure malheureuse. Puis il fut élu député des Yvelines, battant l'ancien Premier ministre Maurice Couve de Murville. Il était l'homme de l'autogestion, l'homme du « parler vrai ». Il incarnait une façon de faire de la politique plus moderne, plus éthique, plus pure à mes yeux que le socialisme mitterrandien.

J'ai espéré, de loin, que Michel Rocard parvienne à être le candidat du Parti socialiste en 1981. L'histoire a montré pourquoi c'était impossible. Au fond Michel Rocard est d'une certaine façon l'héritier de Pierre Mendès France. Contrairement à Mendès, il voulait être président de la Ve République, il en rêvait même, mais il n'a pas su comment faire, parce qu'il était finalement mal à l'aise avec le jeu des partis. Lionel Jospin, premier secrétaire du Parti socialiste choisi par Mitterrand, était pour moi un homme d'appareil, respectable, intègre, bon débatteur. J'avais observé cette force qui, dans une fameuse émission, avait laminé Georges Marchais, chef du Parti communiste, alors considéré comme un des piliers de la politique française, en lui disant : « Moi, j'ai donné mon cours aujourd'hui, quand êtes-vous allé en usine pour la dernière fois ? » Mais j'en avais une image assez lointaine et sans relief, et mon chemin vers le Parti socialiste s'est fait lentement. La première étape fut mon vote pour François Mitterrand, en 1981, un vote que je considérais comme nécessaire aux deux tours, exaspéré que j'étais par le giscardisme, que je voyais alors comme un mélange de conservatisme, d'affairisme, de brutalité, de changements très hostiles à la jeunesse. Valéry Giscard d'Estaing avait commencé son septennat avec des réformes libérales et sociétales, des progrès marquants – majorité à dix-huit ans, libéralisation partielle de l'audiovisuel, fin de la censure au cinéma, élargissement de la saisine du Conseil constitutionnel à soixante députés, droit à l'IVG bien sûr –, mais vite interrompus. Et sa présidence s'est terminée dans un mélange d'affaires jamais élucidées – Boulin, Fontanet, de Broglie – et d'illisibilité politique. Le président s'était coupé de tout et de tous, il avait abandonné son progressisme initial et s'était engagé dans une dérive monarchique : pour le jeune révolté que j'étais alors, il fallait qu'il parte !

Certes, après le gaullisme et le pompidolisme, une période de quinze ans prospère et féconde mais aussi marquée par l'enkystement d'une société contrôlée par un groupe, voire un clan, celui des barons du gaullisme, élargi par Georges Pompidou, il était temps qu'il y ait une respiration, une ouverture sur la modernité. Giscard a su incarner cela avec un talent politique et une intelligence incontestables, et c'était nécessaire. Mais l'exercice solitaire du pouvoir était à son paroxysme. Le film de Raymond Depardon sur sa campagne en 1974, à cet égard, est un chef-d'œuvre, qui montre un homme qui fait campagne tout seul avec quelques compagnons aristocratiques, Michel Poniatowski et Michel d'Ornano, et sans grand affect envers qui que ce soit d'autre que lui-même.

La gauche française, historiquement, est minoritaire et sous la Ve République elle le fut quasi constamment. Sans doute fallait-il un homme comme François Mitterrand, qui pouvait ajouter des voix de droite, peut-être même très à droite, à une gauche positionnée très à gauche, et la ramener au pouvoir, sans quoi elle serait peut-être restée dans une marge confortable, celle du grand écart entre la gestion réaliste des territoires et un positionnement déclamatoire et révolutionnaire à l'échelle nationale. Ce qu'on a appelé le « molletisme ». En tout cas, on ne peut pas lui dénier ce mérite. D'ailleurs, d'une certaine façon, le regard que je porte aujourd'hui sur lui est plus indulgent que celui du jeune homme que j'ai été. Et en 1981, peu de mois après mon entrée à l'ENA, en décembre 1980, à vingt-trois ans, j'ai voté pour François Mitterrand dès le premier tour. J'ai espéré et fêté sa victoire. Et il reste toujours cette « geste » de la gauche qui revient au pouvoir, des premières réformes spectaculaires, des nationalisations, de la relance économique, de l'augmentation du SMIC, de l'abolition de la peine de mort, des 39 heures, de la retraite à soixante ans, des lois Auroux, de la décentralisation, de la libéralisation / libération du paysage médiatique, d'une dynamique culturelle inédite depuis les années 60, des « grands travaux » qui ont changé l'image de la France et de Paris. Toute une mystique à laquelle je suis attaché, même si je n'épouse pas tout pour autant.

Le personnage par la suite a été comme on le sait pour le moins déconcertant et calculateur. Il y eut Bernard Tapie, dont la nomination fut perçue par beaucoup à gauche comme une provocation, une génuflexion devant une forme d'affairisme et d'aventurisme, mais il y eut aussi, grâce au scrutin proportionnel, la réinvention, qui m'avait littéralement révolté, de Jean-Marie Le Pen, ancien député poujadiste en 1956, coutumier des déclarations antisémites, chef d'une extrême droite violente. Il y eut aussi toutes les controverses sur son amitié avec René Bousquet. J'ai été un des premiers à lancer l'alerte, et même la polémique, refusant que le président de la République socialiste conserve sa sympathie à celui qui avait organisé la rafle du Vel' d'Hiv et causé la mort de milliers de Juifs.

Mon vote pour François Mitterrand fut pour le sympathisant gauchiste que j'étais alors une « traversée du Rubicon », qui coïncidait de surcroît avec mon entrée à l'ENA. Dès lors que j'avais fait le choix du service public, que j'avais intégré l'ENA, j'eus envie d'exercer des responsabilités. Je ne me voyais pas être l'artisan le jour d'un État meilleur et, le soir ou la nuit, rejeter la « société bourgeoise » et œuvrer à casser cet État. Et j'avais envie de le faire alors que la gauche, mon camp, dirigeait le pays. En stage de l'ENA, à la préfecture de l'Hérault, à Montpellier, sous la direction d'un préfet de Région inoubliable, Julien Vincent, un préfet comme on n'en fait plus, issu du peuple, ancien commis aux écritures, résistant, opposant à la guerre en Algérie, ex-sous-préfet à

Dunkerque, doté d'une faconde digne de Raimu, humain et matois, qui m'a pris sous son aile et beaucoup poussé, j'ai énormément appris. Je ne me voyais pas pour autant devenir moi-même un homme politique. Je me voyais plutôt comme un homme de l'ombre, un conseiller, un *homme d'influence* pour reprendre le titre de l'ouvrage de Jacques Attali sur le banquier Siegmund Warburg.

À ma sortie de l'ENA en juin 1984, la gauche avait encore de la ressource, mais elle était déjà affaiblie et semblait promise à la défaite lors des législatives à venir en 1986. Je ne voulais pas être un haut fonctionnaire dans son bureau, avec un devoir d'obéissance éternelle. Il se trouve qu'à l'ENA j'avais rencontré un jeune professeur, Dominique Strauss-Kahn. Il dirigeait un groupe de travail auquel je participais dans le cadre d'un séminaire sur l'économie souterraine. Avec mon binôme et ami, Christian Masset, nous avions choisi d'écrire un rapport conceptuel sur la mesure de l'économie souterraine, alors que tous les autres faisaient des rapports très technocratiques sur la façon dont le droit du travail pouvait traiter ce phénomène. Chacun estimait que nous avions choisi la mauvaise stratégie. Produire un rapport théorique, avec des chiffres et des méthodes d'évaluation, était beaucoup plus risqué que de faire un rapport juridique et technique, et tout le monde nous promettait la plus mauvaise note. Dominique Strauss-Kahn et moi avions d'emblée sympathisé intellectuellement, et nous avions pris cette option ensemble. Il avait trente-trois ans, j'en avais vingt-cinq, il était très différent de ce qu'il est aujourd'hui. Mais le Dominique Strauss-Kahn de ces années-là était encore un homme jeune, vibrant, conceptuel, avec une vraie conviction, une grande fermeté intellectuelle et idéologique, dépourvue pour autant de rigidité. Il se trouve que notre stratégie fonctionne ; défiant tous les pronostics, notre groupe obtient la meilleure note !

Je suis finalement sorti assez bien classé de l'ENA pour avoir accès à ce qu'on appelle les « grands corps de l'État ». Ce jour-là, j'appelle d'abord mes parents. Ma mère est très fière, très heureuse, elle me le fait comprendre avec amour. Mon père est très fier, très heureux aussi, mais me dit quand même avec un humour qui disait à quel point il avait compté sur moi : « C'est bien, mais tu aurais pu travailler davantage. » Après ma mère et mon père, j'appelle Dominique Strauss-Kahn. Je me souviens également de cette conversation, aussi amusante que révélatrice. « Je peux avoir l'Inspection des finances peut-être, la Cour des comptes à coup sûr. » Sa réponse : « Prenez l'Inspection des finances si vous pouvez, c'est la meilleure *business school* de France. Vous y passez quatre ans puis ensuite vous en partez, vous allez dans la banque et vous gagnez plein de fric. Sinon prenez la direction du Trésor. C'est comme l'ESSEC par rapport à HEC, vous y passez quatre ans, puis vous partez dans la banque et vous gagnez plein de fric. Ne prenez jamais la Cour des comptes, c'est un club de paresseux, où vous allez vous emmerder. — Ce n'est pas ce que je pense, lui dis-je alors. Je veux prendre la Cour des comptes » – c'est ce que je voulais depuis le début, comme Marcel Proust avait songé à y entrer, avant d'y renoncer en la considérant trop ennuyeuse. C'était la France, la France éternelle, une institution reconnue et très libérale. « C'est ce que je souhaite, cela me plaît. Et puis, par ailleurs, ça laisse du temps et j'ai envie de lire, d'écrire, d'enseigner. — De militer peut-être ? Vous êtes de gauche, non ? Nous n'avons jamais parlé politique. — Oui, je suis de gauche. — Socialiste, ça vous dit ? — On peut en discuter. » Il me tutoie alors instantanément : « Passe me voir à mon bureau demain » – son bureau au Commissariat au Plan, que j'ai occupé plus tard !

Il me propose tout de suite d'entrer au groupe des experts du Parti socialiste et notre aventure commune commence. Très tôt, nous avons développé une forme d'osmose intellectuelle, faite de culture partagée, de rapidité, de capacité à comprendre le second degré, à élaborer des stratégies, des tactiques, à bien communiquer. Et puis une certaine communauté de vues sur ce que doit être un socialisme moderne, européen, décentralisateur, soucieux des inégalités donc volontariste sur le plan fiscal et social, et conscient des réalités de l'entreprise. Nous avons ensuite échangé quotidiennement quand il m'a demandé d'animer à ses côtés le groupe des experts économiques du PS. Il était secrétaire national aux études, ce que je devins plus tard, et chef du service de financement au Commissariat au Plan, ce que je fus également quelques années après.

Là-dessus, arrive un autre épisode, celui de ma tentation Fabius. Nous sommes en juillet 1984, Laurent Fabius devient Premier ministre à trente-huit ans. Il se trouve que ma mère, psychanalyste, était à l'époque la collègue et grande amie de Danielle Margueritat, la sœur de Françoise Castro, alors l'épouse de Laurent Fabius. C'était le début de l'affrontement Fabius-Jospin. Pour moi, il n'y avait pas photo : Jospin était à mes yeux un apparatchik un peu terne, engoncé dans un parti que je n'aimais pas beaucoup, Fabius était jeune, brillant, il incarnait quelque chose de moderne, qui pouvait changer la donne. Je prends donc rendez-vous à Matignon avec Françoise Castro, qui m'interroge, souhaite que je rejoigne les équipes du Premier ministre. C'est grâce à Louis Schweitzer, son directeur de cabinet historique, que je ne suis pas devenu fabiusien. Elle prend son téléphone, appelle Louis Schweitzer, et lui dit : « J'ai un jeune homme dans mon bureau, il est formidable. — Quand est-il sorti de l'ENA ? — Il y a deux mois. — Ah, eh bien il faut qu'il fasse ses quatre ans à la Cour, comme je l'ai fait à l'Inspection des finances, et ensuite il pourra nous rejoindre. » Il ne me propose même pas de participer à un groupe de travail, il ne me propose rien ! C'est une fin de non-recevoir pure et simple, que je ne m'explique toujours pas – il est vrai que je ne m'en suis jamais vraiment préoccupé – et qui ne m'a pas empêché d'avoir par la suite une relation tout à fait cordiale avec cet homme éminemment respectable.

J'ai aussi eu un épisode Rocard ! En 1985, Michel Rocard démissionne de son poste de ministre de l'Agriculture quand François Mitterrand décide de rétablir le scrutin proportionnel, avec le calcul de faire entrer le Front national à l'Assemblée nationale et de limiter la future majorité probable de la droite. Évidemment, pour moi, ce n'était pas possible ! Je m'enflamme, j'écris à Michel Rocard que je souhaite le rejoindre, un de ses sbires le refuse, au prétexte extravagant que j'aurais été un soutien inavoué de... Raymond Barre ! Il est vrai que j'avais rencontré à la fin de ma scolarité à l'ENA un personnage hors du commun, Michel Bongrand, le « pape » du marketing politique, un résistant gaulliste qui avait pourtant lancé Jean Lecanuet en 1965 et qui suivait en effet Raymond Barre, sans jamais avoir eu la moindre intention de m'y entraîner. Nous étions devenus très amis. Il était malin, sensible et drôle, et notre relation a duré jusqu'à sa mort en 2014. Celui-ci m'avait poussé à collaborer à l'écriture d'un livre sur l'état de la France, signé ADA (l'Association pour débattre autrement), avec entre autres Marc Lambron, écrivain et académicien, Jean-Claude Mallet, ancien secrétaire général de la Défense nationale, et

Jean-Baptiste Toulouse, inspecteur des finances et banquier, alors un de mes amis très proches. Nous nous étions beaucoup amusés, sans sectarisme, à écrire ce livre et un numéro spécial du *Point*, avec Denis Jeambar, Catherine Pégard, Michel Richard, Christophe Barbier. Mais c'était plus un canular qu'un engagement politique : nous n'étions pas d'accord entre nous, et nous le savions. Ainsi, j'étais déjà le secrétaire du groupe des experts économiques du Parti socialiste, alors que Jean-Baptiste Toulouse, inspiré par Jacques Chirac, partait tous les week-ends dans une vieille DS à Limoges en rêvant de s'y implanter pour le compte du RPR – il y renonça assez vite. Tout cela est d'autant plus amusant que celui qui m'a fermé la porte fut ensuite le directeur de cabinet, au ministère du Plan, de l'ancien secrétaire d'État giscardien Lionel Stoleru, que j'aimais beaucoup au demeurant, et le fondateur des Gracques, un groupe de hauts fonctionnaires plutôt modérés. Une fois encore, on constate le rôle des rencontres – ou des non-rencontres – dans les parcours politiques !

Ma rencontre avec Lionel Jospin

Le cœur et ma façon de penser m'avaient poussé vers Michel Rocard, l'air du temps et l'attrait de la modernité vers Laurent Fabius. La vie et Dominique Strauss-Kahn m'ont amené à Lionel Jospin. Lionel Jospin, c'est le destin fort et finalement contrarié d'un homme avec qui j'ai eu un rapport fraternel, à la fois politique et affectueux, proche et parfois conflictuel, et qui fut pour moi un mentor.

Je l'ai rencontré pour la première fois lors d'une soirée fêtant l'anniversaire de Dominique Strauss-Kahn, en avril 1986. La gauche vient de perdre nettement les élections législatives, mais elle a résisté de façon surprenante et, à cause de la proportionnelle, Jacques Chirac n'a qu'une majorité extrêmement courte. Le PS représentait encore plus de 30 % des voix et avait plus de 200 députés, il était donc en bon état pour soutenir François Mitterrand en vue de la présidentielle de 1988, pendant la cohabitation. Lionel Jospin veut alors reconstituer ses équipes. Ce soir-là, je rencontre Élisabeth Jospin, son épouse de l'époque, qui avait travaillé avec mon père, et Marie-France Lavarini, son amie et conseillère, qui m'interrogent avec curiosité, me jaugent, m'évaluent, comme pour voir ce que je peux apporter.

Dominique Strauss-Kahn me présente à Lionel Jospin, qui me dit : « J'ai entendu parler de vous, je lis vos notes et je les trouve très intéressantes. Il faudrait que l'on se voie un de ces jours. »

Il se trouve que mon père aimait beaucoup Lionel Jospin, qu'il jugeait solide et fiable, avec une belle éthique. J'avoue que cela ne m'avait pas suffi jusqu'alors. Mais, dès le lendemain, Nicole Baldet, qui fut son assistante pendant près de trente ans, et deviendra aussi une amie précieuse, m'appelle à la Cour des comptes, pour me dire que le premier secrétaire souhaite me rencontrer rue de Solférino. Arrivé dans son bureau, où j'entrais pour la première fois, celui-ci me dit : « Je voudrais recruter un directeur de cabinet, ou plutôt deux. Je prendrai Jean-Marie Cambacérès pour les aspects organisationnels et je voudrais quelqu'un qui s'occupe des idées, qui écrive pour moi, et on m'a dit que vous étiez très bien. Ce serait vraiment un grand plaisir de vous avoir avec moi. » Sans doute Lionel Jospin avait-il envie d'avoir dans son équipe, alors que Laurent Fabius disposait d'une armada de hauts fonctionnaires, un membre d'un grand corps de l'État, jeune, déjà très intégré dans le groupe d'experts économiques du parti, dont je n'étais toujours pas membre.

Je lui réponds qu'il me paraît impossible de devenir son directeur de cabinet. Traverser la Seine par la passerelle Solférino, en passant par les Tuileries, pour aller le soir au Parti socialiste en venant de la Cour des comptes, ce n'était pas très compliqué. Mais j'étais sorti de l'ENA deux ans auparavant, il aurait fallu que je me mette en disponibilité. C'était trop tôt. Il me répond : « Ça peut s'arranger, j'en parlerai à André Chandernagor », alors Premier président de la Cour et ancien ministre socialiste, un grand Européen, aux convictions solides et doté de grands principes, dont je suis sûr qu'il n'aurait pas accepté un tel arrangement. Mais ce n'était pas tout à fait ma seule raison : « Je ne vous connais pas et pour être tout à fait franc, vous n'êtes pas la personnalité vers laquelle je me serais spontanément tourné. » Ma franchise l'amuse, il rit : « Vous me connaîtrez mieux, vous reviendrez sur ce jugement stéréotypé, ça n'a pas d'importance, nous nous découvrirons. » Enfin : « Il faut que je vous le dise, Monsieur le premier secrétaire, je préfère de loin Michel Rocard à François Mitterrand. Je n'ai pas digéré l'affaire de la proportionnelle aux législatives de 1986, ce marchepied offert au Front national, elle est intolérable pour moi. » Il ne rit plus et me dit : « C'est ennuyeux. Je vais vous proposer autre chose. » Et c'est ainsi que je suis devenu le secrétaire du groupe des experts du Parti socialiste, relancé sous la présidence créative de Claude Allègre, non pas seulement sur les sujets économiques mais sur tous les thèmes.

Lionel Jospin recrute alors deux jeunes hauts fonctionnaires, issus tous deux de la Cour des comptes, François Hollande pour rédiger la petite feuille hebdomadaire du PS et moi pour animer le groupe des experts. Et à partir de ce moment-là, *de facto*, je ne suis pas son directeur de cabinet, mais nous entrons dans un échange quasi quotidien. Entre 1986 et 1988, dans ce qu'on a appelé « la campagne sans candidat », nous réfléchissons à l'élaboration d'un projet qui n'a pas vu le jour mais qui n'était pas inutile, dans l'animation du groupe des experts, avec Claude Allègre, qui a été dans ce rôle rassembleur et inventif, et nous regroupons des centaines de personnes. J'organise tout cela, je fais fonctionner les groupes, j'écris des synthèses et des propositions. Je travaille aussi sur l'image et le discours du premier secrétaire, en participant notamment à quelques séances mémorables avec Jacques Pilhan, dans son antre du cours Albert-Ier, Temps public. Le personnage, par sa brutalité, sa franchise, son originalité, son mystère, était à la hauteur de sa réputation, même si ses messages étaient parfois obscurs. J'ai un bureau au Parti socialiste et je fais sans arrêt des allers-retours entre la Cour et la rue de Solférino, où je continue à produire un peu laborieusement mes rapports et où on ne me passe rien, j'enseigne, à Sciences Po, aux Arts et Métiers. Et puis, je sors toujours le soir, aux Bains Douches ou chez Castel. Pour poursuivre une métaphore balzacienne, ce sont un peu mes années Rubempré – sans stimulants artificiels. J'adore ça !

Je découvre donc Lionel Jospin, et nous nouons vite une relation très proche. J'apprends beaucoup de lui, sur les rapports de force politiques, sur la vertu de la constance et de la cohérence, sur la nécessité, à gauche, d'être central et pas centriste, sur ce qu'est un appareil de parti, que je cesse de mépriser, sur les vertus du militantisme, sur la géographie à la fois spatiale et interne du parti. J'assimile sa méthode, à l'écoute des autres, à cheval sur les principes, attachée à une forme de rigueur intellectuelle liée à une vision élevée du socialisme et de l'art de la politique Je commence à assister au Bureau national du Parti socialiste, à découvrir les personnalités et les styles des uns et des autres. Je me forme.

Je pense très tôt qu'il a été trotskiste ou proche du trotskisme, à son vocabulaire, à sa gestuelle, à sa façon de construire les plans de ses discours, dont je connaissais par expérience politique et universitaire le rythme ternaire tout à fait typique : la situation internationale, les problèmes, nos tâches. Sa matrice intellectuelle est clairement marquée par le trotskisme, tout le monde le voit, c'est un objet de plaisanterie, et c'était somme toute à l'époque le cas de beaucoup de cadres socialistes – Henri Weber, Julien Dray, Jean-Christophe Cambadélis, entre autres. Ce que personne ne savait, c'est la simultanéité, la concomitance de ses appartenances, ou plutôt de sa responsabilité socialiste avec ce qui restait de fréquentation des cadres de l'OCI, son parti de jeunesse. Cela, je l'ai appris, comme tout le monde, en 2001. Il me fait découvrir le PS, ses hommes, ses femmes, son fonctionnement de chef du parti. Petit à petit, j'épouse ses combats. Je comprends son rapport à François Mitterrand, à la fois fasciné, très fidèle mais déjà distant, comme celui d'un fils déçu de se voir préférer un cadet moins légitime, avec une volonté puissante de s'émanciper. Je saisis sa relation avec Laurent Fabius, faite à la fois de vraies différences, d'une concurrence assumée mais aussi d'affirmation de puissance à puissance.

J'apprends à connaître un homme attachant, parce que solide dans ses convictions, droit et pudique dans son comportement avec les autres, fidèle et très protecteur avec moi. Je n'ai pas eu une relation filiale avec lui. J'avais un père et n'avais aucune envie ni aucun besoin qu'une autre figure s'y substitue. Lionel Jospin est un protestant avec une fibre didactique, mon père était un Juif avec un côté secret, mystérieux. Deux approches différentes. Mon père intervenait à des moments stratégiques pour me faire comprendre que ça suffisait, ou au contraire qu'il fallait avancer, toujours de façon très suggestive, jamais autoritaire. Lionel Jospin m'a vraiment appris ce qu'était la politique au quotidien, avec attention et je crois affection.

Lorsque arrive l'élection présidentielle, que François Mitterrand gagne haut la main, Lionel Jospin choisit de quitter la direction du Parti socialiste d'un retentissant « bonjour la vie ! », qui en disait long sur le poids de sept ans d'enfermement dans un rôle difficile et souvent ingrat. Il devient ministre de l'Éducation nationale, je quitte la Cour pour son cabinet, et je suis à trente ans son conseiller budgétaire, à l'époque où le budget de l'Éducation devient le premier de la nation, devant celui de la Défense, ce qui n'était jamais arrivé jusque-là. Nous devons revaloriser le statut des enseignants, face à un front syndical fissuré, le soutien socialiste à la FEN alors dominante s'érodant au profit de forces plus radicales, regroupées au sein du SNES, et contre Bercy et Michel Charasse, ministre du Budget aussi rude et ironique que compétent, fustigeant « l'eau dans le sable ». On nous reproche de faire du « quantitatif » et pas du « qualitatif », de ne pas avoir obtenu de contreparties ou des réformes structurelles.

Le président de la République était fâché contre le Premier ministre Michel Rocard, qu'il avait choisi parce que l'opinion politique le souhaitait et pour « lever l'hypothèque », c'est-à-dire montrer l'incapacité du chef du gouvernement à bien remplir sa fonction et à gravir la marche présidentielle. Il nourrissait du ressentiment contre Lionel Jospin, qui avait quitté la rue de Solférino contre son gré et refusé de laisser la place au dauphin qu'il se souhaitait, Laurent Fabius. Il manifeste son insatisfaction et encourage les mouvements de lycéens dans l'Éducation nationale. C'est un peu compliqué ! Très vite, les choses se politisent et se durcissent. On s'en souvient, le deuxième septennat de François Mitterrand commence par le combat pour le contrôle du parti. Michel Rocard et Lionel Jospin empêchent Laurent Fabius, pourtant désigné par Mitterrand, de prendre le contrôle du parti. La motion majoritaire, dite A, se fracture, et Pierre Mauroy devint, contre le vœu du président, premier secrétaire du Parti socialiste. J'ai beaucoup aimé Pierre Mauroy, ce grand élu du Nord, constamment sous-estimé, alors qu'il restera dans l'histoire de la gauche comme le Premier ministre des grandes réformes de l'après-1981. Il n'avait pas la prestance technocratique et télévisuelle de certains « sabras » socialistes, mais il avait l'authenticité et le flair d'un grand élu d'une vieille terre socialiste, celle des beffrois du Nord dont sa ville, Lille, était le fleuron. Remarquable orateur à la magnifique voix, aux mains longues et élégantes, c'était un homme intelligent et instinctif, plein d'humour, d'une grande finesse. Ses choix politiques étaient justes, et il savait faire preuve de courage. Ainsi résista-t-il à François Mitterrand lorsque celui-ci fut tenté par une « autre politique » de sortie du système monétaire européen inspirée par ses « visiteurs du soir » en 1983, et s'opposa-t-il à lui au congrès de Metz en 1979, où il choisit de s'allier avec Michel Rocard. En 1988, il l'affronta à nouveau.

François Mitterrand est tout de suite en froid avec une partie de son gouvernement. Il cohabite avec son Premier ministre, ne veut pas du premier secrétaire Pierre Mauroy et en veut au numéro deux du gouvernement Lionel Jospin. Le destructeur du congrès de Rennes se lance dès les premiers jours du nouveau mandat présidentiel, et oppose deux versions du Parti socialiste, celle d'un parti très ouvert et organisé derrière son leader, et celle d'un parti plus traditionnel, centré autour des militants. Je commence à découvrir les arcanes du parti, mais ne vois encore que très peu de Français. Je suis alors très loin de la réalité sociologique du pays. J'avais en fait une connaissance totalement académique de la politique et de la société française. J'avais trouvé deux protecteurs, Dominique Strauss-Kahn, avec qui j'avais toujours une grande complicité intellectuelle, et Lionel Jospin, qui me faisait confiance. J'ai alors arrêté de faire la fête, pour travailler au ministère de l'Éducation nationale. Ma vie était une cavalcade.

C'est à ce moment-là qu'arrive le tournant : j'ai choisi d'entrer vraiment en politique. J'aimais la politique comme on aime un jeu de stratégie qui va vite, avec une forme d'exaltation, être dans les idées et dans le pouvoir à Paris, en vase clos, sans connaître la société française. Au bout d'un an, je ne suis pas heureux au ministère de l'Éducation nationale. Mes relations avec le directeur de cabinet, Olivier Schrameck, qui me trouvait sans doute trop remuant et encombrant, n'étaient pas simples – nous nous sommes réconciliés depuis – et je souhaite partir. Le ministre me retient, il commence par me promouvoir, me fait chargé de mission auprès de lui, je deviens numéro trois du cabinet, derrière Olivier Schrameck et Claude Allègre. Puis arrive le congrès de Rennes, qui se déroule dans l'atmosphère que l'on sait, sans vrai gagnant, sans « synthèse » au congrès, et se termine sur une image d'amertume et de division d'autant plus triste qu'elle est pour une grande part artificielle, avec le symbole d'une rose brisée et abandonnée. Le septennat est en capilotade, le gouvernement est un champ de bataille, et le parti est en miettes. Une déroute historique s'annonce pour les socialistes aux législatives de 1993. Lionel Jospin m'appelle dans son bureau de ministre de l'Éducation, rue de Grenelle, et me demande si j'ai envie de devenir secrétaire national du PS. Je tombe un peu des nues, à vrai dire je n'y avais pas pensé. Il me prévient qu'un retour en arrière sera difficile, que ma vie sera pour longtemps la politique, que je renoncerai *de facto* à une carrière de haut fonctionnaire – je n'y suis en effet revenu que trente ans plus tard. Je réfléchis et j'accepte. Et à trente-deux ans je deviens secrétaire national aux études, c'est-à-dire à la prospective, aux idées, en charge des relations avec les experts, en particulier économiques, remplaçant Dominique Strauss-Kahn qui, devenu président de la Commission des finances, n'a plus le temps de s'y consacrer. J'ai mon bureau et une équipe rue de Solférino, je suis un responsable du parti, appartenant à toutes ses instances, même les plus élevés. Ma vie change.

Le pays de Montbéliard, mon autre France

Un soir de 1992, après une réunion du comité directeur du parti à l'Assemblée nationale, Lionel Jospin m'invite à dîner chez Lipp, fameuse brasserie du boulevard Saint-Germain, le restaurant de la politique par excellence. « Maintenant, tu es secrétaire national, il est logique que tu sois candidat aux législatives. Pour grandir en politique, il faut avoir un mandat », me dit-il. Je n'avais rien contre, mais je n'y avais pas pensé, je n'avais rien préparé. Le socialisme à Paris ne me disait rien, je cherchais quelque chose de différent : je cherchais l'altérité.

C'est pour cela que j'ai adoré mes années montbéliardaises ! J'y ai beaucoup appris, et d'abord découvert la France des territoires, celle de l'industrie et de la ruralité, celle des frontières de l'Est, dont je n'avais qu'une connaissance trop livresque. Il est de bon ton aujourd'hui de décrier « l'ancien monde », ce *cursus honorum* de la politique dans lequel l'élection locale est un point de passage obligé : je persiste à penser que cette expérience est plus que précieuse, irremplaçable. Daniel Vaillant, le fidèle lieutenant de Lionel Jospin, alors secrétaire national aux fédérations, me propose de me présenter dans le Doubs. La circonscription ouvrière de

Sochaux-Audincourt se libérait. Elle était encore considérée comme gagnable, et aucun candidat ne s'imposait.

Personne ne me connaît dans le Doubs, où je n'avais même jamais mis les pieds, je suis juste un jeune secrétaire national du Parti socialiste. Et toujours avec la même belle inconscience, séduit par la beauté du département, stimulé par l'ampleur du défi politique, intéressé par les enjeux de la mutation d'un territoire industriel en grande difficulté, ému par l'engagement des hommes et des femmes qui m'avaient appelé, je débarque un jour d'été 1992 à Besançon. Un militant, Paul Coizet, qui me restera fidèle et dévoué pendant vingt ans, vient me chercher en voiture, une petite Renault. Avec lui, je vois les adhérents un par un, pour gagner la désignation du parti, qui n'était pas acquise. En face de moi, j'avais en effet le conseiller général et maire d'une des deux plus grosses communes de la circonscription, Valentigney. Je le bats nettement au vote militant. Puis il quitte le Parti socialiste, encouragé par Jean-Pierre Chevènement, qui m'a toujours combattu parce qu'il ne voyait pas d'un bon œil arriver un jeune responsable politique, qui plus est très différent de lui sur le plan idéologique, aussi pro-européen qu'il est souverainiste, à quinze kilomètres de chez lui à Belfort. Il adhère au Mouvement des citoyens, s'allie avec le maire et conseiller général post-communiste de la plus grosse ville de la circonscription, Audincourt, Serge Paganelli, un élu autodidacte, passionné par les idées, un homme intelligent, réfléchi, proche du terrain, qui deviendra plus tard un soutien et un ami. Me voici face à une forte adversité, les sondages sont désastreux.

Julien Dray, jamais à court d'une idée brillante ou d'un mauvais coup selon les jours, à l'image du personnage du « Baron noir » qu'il a en partie inspiré, vient soutenir le tandem contre moi. Je semble perdu. Et pourtant, les choses ne se passent pas comme elles paraissaient écrites. Avec l'appui décisif d'un militant chrétien de gauche, Jean-Marie Bart, je découvre que je sais faire campagne, entraîner les militants, les organiser, les galvaniser, je suscite un courant d'adhésion. Partis à cinquante, nous finissons avec cinq cents sympathisants mobilisés, nous faisons une très forte campagne, même si je suis encore très timide et maladroit avec les électeurs eux-mêmes. Le jour de l'élection, les deux maires et conseillers généraux associés font 10 % des voix, j'en rafle 20 %, je suis qualifié pour le second tour que je termine à 47 %, score très honorable dans la débâcle de 1993. L'année suivante, le conseiller général socialiste de Sochaux-Grand-Charmont se retire, craignant une défaite annoncée, et je me présente. Après un premier tour solide mais insuffisant, Michel Rocard vient me soutenir et rassemble plus de sept cents personnes. L'ancien Premier ministre a donné un coup de pouce décisif à ma vie politique, et je lui en suis toujours resté reconnaissant. À la surprise générale, je suis élu avec trente voix d'avance contre le maire RPR de Sochaux.

Le soir de l'élection, pour la seule et unique fois de ma vie, je suis confronté à une manifestation ouvertement et violemment antisémite. La droite locale, au bureau centralisateur, celui de Sochaux, se voit contrainte d'entendre un résultat contraire à ses espoirs et ses prévisions. Une dame me demande de mettre ma kippa pour retourner à Paris. Je lui réponds poliment que je n'en porte jamais et qu'elle va devoir s'habituer à me voir pour vingt ans – ce qui effectivement arriva. Monte alors un brouhaha dans la foule, puis des cris distincts : « Va-t'en, le Juif. » Me voici, avec un ami trop tôt disparu, le maire de Grand-Charmont, Daniel Jeanney, qui aurait pu être le candidat socialiste à cette élection et m'avait incité à me présenter à sa place, contraint de me replier vers l'escalier et de partir sans hâte ni panique, pendant que la meute déchaînée va brûler quelques pneus sur la route dans un rodéo furieux.

Ma vie a progressivement changé. Je découvre une autre France, que je ne connaissais pas. Parisien, énarque, pro-européen, je suis tombé à ma façon amoureux de ce territoire dont la population est essentiellement constituée d'ouvriers et de techniciens, très eurosceptiques, convaincus que l'Europe est le « cheval de Troie de la mondialisation libérale », qui détruit leurs emplois. Cette région a subi avec souffrance le redimensionnement de l'industrie automobile, qui se modernise constamment et qui externalise des pans entiers de fabrication en les sous-traitant, tout en réduisant les effectifs. Et la problématique aujourd'hui répandue du « gaucho-lepénisme » conceptualisé par Pascal Perrineau, du divorce entre la gauche et les couches populaires, de l'opposition entre la France métropolitaine et la France périphérique, notamment dans les territoires touchés par la désindustrialisation, m'a passionné depuis le début des années 90. Les Gilets jaunes ne m'ont pas surpris, parce que l'émergence d'un tel mouvement était en gestation depuis dix ou quinze ans. Un ouvrier qui habite à dix kilomètres de l'usine PSA de Sochaux, prend chaque matin sa voiture diesel pour aller fabriquer à l'usine des voitures diesel, on lui demande de limiter sa vitesse à 80 km/h, on lui promet sans explication une taxe sur le diesel. Mondialisation oblige, on l'appelle à être « mobile » alors qu'il habite un pavillon acheté il y a quinze ans et qui a perdu 50 % de sa valeur du fait de la désindustrialisation et de la chute de l'attractivité et la démographie, on conçoit qu'il soit très en colère ! Très tôt, ces questions m'ont touché, mais me sont aussi apparues comme un défi intellectuel et politique : comment réconcilier le socialisme des grandes villes et des catégories sociales les plus éduquées avec celui du peuple ?

Je n'ai pas la prétention d'avoir tout compris de nos fractures françaises, mais j'ai pris conscience plus tôt que beaucoup d'autres des difficultés des territoires industriels, de l'exigence de leur diversification et de la réindustrialisation, du décrochage de l'électorat populaire par rapport à la gauche. Localement, j'ai réussi à la conjurer, pendant un temps du moins, en menant une stratégie patiente de reconquête politique. Les électeurs du pays de Montbéliard, lentement, ont adhéré à mon projet et à ma personne, sans pour autant m'adopter tout à fait – je pense qu'ils m'ont toujours vu comme très différent d'eux, à juste titre. Je ne suis pas devenu l'enfant du pays. Mais ils ont voté pour moi en pensant trouver un chef qui pouvait leur apporter des solutions en se battant à la fois pour le maintien responsable des emplois dans l'automobile et pour une diversification – dans le cuir, avec Hermès, ou dans le numérique –, pour le verdissement de l'économie locale et pour la formation des hommes et des femmes à de nouveaux métiers, capitalisant sur le savoir-faire industriel acquis. Ils étaient conscients qu'un élu qui pouvait les faire entendre à Paris, voire à Bruxelles, qui pouvait porter leur voix et soutenir leur cause, leur apporterait quelque chose de plus. Dans les années 60, les socialistes avaient déjà été chercher André Boulloche, ingénieur des Ponts, compagnon de la Libération, déporté, ancien ministre socialiste du général de Gaulle, pour être député-maire de Montbéliard.

Je me suis pris au jeu. J'ai voulu être l'avocat des habitants de ce « pays » en difficulté, les comprendre et, en effet, essayer d'apporter des solutions. Ce fut très long, très difficile. J'ai perdu quelques élections, j'en ai gagné d'autres, sur ce territoire qui n'était, en vérité, et contrairement à une légende tenace, plus très favorable à la gauche. J'ai fait des erreurs, j'ai mis du temps à devenir plus proche, plus accessible, moins timide, mais je n'ai jamais réussi à être maire de Montbéliard – la ville était désormais très clairement tournée vers la droite. J'ai été battu deux fois aux municipales par un ancien cadre de l'industrie, Louis Souvet, un homme très dur, certes pas un visionnaire, mais un gros travailleur, de belle allure, au profil paternaliste, rusé, collant au terrain. Il avait trente ans de plus que moi, et je n'ai jamais pu face à lui apparaître suffisamment enraciné et pragmatique.

En 2001, j'étais ministre des Affaires européennes. À Montbéliard, l'électorat semblait tenté par le changement que j'incarnais. J'étais bien placé à six mois de l'élection. Mais je vois assez vite que la mécanique s'enraye, sans percevoir immédiatement l'ampleur de l'affaire. Le Front national, déjà très puissant localement, ne présente pas de candidat. Des émeutes se produisent dans le quartier populaire dit de la Petite-Hollande, je n'y suis pas assez attentif, et les électeurs de gauche, choqués par la violence, ne répondent plus. Ils vont s'abstenir ou voter à droite – en fait ils votent à l'extrême droite et transfèrent cette préférence sur le maire, ancien directeur des ressources humaines dans la fonderie de Sochaux. Et je perds très sèchement. Ce mauvais résultat était le mien, mais il ressemblait à beaucoup d'autres dans la France des villes moyennes, et à celui d'autres ministres – Dominique Voynet était battue à Dole, Jean-Claude Gayssot à Béziers, Élisabeth Guigou à Avignon – et surtout, il annonçait le 21 avril 2002.

Il m'a fallu attendre 2008 pour conquérir l'agglomération du pays de Montbéliard, et pour que Louis Souvet soit battu par un de mes camarades, Jacques Hélias, un médecin très intelligent, amoureux de sa ville plus que de ses habitants, plein d'idées, mais bourru, voire brutal, inadapté à la fonction si particulière de maire, qui exige empathie et proximité. Il sera balayé aux municipales de 2014, et l'expérience du retour de la gauche aux affaires aura tourné court au bout d'un mandat. D'autant plus que j'ai dû quitter la présidence de l'agglomération, à la tête de laquelle j'avais lancé un projet ambitieux, voté par tous les élus du Conseil d'agglomération, celui d'une éco-agglomération très intégrée, mariant l'écologie et l'industrie, avec une très forte dimension culturelle, en devenant ministre de l'Économie et des Finances en 2012. Je voyais le pays de Montbéliard se réveiller, se mobiliser pour se transformer, les acteurs locaux se mettre en mouvement. Je voulais renverser ce qui apparaissait comme la fatalité d'un déclin : je crois que j'avais fait le bon diagnostic et lancé la dynamique nécessaire pour s'y attaquer. Il m'a manqué du temps pour transformer l'essai, et je regrette de n'avoir pu aller au bout de ce projet dans lequel je m'étais totalement investi.

En 2014, j'ai rejoint la Commission européenne et quitté le territoire où j'avais pendant vingt ans été élu. Ce fut un déchirement, mais aussi un choix. J'y suis peu revenu depuis. Mais je reste très attaché au pays de Montbéliard, qui a fait de moi un autre homme politique, pour le meilleur je le crois, et tout simplement un homme plus complet et ouvert sur les autres.

Premières armes européennes

Parallèlement et simultanément à mes engagements nationaux et locaux, je me suis lancé dans l'aventure européenne qui, à partir de 1994, deviendra une dimension essentielle de ma vie politique. Car tout mon parcours s'est joué à l'interface entre le national et l'européen. Ce fut, comme souvent en politique, le fruit à la fois du hasard et de mes convictions. Et cela vient de loin ! Toute ma vie, je me suis fait une certaine idée de l'Europe. C'est inscrit dans mes gènes, et mon éducation fut celle d'un Européen. Pierre Goldman se définissait comme un « Juif polonais né en France par hasard ». Pour ma part, je ne me sens en rien français par hasard, mais bien par choix, par volonté, par adhésion. Je sais aussi que je viens d'ailleurs. C'est l'Europe, je l'ai dit, qui m'a fait renoncer à sauter le pas de l'engagement absolu dans le gauchisme. C'est l'Europe et son rôle dans le monde qui animaient mes réflexions d'étudiant à Sciences Po, et celle des amis que je m'y suis faits.

Quand j'entre à l'ENA en 1982, je choisis un enseignement à option sur les finances de l'Europe. Je rencontre à l'époque un haut fonctionnaire extrêmement brillant, très proche d'Alain Juppé, Daniel Bouton, avec lequel j'ai sympathisé, et dont l'enseignement m'a inspiré. Je fais alors mes premiers voyages au Parlement européen et à la Commission européenne. Auditeur à la Cour des comptes, j'ai brièvement appartenu au Centre d'analyse et de prévision du Quai d'Orsay en 1986, où j'ai rencontré le futur ambassadeur de France à Washington, Gérard Araud, dont les analyses et la personnalité tranchaient avec un conformisme de bon aloi. J'y avais été recruté pour travailler sur les questions européennes, mais n'y suis pas resté – trop pris déjà par la politique. Enfin, en 1994, je deviens député européen. Sur l'Europe, pour le coup, je marche largement dans les pas de François Mitterrand. Comme lui, je pense que la France est notre espace, notre réalité fondamentale, notre présent, mais que l'Europe est notre avenir, qu'elle est le seul relais de puissance que nous ayons dans le monde. L'Europe est notre multiplicateur d'influence : je suis convaincu qu'il faut rester à la fois ce que nous sommes, la France, et réussir à nous penser avec les autres. L'un des défauts français qui nous est souvent, et à juste titre, reproché est une forme d'arrogance, c'est de se vivre toujours comme le centre du monde et le centre de l'Europe, sans avoir conscience qu'en réalité nous devons faire avec les autres, tenir compte du sentiment ou de l'existence d'intérêts divergents avec eux, passer des compromis.

Si la France est seule, elle est simplement une puissance moyenne, en recul lent mais constant. Dans le cadre européen, elle pèse, elle est le moteur ou un des moteurs d'une puissance mondiale potentielle. Nous devons tenir compte de ces diversités de culture – pas simplement l'histoire, la langue, mais aussi la façon de voir le monde, la réflexion sur les modèles économiques, les modèles sociaux, sur tout ce que nous avons de commun. L'Europe est un modèle économique : l'économie sociale de marché. C'est un modèle social, une économie à haut niveau de protection sociale. C'est un modèle environnemental, qui peut et veut avoir un leadership en la matière. C'est un modèle de droit : l'Europe est le continent des droits de l'homme, nous l'avons théorisé à travers la Déclaration des droits de l'homme et du citoyen en France, mais également à travers la Déclaration des droits fondamentaux de l'Union européenne, rédigée d'ailleurs pendant que j'étais ministre des Affaires européennes et dans laquelle la France s'est beaucoup impliquée avec Guy Braibant, grand juriste que j'avais missionné à cet effet. Ce peut être un modèle de puissance original, à nul autre pareil, un « *soft power* » démocratique et partagé, ce qu'elle n'est pas encore. En termes de politique étrangère, de défense, toutes ces questions sont en réalité posées depuis longtemps.

Il n'y a pas d'autre continent où d'aussi nombreux pays ont dominé le monde : la Grèce, l'Italie, l'Espagne, le Portugal, les Pays-Bas, la France, l'Allemagne, la Suède, le Danemark, bien sûr le Royaume-Uni, tous ont eu une très grande influence à l'échelle du monde, chacun à leur tour ou concurrents, alliés entre eux ou en guerre les uns contre les autres. Si tous sont devenus, c'est vrai, des puissances moyennes ou juste des nations écoutées compte tenu de leur taille, de leur démographie, ensemble, ces pays restent une zone de très hauts revenus, avec un niveau de droits, de libertés et de démocratie inégalé dans le monde, avec la prohibition de la peine de mort, qui est un facteur identifiant fondamental, avec le refus des discriminations en fonction de la couleur de la peau, du sexe, des préférences religieuses, sexuelles ou philosophiques. Notre continent se caractérise aussi par un haut niveau d'éducation et de protection sociale ainsi que par un engagement marqué dans la lutte contre le changement climatique. L'Europe n'est pas parfaite, elle peut être critiquée ou améliorée. Mais je ne vois pas d'autres régions de notre planète qui possèdent cet ensemble d'atouts et de vertus. Il m'a toujours semblé que l'Europe était un espace, un lieu, mais d'abord une idée où s'investir valait la peine. Et pour moi, cela n'éloigne pas de la France, mais au contraire y ramène.

Après la défaite de la gauche en 1993, je suis secrétaire national et trésorier du Parti socialiste, battu après ma première candidature aux législatives. J'arrive dans le bureau du Premier président de la Cour des comptes. Je suis alors chef de service au Commissariat au Plan. Le commissaire au Plan de l'époque, Jean-Baptiste de Foucauld, est un inspecteur des finances, chrétien de gauche, ardent soutien de Jacques Delors, qui, pendant les années où j'étais chef de service au Plan, me demandait souvent de faire passer des messages auprès du gouvernement. Mais Édouard Balladur étant devenu Premier ministre, il me dit : « Il faut que le poste se libère, tu dois réintégrer la Cour des comptes, car le Premier ministre veut nommer un nouveau chef du service du financement et de la modernisation de l'État. » Le Premier président est alors Pierre Joxe, ancien ministre de la Défense et de l'Intérieur de François Mitterrand, qui a marqué la Cour par sa fermeté, son autorité, la force des changements intervenus pendant son mandat : il fut incontestablement un grand Premier président. Cela ne l'empêchait pas d'être parfois impérieux et sans ménagement. Me recevant, il me dit avec franchise et brutalité : « Il ne faut pas que tu reviennes ici, tu n'es pas le bienvenu », parce que j'étais à l'époque le trésorier du Parti socialiste. Surpris, je lui réplique que ce n'est pas tout à fait la coutume dans la maison, qu'on n'y traite pas les gens ainsi, que j'ai le droit de rentrer.

Il dévoile alors sa vraie motivation : « Dans les querelles internes au Parti socialiste, tu as choisi Michel Rocard, qui ne sera jamais candidat à l'élection présidentielle. Il ne le peut pas, il n'en a pas la capacité. Ce sera soit Robert Badinter, s'il en a la volonté, soit Jacques Delors, je le souhaite mais a-t-il la psychologie d'un candidat ? Soit moi, si je reviens en politique, soit, enfin, Lionel Jospin. Il faut regarder Lionel Jospin, lui il en a envie. Donc reste au Commissariat au Plan, négocie un autre poste, dans un an il y a les élections européennes. Tu es trésorier du Parti socialiste, normalement tu auras une place éligible. Si tu ne l'obtiens pas, démissionne de ta fonction de trésorier du Parti socialiste, et réintègre la Cour. Sinon, tu seras député européen. » Ce n'était en effet pas un raisonnement stupide, mais c'était extrêmement dur envers moi. Sans joie, j'ai suivi le conseil : je suis retourné au Plan, mais dans un placard, ce qui ne correspondait pas aux aspirations d'un jeune homme épris d'action.

Je participais alors à la tentative infructueuse de Michel Rocard pour moderniser le Parti socialiste, pour l'ouvrir et en faire une grande formation sociale-démocrate. J'avais pour Michel Rocard beaucoup d'admiration et de tendresse : l'homme était remarquable, d'une intelligence brillante, attachant, bien que déroutant, car capable de fulgurances étonnantes autant que d'idées incongrues. Il impressionnait par un verbe qui n'appartenait qu'à lui, enchaînant les concepts et les idées avec un débit de mitraillette, mais parfois de manière totalement obscure. Sa culture financière et sociologique était robuste, mais son indifférence à la littérature ou à l'histoire longue pouvait décevoir. Il savait faire preuve d'une grande gentillesse, était toujours courtois et cordial, mais son incapacité à retenir les noms, voire parfois à reconnaître des proches, pouvait surprendre. Ses intuitions stratégiques étaient plus convaincantes que ses capacités tactiques, même s'il savait à l'occasion manœuvrer, parfois même à l'excès. Tel qu'il était, Michel Rocard était infiniment séduisant et sympathique, mais sa conception de la « deuxième gauche » l'avait en pratique déjà emporté, elle s'était largement diffusée chez les socialistes et semblait moins originale dans les années 80 qu'elle ne l'avait été dans les années 70 face aux accents de la gauche mitterrandienne. Son langage technocratique paraissait un peu daté. Il avait joué un rôle considérable dans la modernisation du socialisme français, mais il s'y était épuisé et le défi était désormais autre : il s'agissait de lui donner un nouveau souffle et une nouvelle incarnation pour l'après-Mitterrand. Lorsqu'il devient premier secrétaire du Parti socialiste en 1993, réalisant un rêve de jeune homme, il est déjà bien tard. Trop tard, sans doute.

L'ancien Premier ministre avait laissé beaucoup de forces dans son combat – perdu – avec François Mitterrand qui, toujours président de la République, ne l'aidait guère à réussir et ne souhaitait manifestement pas qu'il lui succède. Nous avancions péniblement dans un environnement hostile, alors que se profilait l'élection présidentielle de 1995, pour laquelle le premier secrétaire était le « candidat naturel » – ce qui, en bon français, signifiait qu'il devait se méfier de tous et de chacun. Affaibli, Michel Rocard décide de jouer son va-tout en prenant la tête de liste pour les élections européennes de juin 1994. Sur la liste européenne, les « jospinistes » avaient au moins un siège, celui réservé à Lionel Jospin lui-même, qui n'en voulait pas, et qui finalement me propose d'être député européen. On me demande : « Quelle place veux-tu ? » Je réponds : « Quinzième », ce que je pensais être une place éligible à coup sûr. Finalement nous avons eu 14 élus seulement ! Car Michel Rocard avait dû subir la concurrence, encouragée par François Mitterrand et ses amis, à l'extérieur du PS comme à l'intérieur de celui-ci et même de sa propre direction, d'une liste menée par Bernard Tapie avec le concours des Radicaux de gauche. Le jour du vote, elle talonnait la nôtre, qui n'atteignait pas les 15 %. Désavoué par le suffrage universel, il tente sans trop y croire de se maintenir à la tête du PS, mais est battu par Henri Emmanuelli qui impose une ligne très à gauche et installe une nouvelle direction, dont je ne suis plus. Entre-temps, on m'avait donné la neuvième place sur la liste. J'ai donc été élu député au Parlement européen en juin 1994, où je continuais au demeurant de côtoyer Michel Rocard, qui fut jusqu'au bout de sa vie un militant ardent d'un socialisme moderne et européen.

Quelques années après, en 1997, j'invite le Premier président de la Cour des comptes à déjeuner au Quai d'Orsay, où je suis ministre des Affaires européennes. Pierre Joxe passe le déjeuner à vitupérer Lionel Jospin, qu'il estimait pourtant et qu'il avait amené à la direction du Parti socialiste, mais Jospin l'avait écarté du nouveau gouvernement, ainsi que la plupart des amis de Laurent Fabius, en sautant une génération : « Qu'est-ce que c'est que cette *dream team* ? Sommes-nous trop vieux ? Avons-nous démérité ? Que veut-il ? Pourquoi parle-t-il toujours de l'inventaire du mitterrandisme ? » Je raccompagne Pierre Joxe en bas de l'escalier d'honneur, avec la déférence due à l'éminence de sa personnalité et à son rang – il est tout de même le Premier président de la Cour des comptes et le chef du corps auquel j'appartiens, il a su donner une dimension nouvelle à la fonction. Là, il me serre la main et me dit : « Je t'ai quand même rendu un sacré service. » Je lui réponds en souriant, et en admirant *in petto* son audace : « On peut voir les choses ainsi. » Mais, comme je me suis gardé de lui dire, on peut aussi les regarder autrement... Ni lui ni moi n'imaginions que je lui succéderais ving-cinq ans plus tard.

Je suis conscient des lacunes de mon premier mandat de député européen, d'ailleurs écourté, même si j'y ai beaucoup appris en comprenant la mécanique institutionnelle européenne, en travaillant sur les questions économiques et monétaires ou sur l'évolution de l'industrie automobile, déjà confrontée à l'indispensable évolution de ses normes. Le Parlement européen, alors, était une sorte de forum entouré de lobbies, où j'ai fait des rencontres intéressantes, dont celle de mon voisin de bureau à Strasbourg, avec qui je parlais beaucoup de politique, mais aussi de football, Daniel Cohn-Bendit. J'ai noué des relations à l'époque très amicales avec ce « Juif allemand » si français, qui fut une idole de ma jeunesse, libertaire devenu au fil du temps libéral, véritable icône de l'idée européenne, qu'il incarnait par sa personnalité mobile. Au terme de ce mandat de trois ans, je connaissais mieux l'Europe et les Européens, mes convictions et mes idées s'étaient affirmées.

Une courte et folle législature

Les années 1993 à 1997 furent vouées à la reconstruction de la gauche. Lionel Jospin, qui s'était révélé comme candidat à l'élection présidentielle après le retrait de Jacques Delors et sa victoire à la première primaire des socialistes face à Henri Emmanuelli, m'avait confié d'abord la tâche de président de l'association de financement de sa campagne présidentielle en 1995, puis ensuite celle de secrétaire national du parti en charge du projet. Dans cette fonction, j'ai beaucoup travaillé à la redéfinition idéologique de la gauche et à son programme pour les législatives à venir.

Notre victoire en 1997 est l'aboutissement d'une courte et folle législature. En 1993, dans une séquence absolument dramatique, nous avions été logiquement laminés aux élections législatives, après une mandature largement ratée, passant de 275 députés à 50 – en fait 40 socialistes seulement. Nous nous retrouvons à la maison de la Chimie, et un accord entre les amis de Michel Rocard et ceux de Lionel Jospin oblige Laurent Fabius à quitter sa fonction de premier secrétaire. La séance est très houleuse, des camarades montent à la tribune pour expliquer leur défaite et se tournent vers Laurent Fabius, qui a dans ce climat tendu cette phrase inaudible pour l'armée des vaincus : « Si j'avais été battu personnellement, j'en aurais tiré les conséquences ! » Il s'en va et ce sont les jospinistes et les rocardiens qui dirigent désormais le parti. Nous croyons beaucoup à cette aventure rocardienne. Mais notre organisation est trop passive, notre stratégie comme notre expression sont très confuses. Michel Rocard n'avait plus la croyance folle en son destin qui fait les présidents sous la Ve République.

C'est malgré tout une période assez excitante, où il lance les états généraux de la gauche à Lyon, et le Parti socialiste, contrairement à ce qui s'est passé en 2002 et plus encore en 2017, relève vite la tête. Sa représentation parlementaire est presque aussi faible qu'aujourd'hui, mais il conserve des électeurs – nous avions fait 17 %, pas 6 % ou 2 % comme en 2017 ou 2022, et il comptait encore de nombreuses fortes personnalités. Quand je pense à la table du bureau national du Parti socialiste, où je suis entré en 1990, et dont j'étais l'un des plus jeunes membres, je revois Pierre Bérégovoy, Pierre Mauroy, Michel Rocard, Laurent Fabius, Lionel Jospin, Paul Quilès, Pierre Joxe, Jack Lang, Jean-Pierre Chevènement, Pierre Guidoni, Jean Poperen, Dominique Strauss-Kahn, Jean-Luc Mélenchon, Julien Dray, Roland Dumas, Louis Mermaz, Claude Estier, Christian Pierret, Manuel Valls, Alain Richard, Édith Cresson, Claude Bartolone, Edwige Avice, Marie-Noëlle Lienemann. C'était un personnel politique éblouissant, quoique très majoritairement masculin.

Fin 1993, Lionel Jospin souffre d'une hyperthyroïdie qui l'a affaibli de façon préoccupante, et il ne souhaite pas être dans la direction du Parti socialiste, pas davantage qu'il ne veut être député européen. Il veut jouer un rôle différent, et a sans doute déjà l'idée d'être un candidat en réserve pour 1995. Même s'il joue d'abord sincèrement le jeu de Michel

Rocard, puis celui de Jacques Delors, il n'exclut rien. Lionel Jospin a été longtemps sous-estimé, alors qu'il était très solide et articulé : bon orateur, travailleur, cultivé, grand lecteur, amateur de théâtre, avec une pensée politique de gauche authentique, cohérent et assez immuable, même s'il est au fil du temps devenu plus réformiste. À partir de 1986, il s'était progressivement éloigné de François Mitterrand, à la fois sans doute par déception personnelle – il n'était pas le fils préféré du monarque – mais aussi par un éloignement politique progressif et profond. Quand il décide de contrer Laurent Fabius en 1988, il s'allie avec Michel Rocard, et il est resté fidèle à ce choix jusqu'à ce que Michel Rocard explose en 1994. C'est aussi une évolution sur le fond. Il est plus attentif aux problèmes économiques, plus réaliste. Il cisèle sa formule, « oui à l'économie de marché, non à la société de marché ». Il commence à s'entourer de personnes qui incarnent cette ouverture intellectuelle au sein du Parti socialiste. Le « rocardo-jospinisme » n'est pas un mythe. La *dream team* de 1997, ce gouvernement qui a tant séduit, est essentiellement une équipe rocardo-jospinienne, post-mitterrandiste, et Lionel Jospin a construit son arrivée au pouvoir sur une conception de la démocratie et de la gouvernance opposée à la pratique du pouvoir de l'ancien président de la République.

Lionel Jospin avait quitté le gouvernement à son corps défendant en 1992, payant son éloignement progressif avec François Mitterrand. Il avait été battu aux législatives en 1993, puis gravement malade. Il avait aussi trouvé un équilibre heureux dans sa vie personnelle, en se remariant avec la philosophe Sylviane Agacinski, et s'était ouvert à de nouveaux champs de réflexions. Dans les années 1993-1995, il revient à la politique par les idées et à travers les Assises de la transformation sociale, qu'il conduit avec Jean-Christophe Cambadélis. Il retisse petit à petit les liens au sein de la gauche, il construit pas à pas, méthodiquement, ce qui sera « la gauche plurielle ». Et simultanément il se demande comment gouverner mieux. Il ne participe pas aux querelles internes du Parti socialiste. Au congrès de Liévin, qui consacre en 1994 Henri Emmanuelli sur une « ligne de gauche » après la chute de Michel Rocard, il ne prend pas position. Pour la première fois, une légère distance s'installe entre nous. Avec Dominique Strauss-Kahn, Jean-Christophe Cambadélis, Jean-Marie Le Guen, nous votons jusqu'au bout la confiance à Michel Rocard contre Henri Emmanuelli. Lionel Jospin, avec quelques autres – Claude Estier, Daniel Vaillant, Bertrand Delanoë, Jean Glavany –, s'abstient après la déroute du premier secrétaire aux élections européennes de 1994, sans doute parce qu'il estimait que les conditions politiques d'un soutien à Michel Rocard n'étaient plus réunies. Il considère notre position de loyauté comme irréaliste, et le courant jospiniste se sépare pour un bref temps. Il forme avec ses proches, dont la « bande du 18e » arrondissement de Paris, un tout petit groupe, dans lequel nous ne sommes pas, et c'est un moment d'éloignement relatif entre nous – un acte de naissance du « strauss-kahnisme » aussi. Il travaille sur l'idée de partager le pouvoir, de bien diriger, grâce à davantage de délibération et de débat, et rédige seul une très intéressante contribution au congrès de Liévin, portant uniquement sur le thème de la gouvernance démocratique et du besoin d'éthique.

Il propose à Jacques Delors d'être son éventuel directeur de campagne. Il le fait de manière sincère, car il pense que le président de la Commission est l'homme de la situation en 1994, celui qui peut battre la droite et être élu. Mais Jacques

Delors, incertain, à tort, de sa capacité à obtenir une majorité législative après son éventuelle élection, et surtout peu en phase avec des socialistes ancrés trop à gauche à son goût, n'a pas souhaité saisir l'opportunité et renonce à une candidature. Lionel Jospin, qui doutait du tempérament et du positionnement politique à ses yeux trop centriste du président de la Commission européenne, n'en est pas surpris. Il en prend acte. Il attend la primaire, il s'y prépare et dès que celle-ci arrive il surgit, mettant en avant sa crédibilité et son lien avec les militants socialistes, contre le premier secrétaire Henri Emmanuelli.

Lionel Jospin veut apparaître comme le meilleur candidat des socialistes pour la présidentielle. C'était d'ailleurs le rôle initial des primaires, jusqu'à ce qu'elles soient dévoyées par un prisme identitaire, celui qui a fait choisir Benoît Hamon par la gauche et François Fillon par la droite en 2012. La « machine à gagner » devient alors la « machine à perdre ». En 1995, Lionel Jospin n'est pas le candidat de la ligne du parti, mais il est, après l'effondrement de Michel Rocard, après le retrait de Jacques Delors, le meilleur candidat de compromis entre l'authenticité militante et l'efficacité électorale. Le premier secrétaire, Henri Emmanuelli, un homme attachant, dont la rudesse apparente cachait une grande finesse, et beaucoup de gentillesse, ne s'était pas préparé à l'élection présidentielle. Orateur éloquent et élégant, cultivé et secret, il jouait de son caractère ombrageux, symbolisé par ses épais sourcils, pour impressionner ou s'imposer, mais lui-même n'en était pas dupe. Issu d'une famille communiste, tôt orphelin, ses convictions de gauche étaient profondes et parfois radicales. Il avait conscience, j'en suis sûr, qu'il ne pouvait l'emporter, et ne le souhaitait sans doute pas vraiment, car il souffrait d'un déficit de « présidentialité » et se savait mal placé – trop peu connu, trop associé aux « affaires » du Parti socialiste dont il avait été le trésorier au mauvais moment.

Lionel Jospin incarnait au contraire une figure de sage, écarté du pouvoir pour avoir résisté à ses dérives, et personnifiait une éthique intransigeante, dont son protestantisme renforçait l'empreinte. Après avoir été premier secrétaire pendant un septennat et ministre de l'Éducation nationale pendant quatre ans, il disposait d'une crédibilité supérieure à celle d'Henri Emmanuelli, et paraissait mieux placé pour permettre à la gauche, largement discréditée et très affaiblie, de figurer honorablement dans l'élection. Le résultat du vote militant fut sans appel, Lionel Jospin obtint les deux tiers des suffrages. Il mena une campagne vibrante et personnelle, appuyée sur le « droit d'inventaire » du mitterrandisme, soulignant ses lumières comme ses zones d'ombre, militant pour le retour à une authenticité de gauche devenue peu lisible, mariant l'efficacité économique et la justice sociale, promouvant d'autres pratiques démocratiques et le retour à une forme plus républicaine de l'exercice du pouvoir, devenu trop monarchique. Son slogan « Avec Lionel Jospin, c'est clair » marquait cette volonté de rompre avec le clair-obscur d'un deuxième septennat ambigu et objectivement raté. Cela ne séduisait guère le président sortant, qui manifesta clairement sa préférence pour Jacques Chirac au détriment du Premier ministre Édouard Balladur, qui l'avait enterré trop tôt, mais aussi du candidat socialiste.

Lionel Jospin sut aussi donner une place significative à l'Europe dans sa campagne. Nous allons à Barcelone à l'occasion d'un congrès du PSE, le Parti socialiste européen, pour recevoir l'onction des leaders socialistes et socio-démocrates européens, et en particulier le soutien de Jacques Delors, le président de la Commission européenne. Celui-ci, qui estimait Lionel Jospin, dont le chef de cabinet Pascal Lamy était un ami fidèle, le donne avec bonne grâce. Lionel Jospin me demande d'être le mandataire financier de sa campagne, tâche à la fois délicate et stratégique : il n'est pas de campagne politique possible sans de bonnes et saines finances. Il sort en tête au premier tour de l'élection après une campagne artisanale, ardente et bien menée.

Le deuxième tour fut étrange. La droite était déstabilisée et divisée – la haine entre les chiraquiens et les balladuriens ne permettait pas sa réconciliation. La gauche était revenue dans le jeu, mais demeurait minoritaire. Il était à la fois difficile d'imaginer la victoire, et impossible de ne pas y croire un peu, tant l'enthousiasme et l'espoir nous portaient à nouveau. Lionel Jospin résista à cette tentation. Il m'avait chargé de préparer son débat avec Jacques Chirac, ce que je fis très méthodiquement, visionnant toutes les confrontations, notamment celles avec François Mitterrand et Laurent Fabius, auxquelles avait participé le président du RPR, aussi redoutable que sous-estimé dans cet exercice, et j'avais préparé une attitude et des formules très agressives, de nature pensais-je à le déstabiliser. Je n'étais pas mécontent de mon travail et de mes trouvailles. Lors de la présentation de cette note devant les principaux responsables de la campagne, Lionel Jospin l'écarte sans ménagement : « Je ne compte pas faire ainsi ! » Et de fait le débat Chirac-Jospin fut le plus ennuyeux de l'histoire de la Ve République, technique, sans aspérités ni envolées, comme si les deux protagonistes s'étaient accordés sur un match nul qui les servait et les installait tous les deux.

Il n'y avait bien sûr aucun arrangement de cette nature, mais l'un comme l'autre avaient choisi cette neutralisation du débat, à laquelle ils avaient tous deux intérêt. À l'issue de celui-ci, Lionel Jospin me demande ce que j'en ai pensé. Je ne pus lui cacher tout à fait ma perplexité, voire ma déception, auxquelles il répliqua : « C'est un bon débat pour moi, les Français auront compris qu'il n'y avait pas d'un côté un présidentiable, de l'autre un chef de parti égaré dans cette compétition, mais deux hommes d'État face à face. Cela me qualifie pour la suite. » Il avait compris, mieux que nous, mieux que moi en tout cas, emporté par mon impétuosité juvénile, ce qu'était la réalité du rapport de force, et avait choisi la stratégie du moindre risque pour le consolider. La suite a montré qu'il n'avait pas tort.

Au final, il réalise plus de 47 % des voix au second tour. François Mitterrand, peu indulgent pour ce candidat qu'il n'avait pas souhaité et qui avait osé entreprendre son propre inventaire, banalise ce résultat, prétendant qu'il était le minimum de ce à quoi pouvait prétendre un candidat socialiste sous la Ve République. L'histoire a depuis amplement démontré que ce n'était pas le cas, et que l'élection présidentielle est au contraire toujours un défi pour la gauche. Le président sortant faisait mine d'ignorer le contexte délétère dans lequel Lionel Jospin avait engagé sa campagne – un septennat difficile pour la gauche, un parti déchiré et décrédibilisé, une image des socialistes abîmée par les affaires et par les divisions, une représentation parlementaire squelettique. Lionel Jospin avait bel et bien obtenu un score remarquable et totalement inattendu, deux ans après la déroute des élections législatives de 1993. Il avait, comme il l'a dit à François Mitterrand le soir du deuxième tour, avec l'émotion d'un homme qui avait pris ses distances sans jamais trahir le président de la République, « relevé le gant ».

Une nouvelle phase s'est ouverte alors. Devenu le leader

incontesté de la gauche française, Lionel Jospin reprit la tête du Parti socialiste avec l'ambition d'en faire un instrument politique efficace. Il le dirige avec cet objectif, il constitue une équipe renouvelée et rassembleuse. Il lance un travail à la fois sur les alliances et sur le fond, en me confiant l'animation de trois grandes conventions thématiques, la première consacrée à « la France, l'Europe, la mondialisation », que je pris en charge personnellement, la seconde à la démocratie, confiée à Jack Lang, la dernière enfin sur l'économie, sous la houlette d'Henri Emmanuelli. Ce fut pour ce parti une démarche sans précédent depuis les années 70, qui lui permit d'atteindre un niveau de cohérence politique et intellectuelle, de crédibilité aussi, qu'il n'a jamais retrouvé par la suite. Cela reste, *mutatis mutandis*, un modèle dont des reconstructeurs d'une gauche responsable devraient aujourd'hui s'inspirer, ou se saisir.

Je joue alors un rôle méconnu : je suis celui qui alerte très tôt, à l'automne 1996, sur la possibilité d'une dissolution de l'Assemblée nationale en 1997 ! Je suis à nouveau secrétaire du Parti socialiste aux études, en charge du projet pour les élections législatives, et je rencontre souvent un de mes amis haut fonctionnaire, qui était un de mes camarades de promotion, homme de centre-droit à l'origine, mais qui petit à petit avait évolué vers le centre-gauche, François Villeroy de Galhau. Chrétien social, à l'origine centriste, il avait été conquis par Pierre Bérégovoy lorsqu'il rejoignit son cabinet en 1990. À le côtoyer, il se convainc que le courage, c'est d'être de gauche et pourtant de mener une politique de redressement des comptes, de modernisation de l'économie et d'autonomie financière. Cet héritier d'une illustre famille sarroise, inspecteur des finances, sympathise avec Pierre Bérégovoy, cheminot puis gazier, travailleur et intelligent, redoutable pédagogue, qui l'impressionne, et au souvenir duquel il restera toujours fidèle. Il est très ému, comme nous tous, par la mort tragique de Pierre Bérégovoy. Il est à l'époque ministre conseiller pour les affaires financières à la représentation permanente à Bruxelles. Je le présente à Lionel Jospin, qu'il ne connaissait pas. Le contact est bon, la personnalité de Jospin lui plaît et il chemine à nos côtés : il deviendra en 1997 le directeur de cabinet de Dominique Strauss-Kahn à Bercy, à la tête d'une magnifique équipe.

Nous échangeons sur la situation économique et financière du pays. Je comprends que, face à des finances publiques dégradées et alors que se joue, en 1998, la qualification pour l'entrée dans l'euro, année d'élections législatives par ailleurs, le Premier ministre Alain Juppé pense incontournable la mise en place d'un plan de rigueur, impliquant forcément des mesures impopulaires. Et il préfère le faire à l'été 1997, après des élections anticipées, qu'à l'automne à l'occasion du budget à quelques encablures du terme prévu en mars 1998. Une dissolution de l'Assemblée nationale au printemps 1997 me paraissait donc une hypothèse envisageable et même convaincante, au moins sur le plan politique, même si Alain Juppé et les équipes de Bercy se sont trompés, puisque la situation s'est ensuite inversée. À l'été 1997, il y a eu une reprise forte, ce qui a permis de réduire le déficit sans douleur. Je suggère à Lionel Jospin d'accélérer de notre côté notre préparation.

Dans l'histoire politique française, je ne connais pas d'autre parti qui ait désigné ses candidats aux législatives un an et demi avant l'élection prévue, et nous le faisons dès l'automne 1996. Nous accélérons aussi notre préparation programmatique et négocions en parallèle avec Jean-Pierre Chevènement les fameuses « quatre conditions » pour entrer dans l'euro : un euro large incluant les pays du Sud, l'ajout d'une politique de croissance et d'emploi au pacte de stabilité, permettant une baisse des taux d'intérêt, la perspective d'un euro qui ne soit pas surévalué par rapport au dollar, la création d'un « gouvernement économique » de la zone euro. Nous avions aussi mené les Assises de la transformation sociale avec le monde associatif et syndical, nous travaillons avec les Verts, avec qui nous passons pour la première fois un accord électoral et gouvernemental, nous dialoguons avec le Parti communiste, alors dirigé par Robert Hue, bref nous assemblons ce qui sera la gauche plurielle. Nous sommes prêts bien longtemps à l'avance !

Notre scénario central restait les élections à leur terme, en 1998, mais leur anticipation était une hypothèse de travail prise au sérieux. Le jour de la dissolution, nous nous retrouvons à quatre dans le bureau du premier secrétaire – Lionel Jospin, Daniel Vaillant, Jean-Christophe Cambadélis et moi. Nous sommes très détendus, un peu soufflés tout de même, parce que nous n'osions pas y croire : c'était une sacrée erreur, et une décision tellement mal exécutée de surcroît. Lionel Jospin est d'une humeur exceptionnelle, il sait que nous n'avons rien à perdre, que dans le pire des cas, alors que nous sortions avec cinquante députés, nous en retrouverions au moins deux cents. Et donc qu'en toute hypothèse, nous serions grands vainqueurs du scrutin, et à l'affût pour la présidentielle de 2002. Mais il va plus loin : « Je sens bien cette campagne, je pense que nous pouvons gagner. N'oublions pas que nous avons fait 47,3 % en 1995, et notre situation s'est améliorée. » Pour le coup, nous faisons une campagne heureuse. J'écris avec Aquilino Morelle notre document programmatique, qui contient nos propositions phares : les 35 heures, les emplois-jeunes, l'entrée conditionnelle dans l'euro, la couverture maladie universelle, le PACS. En deux jours, nous préparons nos documents de campagne. Nous mobilisons nos candidats déjà nommés, nous confirmons nos accords avec les partis de la gauche plurielle. Le jour où arrive la dissolution, la droite est quant à elle estomaquée, décontenancée. Elle n'a pas de programme, elle ne sait pas pourquoi cette décision a été prise, Jacques Chirac ne pouvant pas l'expliquer : il est difficile de faire campagne pour un plan de rigueur ou pour garder un Premier ministre impopulaire ! Elle n'entrera jamais dans la bataille. Ainsi, le député qui m'avait battu en 1993 n'a pratiquement pas fait campagne en 1997, comprenant que c'était vain. J'ai été élu avec près de 59 % des voix.

Nous l'emportons, pendant cinq ans nous gouvernons le pays, et nous le dirigeons bien, avec des résultats objectifs – une économie plus forte, de grandes réformes sociales, des progrès de société. Le gouvernement Jospin reste sans doute le plus marquant et le plus cohérent dans l'histoire des vingt années où la gauche fut au pouvoir sous la Ve République. Je suis élu député et dans la foulée, j'entre à trente-neuf ans au gouvernement.

Au Quai d'Orsay

J'arrive au Quai d'Orsay en juin 1997. Il y avait quelque chose en moi qui s'y retrouvait davantage que dans le rôle de ministre du Budget, que l'on me prêtait plus aisément. Certes, Bercy est le lieu de pouvoir par excellence, c'est un poste formidablement formateur pour un jeune ministre, d'autres l'ont fait, mais le Quai d'Orsay pour moi, c'est l'Europe, c'est le monde, c'est magique. Je suis donc très heureux de le rejoindre. Je me mets au travail avec une équipe d'amis, de brillants diplomates que je connaissais depuis mes études – Jean-Michel Casa, mon directeur de cabinet, Pierre Lévy, son adjoint, Christian Masset, qui faisait l'interface avec le cabinet du ministre des Affaires étrangères, Hubert Védrine – entourés de jeunes talentueux. Notre tâche est lourde et prometteuse. Il faut unifier l'Europe et préparer les négociations d'élargissement après la chute du mur de Berlin, réformer les traités, négocier les budgets. Et très tôt j'emprunte à mon prédécesseur – déjà Michel Barnier auquel je succéderai aussi plus tard à la Commission européenne – l'idée assez maligne d'un dialogue sur l'Europe avec les Français. Je démarre de nombreux voyages, notamment à l'est de l'Europe, qui m'ont passionné. Et je retrouve une partie de mes racines, que j'avais abandonnées.

Car je viens de la Mitteleuropa, ce sont mes origines : j'en ai sans doute un peu de la mélancolie, mais aussi de la subtilité. J'ai la conviction que l'Europe, qui a été divisée par le totalitarisme, ne doit pas seulement être élargie, qu'il faut aller plus loin et la réunifier. Quand on est à Prague, à Varsovie, à Bucarest, à Budapest, à Ljubljana ou à La Valette, on est en Europe ! Bien sûr, c'était très compliqué. Mais je n'ai aucune nostalgie. En me nommant à ce poste, Lionel Jospin m'a permis de trouver ou retrouver quelque chose de profondément inscrit en moi, dans cette cohabitation où je me trouvais aux côtés d'un Premier ministre pour qui l'Europe était un sujet difficile sur le fond, et à manier avec prudence, à la fois parce que c'était la cohabitation et parce que la gauche n'est pas à l'aise avec la question, avec un président devenu sur le tard plutôt pro-européen, mais sans système de pensée établi, et un ministre des Affaires étrangères euroréticent sans l'avouer.

L'empathie vraie, ce n'est pas la tape dans le dos, c'est la capacité de prendre en compte l'autre, la volonté de le comprendre et d'apprendre de lui. Cela permet de construire des alliances, de conduire des négociations. J'ai toujours eu le goût de rassembler autour de moi, c'est mon premier mouvement, mon désir spontané. Je l'ai montré à plusieurs reprises dans ma vie, professionnelle comme amicale. Je crois beaucoup aux démarches de projet, que j'essaye de mettre en œuvre partout où je passe, et aux dynamiques de groupe, dont mon père était le spécialiste mondialement reconnu. Surtout, j'accepte que l'autre soit un autre, mû par d'autres réflexes, d'autres affects, d'autres pensées que moi. J'ai à cœur de parvenir à comprendre ce que l'autre a en tête, pourquoi par exemple un homme de droite pense comme il le fait, et de lui répondre sur son propre terrain. Je vois mes contradicteurs comme des personnalités qui ont un mode d'élaboration de leur pensée, de leur position, qui se trouve être opposé ou différent du mien – donc j'entre dans leur logique, je la démonte, je m'efforce d'en montrer les contradictions ou les limites et de réintroduire mon mode de raisonnement. C'est une technique que j'utilise souvent, et que j'ai peut-être involontairement empruntée au « pilpoul » talmudique, cette sorte de gymnastique intellectuelle qui postule que les contradictions sur l'interprétation des textes ne peuvent être qu'apparentes.

Il en va de même pour l'Europe. Fondamentalement, on ne fait pas l'Europe tout seul, à 6 membres, ou à 9 membres, encore moins à 12, 15, 27 ou 28 membres. Cela paraît trivial, presque tautologique et pourtant pour beaucoup, ça ne l'est pas ! Parce qu'en France on a cette indécrottable idée que l'Europe c'est formidable, à condition que ce soit « la France en grand ». Et on se demande parfois pourquoi, après tout, les autres ne veulent pas d'une défense européenne, pourquoi ils ne souhaitent pas revenir sur l'indépendance de la Banque centrale européenne, changer ses objectifs pour la tourner vers la croissance et l'emploi, renoncer aux critères de finances publiques. Parce que certains pays sont neutres, parce que d'autres après la guerre ont décidé de renoncer définitivement à la logique de puissance, ou s'interdisent d'être une puissance nucléaire, parce que d'aucuns ont fondé toute leur reconstruction sur le lien avec les Américains et ne rompront jamais avec l'OTAN. Comprenons-le ! Pourquoi ne pas relâcher les disciplines budgétaires ? Parce que c'est nécessaire, d'abord, mais aussi parce que certains de nos partenaires ont une culture de la stabilité, craignent un retour de l'inflation et en conservent un souvenir tellement traumatisant qu'ils l'ont inscrit dans leur Constitution, à l'image de l'Allemagne. Par ailleurs ils ont fondé sur cette stabilité un modèle d'économie sociale de marché qu'ils estiment plus performant que le nôtre et se demandent toujours pourquoi ils devraient accepter que nous soyons laxistes alors qu'eux font toujours leur travail de consolidation des finances publiques.

Dans les années 90, François Hollande et moi refusions la politique du « franc fort ». Nous représentions la critique réaliste de Pierre Bérégovoy, avec qui nous avions par ailleurs des relations proches et affectueuses. Avec l'euro, nous avons la même monnaie que les Allemands sans avoir à déployer les mêmes disciplines budgétaires, avec lesquelles nous nous arrangeons toujours trop. Mais nos taux d'intérêt restent accrochés malgré ces divergences. Nous rêvons sans le dire d'avoir une dette à l'italienne avec des taux à l'allemande, ce qui est impossible. Les Français l'ont bien compris. Et leur attachement à leur monnaie était beaucoup moins fort que celui des Allemands.

J'ai la conviction que l'intérêt de la France est toujours de faire des compromis avec les autres, et pour cela de pousser ses positions au maximum sans chercher à imposer l'ensemble de notre point de vue. De faire comprendre pourquoi nous pensons et avançons de la sorte mais aussi de comprendre comment nos partenaires réfléchissent, pour réussir à forger des accords les plus dynamiques et les plus progressistes possible. Évidemment, il ne faut jamais dans une négociation oublier ses propres intérêts. L'empathie n'implique pas la naïveté, mais ce n'est pas non plus la confrontation, l'autoritarisme ou le nationalisme. Pour moi l'Europe se fabrique toujours ainsi : c'est ce que j'ai cherché à faire dans chacune de mes responsabilités au sein des institutions européennes.

Le couple franco-allemand, un devoir historique

On ne fait la paix qu'avec ses ennemis. Plus que jamais, la relation franco-allemande est donc incontournable, comme elle l'a toujours été, pour une raison essentielle : la construction européenne s'est fondée pour et sur la réconciliation franco-allemande.

La Première Guerre mondiale a privé nos deux pays d'une grande partie de leur jeunesse. La Seconde a mené à la Shoah, au génocide, à l'extermination des Juifs, et a fait des dizaines de millions de morts, débouchant sur l'appauvrissement démographique, le vieillissement, l'affaiblissement de l'Europe. Dépasser les antagonismes historiques européens est un projet phénoménal, d'une ambition vertigineuse. C'est pour cela que, quels que soient les sentiments et les ressentiments mutuels, le couple franco-allemand est une colonne vertébrale tout à fait centrale, presque un devoir. À l'égard de l'Allemagne, j'ai été accusé par un journaliste d'ordinaire plus intelligent, d'être médiocrement franco-allemand parce que j'étais juif, parce que mes parents avaient souffert pendant la guerre. J'en aurais nourri une réticence essentielle, une sourde hostilité indépassable. Au contraire, parce que je suis juif, précisément, je suis plus que d'autres sensible à cette réalité qui signifie tout simplement : « Plus jamais ça », plus jamais la guerre, plus jamais les conflits, plus jamais l'antisémitisme en Europe, plus jamais la Shoah. Il est vrai que le sentiment pro-allemand n'était pas spontané chez des hommes et des femmes nés dans le sillage de la guerre. Parce qu'il y a des interrogations, et d'abord l'interrogation centrale : qu'est-ce qui a pu conduire un peuple intelligent, cultivé, à tolérer l'extermination des Juifs ? Y a-t-il quelque chose d'intrinsèque dans la culture allemande qui a mené à cela ?

Pour mon père, il existait un élément culturel intangible, dans cette volonté de puissance qui conduit jusqu'à la perversité ou au mal. Il a longtemps vécu dans la crainte que la tragédie se reproduise, sans doute jusqu'aux années 70. Eh bien, la meilleure façon que ça ne se reproduise pas, c'est de créer une autre culture ! Et cette autre culture, c'est la culture européenne ! Ce sont des valeurs, des règles, des interdits, des actes concrets de rapprochement qui font que la guerre est un tabou, la paix un totem. Et cela s'incarne dans des structures, des institutions, des hommes et des femmes qui les portent. Pour tout dirigeant français ayant un peu de vision historique, tournée vers le passé comme vers l'avenir, le couple franco-allemand est donc un devoir incontournable.

Tous nos présidents, tous nos hommes d'État l'ont respecté. Le général de Gaulle avait une vision pour l'Europe, qui était plutôt l'Europe des nations. Il n'aimait guère l'Europe des communautés, il critiquait Jean Monnet, « l'inspirateur avec sa panacée, la fusion », mais il a fait avancer l'Europe. Il a construit la relation franco-allemande telle qu'elle s'est déployée depuis la Ve République, bâti avec le chancelier Adenauer une relation privilégiée, solidifié le marché commun et la politique agricole commune, en faisant respecter l'intérêt national, avec la politique de la chaise vide en 1965 et le compromis du Luxembourg. Il a obstinément refusé l'entrée de la Grande-Bretagne qu'il voyait comme une île de l'Atlantique située entre l'Europe et les États-Unis, et politiquement plus proche de ceux-ci – alors qu'elle se trouve géographiquement de l'autre côté de la Manche, une mer que certains traversent à la nage. Il souhaitait sans doute aussi que la France soit la puissance motrice et le seul membre permanent européen du Conseil de sécurité. Je ne suis pas gaulliste, et je pense qu'en toute hypothèse, la géopolitique de notre époque ne l'est plus, ou impose de penser différemment. Mais de Gaulle, en affirmant l'Europe des nations, n'a pas réfuté l'Europe des communautés, même s'il ne l'a pas poussée avec une grande force.

Georges Pompidou a surtout marqué l'Europe en acceptant, en accord avec le chancelier social-démocrate Willy Brandt, l'entrée de la Grande-Bretagne dans le marché commun, parce qu'il avait une vision économique, marchande de la politique. Il était un président à la fois très colbertiste dans la politique industrielle et très libéral, pensant que l'économie de marché devait prévaloir. Valéry Giscard d'Estaing a développé une grande complicité, et même une véritable amitié, avec son homologue Helmut Schmidt. On leur doit l'installation du serpent, puis du système monétaire européen, lointain ancêtre de l'euro, la création du Conseil européen, cette réunion collective des chefs d'État et de gouvernement, qui aujourd'hui est le vrai pilote de l'Europe, ainsi que l'élection du Parlement européen au suffrage universel en 1979.

La longue présence commune au pouvoir de François Mitterrand et Helmut Kohl, avec l'aide précieuse de Jacques

Delors, fut marquée par plusieurs évènements historiques. D'abord, la résistance à la volonté soviétique d'implanter des armes nucléaires de théâtre. L'affirmation du président français : « Finalement l'Allemagne c'est la France, vous faites partie de nos intérêts vitaux. Si on vous attaque on nous attaque », est historique. La chute du mur de Berlin est historique. Pour Helmut Kohl, la chute du mur de Berlin, par définition, c'est la réunification à marche forcée, celle de l'Allemagne, puis celle de l'Europe. Cela signifie l'installation de l'Allemagne, un pays ayant des frontières avec neuf pays de la nouvelle Union, comme puissance au cœur de l'Europe. Elle est à la fois à l'ouest et tournée vers l'est. Helmut Kohl est tout de suite concentré sur la réunification allemande, pour l'élargissement de l'Europe à l'est, alors que François Mitterrand est beaucoup plus réticent. Il est hésitant face à la réunification, il se rend en Allemagne de l'Est peu de mois avant la chute du mur. Il est réticent à l'élargissement : il propose plutôt que l'Europe post-mur prenne la forme d'une « confédération européenne », avec des cercles concentriques – l'Union à douze, les pays d'Europe centrale et orientale, les pays du voisinage, salle d'attente pour les pays européens. Il est réticent à la fin de l'Union soviétique, qu'il voudrait rénovée et consolidée. Il accepte comme un fait le putsch qui, pendant quelques jours, tient Gorbatchev à l'écart. Il est attaché à l'ordre ancien, parce qu'il inscrit une sorte de centralité française, parce qu'il se méfie aussi de la surpuissance allemande. Il est certain que plus l'Allemagne est forte, plus la question de la puissance se pose à elle, plus pour le coup la France risque de se trouver reléguée, de se sentir déclassée, de se replier sur elle-même. L'intuition n'est pas sans fondement. Dans la montée du Front national et du sentiment anti-européen, il y a beaucoup de cela. Ce facteur est négligé, trop sous-estimé : l'élargissement laisse la France amère, craintive d'être diluée ou affaiblie. L'Allemagne réunifiée s'installe au cœur de l'Europe, la France s'en éloigne, elle se trouve un peu décentrée, entre le nord et le sud, entre l'est et l'ouest.

L'ardente obligation franco-allemande s'impose à tout président de la République. Elle s'est imposée à Nicolas Sarkozy et Angela Merkel – ce fut le fameux « Merkozy », au moment de la crise financière, avec la création du mécanisme européen de stabilité, outil de gestion de crise pour l'Europe, le renforcement des pouvoirs de la Commission en matière budgétaire avec le « Two-pack » et le « Six-pack », ou la conclusion d'un nouveau traité, le traité de Lisbonne, reprenant l'essentiel des dispositions du Traité constitutionnel européen rejeté en 2005. Elle s'est imposée à François Hollande, élu en 2012 sur une promesse ambiguë – et je n'étais pas favorable du tout à cette ambiguïté – de renégociation du traité de stabilité, de la croissance et de la gestion. François Hollande sait que toute renégociation de traité est vouée à l'échec, surtout depuis l'échec du Traité constitutionnel en 2005. En réalité, il souhaitait obtenir un addendum, pas forcément juridique, qui ouvrait des fonds pour la croissance et l'emploi, et il y a réussi. Même si ce ne fut pas un tandem très fort et intense, Angela Merkel n'a jamais manqué à François Hollande, et réciproquement. Elle a aussi su, avec Emmanuel Macron, avancer et en particulier consentir, au moment de la crise Covid, à la mise en place d'un plan de relance sans précédent de 750 milliards d'euros, financé par une émission de dettes mutualisée, ce qui fut une petite révolution.

Aujourd'hui, le duo formé par Emmanuel Macron, réélu en avril 2022, et Olaf Scholz, chancelier depuis la fin 2021, connaît des difficultés, d'autant plus que les deux hommes sont l'un et l'autre confrontés à une situation politique interne compliquée, le président français ne disposant pas d'une majorité parlementaire alors que le chancelier allemand est à la tête d'une coalition à la fois large et hétérogène. Ils doivent toutefois faire face à des défis communs, ceux des crises et de l'inflation, avec une même volonté d'agir, même si Olaf Scholz et Emmanuel Macron sont différents, et si les intérêts des deux pays divergent.

Emmanuel Macron est un Européen actif, parfois suractif. Sa vision initiale est très européenne, il se fait élire en 2017 sur le talisman de l'Europe en rassemblant les électeurs de centre-gauche et de centre-droit autour d'un totem : le totem européen. Il avait alors compris qu'il y avait des hommes et des femmes de droite déçus de leur famille politique qui se détournait de l'Europe, comme il y avait des hommes et des femmes de gauche qui ne pouvaient plus supporter que la formation politique centrale de ce camp soit ambiguë ou divisée sur la question – elle l'avait été à Maastricht, puis sur le Traité constitutionnel européen. Ce sujet apparemment aride et impopulaire n'était certes pas la première préoccupation des Français, mais il pouvait permettre de les rassembler sur une conception ouverte et ambitieuse de l'Europe et du rôle de la France en son sein. Il s'en est emparé d'autant plus volontiers que l'Europe est pour lui un espace naturel et une conviction. Élu, il a porté cette cause par un certain nombre de discours et une pratique promouvant l'Europe, à travers le couple franco-allemand et la relation avec Angela Merkel. Il a aussi souvent poussé des idées françaises, qui n'ont pas toujours réussi à entraîner nos partenaires. Olaf Scholz est quant à lui un partenaire compliqué, à la fois engagé dans la construction européenne et attaché aux intérêts allemands, qui ne convergent pas toujours avec ceux de la France – par exemple sur l'élargissement à l'est de l'Europe, sur le modèle énergétique ou sur la relation aux États-Unis.

On remarquera que l'expression « couple franco-allemand » est essentiellement française, et que nos partenaires d'outre-Rhin l'utilisent rarement, parlant tout au plus de tandem. Leur attachement à l'OTAN est plus fort que le nôtre, qui fut longtemps réticent, dans la filiation gaullienne. Enfin, l'Allemagne, par sa position géographique et stratégique, est davantage tournée vers l'est de l'Europe que nous, qui ne le sommes pas assez. Il serait stupide d'ignorer ces différences, ou d'en tirer l'idée d'un éloignement inéluctable. Il faut les constater et les dépasser, ce qui n'est pas trivial. Pourtant je reste optimiste. Dans la période difficile, tragique même, que nous traversons, le conflit et l'éloignement profond ou durable entre la France et l'Allemagne, qui entraîneraient la division de l'Europe et son impuissance, sont impossibles. Nous trouverons, peut-être laborieusement, les voies et moyens d'un rapprochement.

Pendant la cohabitation, Lionel Jospin voulait à la fois exercer pleinement le pouvoir comme Premier ministre, et à l'issue devenir président de la République. Il avait retenu de l'histoire des deux cohabitations précédentes qu'il y a une erreur à ne pas commettre : affronter le président de la République sur les sujets de politique internationale et européenne. Jacques Chirac, qui avait ployé devant François Mitterrand en 1986, l'avait retenue aussi, et il en a profité pour réaffirmer la prédominance structurelle du président de la République dans ce domaine. D'emblée, ça n'a pas été discuté, Chirac et Jospin n'ont pas voulu rejouer la pantomime Chirac-Mitterrand, ou Balladur-Mitterrand. Dans les deux cas, ce fut d'ailleurs préjudiciable au Premier ministre.

En 1986, on se souvient de Jacques Chirac allant au sommet du G7 à Tokyo et obligé de rester silencieux sur une chaise, durant la conférence de presse de François Mitterrand, puis y renonçant par la suite. On se souvient d'Édouard Balladur écrivant un grand article dans *Le Figaro* sur la politique internationale et provoquant l'ire de François Mitterrand malade, et son soutien au moins implicite à Jacques Chirac, qui fut fatal au Premier ministre. Les deux protagonistes de la cohabitation de 1997 en sont instruits. Ils prennent acte que cette politique est partagée. Elle est incarnée par le président de la République, c'est lui qui dirige la délégation française dans tous les sommets, internationaux et européens, mais elle est aussi inspirée par le gouvernement, et de ce point de vue là nous avons pris quelques positions qui ont beaucoup compté notamment dans le passage à l'euro.

Nous pensons alors que notre responsabilité est de faire entrer la France dans l'euro. C'est un engagement du traité de Maastricht, validé par un référendum proposé par François Mitterrand, inspiré par Jacques Delors, soutenu par le Parti socialiste et à propos duquel Lionel Jospin avait choisi de dire, dans une de ses formules inimitables : « Non au non, donc oui au oui. » Nous savons que l'Union économique et monétaire est dans l'intérêt de la France parce qu'elle la protège des fluctuations monétaires comme des politiques de rigueur dues à la faiblesse du franc. L'euro est une bonne affaire pour la France mais aussi pour l'Allemagne, qui y entre avec une parité sous-évaluée par la réunification allemande. Mais je suis conscient que cette question a divisé les Français, qu'elle a divisé la gauche lors du référendum du traité de Maastricht, avec la scission de Jean-Pierre Chevènement et son Mouvement des Citoyens. Il faut sortir de la querelle de Maastricht et nous proposons d'assortir l'entrée dans l'euro de « quatre conditions », que je rédige et qui cimentent la gauche plurielle : un gouvernement économique pour l'Europe ; une politique de croissance européenne pour éviter l'euro surévalué, et non réduite à un club des pays riches bannissant ce que les Allemands appelaient de façon péjorative « le Club Med » – le Portugal, l'Italie, la Grèce, l'Espagne, les « PIGS » ; des taux d'intérêt bas.

C'est ce que nous nous efforçons de faire, avec une certaine réussite, puisque, dans le traité d'Amsterdam, est imposé à notre initiative un chapitre sur la croissance et l'emploi, et qu'en 1998, au moment où se décide la création de l'euro, celui-ci comporte 11 pays dont l'Espagne, le Portugal et l'Italie – la Grèce rejoindra le groupe ultérieurement – donc ça n'est pas uniquement un club de pays du Nord. Et puis la croissance revient, à la fois du fait d'une inversion inattendue du cycle économique et grâce à la politique inspirée par Dominique Strauss-Kahn : la France est alors le moteur, le leader de la croissance européenne, la gauche montre que l'on peut faire l'Europe sans défaire la France, faire la France en s'appuyant sur l'Europe. Le gouvernement fixait les propositions, Jacques Chirac les portait, en leur donnant son propre angle.

Quelques jours après notre arrivée au pouvoir, se tient à Poitiers, au Futuroscope, chez René Monory et Jean-Pierre Raffarin, un sommet franco-allemand dont je garde une mémoire quasi physique. Helmut Kohl se retrouve face à Jacques Chirac et à ses ministres de gauche. Et c'est comme si on avait brutalement mis la climatisation : l'ambiance dans la pièce fut absolument glaciale. Helmut Kohl était furieux, doublement furieux : furieux contre Jacques Chirac, qui avait décidé cette dissolution hasardeuse qui le mettait face à un gouvernement de gauche, furieux parce qu'il avait affaire à des socialistes, et que ce n'était vraiment pas sa tasse de thé. Par la suite, les choses se sont réchauffées. Je me souviens d'un autre sommet à Avignon, le même été 1997. Jacques Chirac et Helmut Kohl avaient mangé du boudin à la tripe – un plat immangeable pour un homme normal quand il fait trente degrés le soir et que ce sont des pièces énormes de près d'un kilo. Et comme d'habitude, ils en ont mangé deux chacun, avec ravissement, pendant que nous étions tous absolument épuisés en train d'espérer une salade de tomates ! Avec Jacques Chirac, beaucoup de choses se passaient à table, où il jouissait plus de la quantité que de la finesse – assiette de charcuterie et bière dès le petit déjeuner, choucroute à volonté plutôt que colin froid.

Jacques Chirac a mis longtemps à devenir un bon Européen et un défenseur solide de ses valeurs. On se souvient de l'appel de Cochin, un texte sombre, pessimiste, grandiloquent – c'était du Zemmour avant l'heure, dû à la plume acide de Pierre Juillet et Marie-France Garaud. Il avait prononcé à Orléans en 1991 un discours anti-immigrés assez choquant, dénonçant « le bruit et l'odeur » qui « rendent fou » le « travailleur de la Goutte d'Or qui voit s'entasser dans son HLM une famille avec le père, trois ou quatre épouses et une vingtaine de gosses ». Mais il a aussi fait des choix essentiels, qui ont compté et font de lui un homme honorable, dont l'image restera forte. Il a été l'un des trois parlementaires de son parti qui ont voté l'abolition de la peine de mort, il a été le Premier ministre qui a soutenu Simone Veil sur l'IVG, il a reconnu la responsabilité de la France dans les crimes de Vichy – discours très controversé dans sa famille politique, rejeté par les gaullistes orthodoxes, pour qui Vichy n'était pas la France, critiqué à ce titre par Philippe Séguin – que je trouve pour ma part extrêmement fort, et qui restera dans l'histoire comme un moment marquant de ses deux mandats. Enfin Jacques Chirac, contre son camp, a validé le traité de Maastricht, considérant qu'un « non » le discréditerait pour devenir président. Il est petit à petit devenu un véritable Européen, peu entraînant, jamais visionnaire, manquant totalement de mystique, mais consistant, solide, et au fil du temps de plus en plus convaincu : ce n'est pas sur le terrain européen que la cohabitation fut la plus difficile.

La querelle de Nice

En 1998, arrivent les élections en Allemagne, et je suis le premier à dire sur RTL – on me reprochera ce propos, peu diplomatique et très politique – que Gerhard Schröder pouvait battre Helmut Kohl et devenir le prochain chancelier. Le temps de l'alternance arrivait. Après seize ans de Kohl au pouvoir, l'usure se faisait sentir, et c'est ce qui se produit. Jacques Chirac se retrouve isolé dans son pays, isolé en Europe aussi, et il trouve en Schröder un partenaire qui lui ressemble beaucoup, mais n'est pas à son goût. Car Schröder est un aventurier de la politique, indifférent à la France et très ancré sur les intérêts allemands. Gerhard Schröder n'apprécie pas Lionel Jospin, en qui il voit un socialiste traditionnel, austère et rigide, et il fait mouvement vers Tony Blair : c'est l'époque où le New Labour au Royaume-Uni et le Neue Mitte, le Nouveau Centre, en Allemagne, font route commune, prennent des initiatives communes, rédigent des papiers communs, auxquels je suis chargé de réagir par Lionel Jospin. Mais Schröder, à son arrivée à la chancellerie, ne respecte pas non plus Jacques Chirac, qui est pour lui un président défait. Surtout, il n'a pas au fond de lui cette mystique franco-allemande, il s'en moque. Il pense que l'Allemagne peut s'affirmer contre la France, qu'il est temps qu'elle le fasse, ce qui est une erreur absolument fondamentale. Les deux hommes s'affrontent violemment, notamment au cours de la présidence française de l'Union européenne en 2000, marquée en particulier par le traité de Nice, indispensable pour adapter les institutions de l'Union, prévues pour les membres, encore adaptées à quinze, à une Europe plus vaste, rassemblant 27 ou 28 États.

Après une préparation laborieuse et l'échec de la Conférence intergouvernementale (CIG) préalable, que j'ai présidée avec ardeur mais sans grand succès, nous arrivons à Nice avec une alternative peu séduisante : soit un traité limité et décevant, soit pas de traité, mais pas d'élargissement. C'eût été un échec dramatique, un coup d'arrêt historique, et personne ne le voulait. L'élan de la réunification de l'Europe s'épuisait déjà, perdre du temps aurait été singulièrement risqué. Nous avons négocié pendant quatre jours et trois nuits, laborieusement, médiocrement même, et nous avons finalement décidé d'un nouveau traité. Pendant toute la négociation du traité de Nice, de façon très pernicieuse et insistante, le chancelier Gerhard Schröder a joué contre la France et sa présidence, ce qui était sans précédent. Dans une rencontre informelle à Fontainebleau, Gerhard Schröder a revendiqué que l'Allemagne réunifiée ait un nombre de voix supérieur à la France, parce qu'elle était désormais plus nombreuse. Autour de la table, outre le chancelier, le président, le Premier ministre, se trouvaient Joschka Fischer, le ministre des Affaires étrangères allemand, écologiste et très pro-européen, Hubert Védrine et moi-même.

Hubert Védrine et moi avons partagé cinq années au Quai d'Orsay, dans une relation très cordiale. Il était mon ministre de tutelle, et a joué ce rôle avec élégance, sans la moindre mesquinerie. Il m'a laissé une large délégation, intervenant très peu pendant la présidence française de l'Union européenne, notamment devant le Parlement européen. Mais nos options étaient très éloignées. Il était farouchement hostile à ce qu'il appelait l'« européisme », à ses yeux un fanatisme qui substitue l'Europe à la nation. Ce mot est à dessein péjoratif, l'idée simpliste. Je ne suis pas un européiste, je sais le rôle central de la nation, mais je suis un Européen ! Hubert Védrine est un esprit subtil, un analyste d'une grande finesse, doté d'une plume acérée et d'un verbe aussi précis qu'habile. Mais au fond, il est un eurosceptique qui ne s'avoue pas. Hubert Védrine a joué un rôle important pendant ces années-là, parce qu'il fut le mécanicien de la cohabitation en matière de politique étrangère. Depuis, il est devenu le théoricien du réalisme, du scepticisme, parfois du cynisme, face à ce qu'il appelle le « droit-de-l'hommisme » et l'« européisme ». La posture est confortable, et forcément payante. Parce qu'un peu de réalisme ne nuit pas : attention à la tentation de la « table rase » ou au maximalisme, qui n'engendrent qu'illusion et déception : en matière de relations internationales, la naïveté est une erreur souvent fatale, et toute décision doit être précédée d'une analyse solide et froide de la situation. Les sceptiques et les cyniques, les tenants de la *Realpolitik* absolue, en politique étrangère et européenne, sont par ailleurs souvent confortés par les faits, parce qu'en général l'histoire ne bouge pas beaucoup et que la froideur des rapports de force finit souvent par l'emporter. Mais si l'on n'y introduit aucune volonté, aucun idéal, elle n'a justement aucune chance de bouger ! C'est pour cela qu'il faut apporter un peu d'idéalisme dans l'affaire. Dans la vie politique française il y a les nationalistes, les souverainistes militants : ils ne se cachent pas. Mais il y a aussi ce courant du scepticisme intellectuel dont Hubert Védrine est, avec Marcel Gauchet, le plus habile représentant. Ce sont des détricoteurs d'idéal, méticuleux, discrets, courtois, étayés, mais plus efficaces que ceux qui attaquent l'Europe de front. Je les lis, je connais leur influence mais ne partage pas toutes leurs idées.

Devant nous, Gerhard Schröder fut le premier chancelier à rompre avec la mystique franco-allemande, à estimer qu'il était temps que l'Allemagne s'affirme comme une puissance et se démarque de la France. Le nombre de voix au Conseil semble un sujet purement technique. Mais en fait il est d'importance. Contrairement à ce que l'on pense, il y a deux chambres législatives en Europe, il y a le Parlement européen, mais qui n'est que le co-législateur, la première chambre c'est le Conseil des ministres ! Au Conseil des ministres de l'Union, on vote, par exemple sur les directives. Et chacun a un certain nombre de voix, représentant à la fois, selon un système de pondération complexe et assez opaque, sa population et son poids politique en tant qu'État, égal pour tous. Or, un principe existait depuis le début de la construction européenne, qu'avaient de concert affirmé de Gaulle et Adenauer, qui figurait d'ailleurs dans les Mémoires d'Adenauer, lequel disait en substance : « Quelles que soient la population française et la population allemande, et même après la réunification, qui adviendra un jour, nous aurons pour l'éternité le même nombre de voix. » Parce que notre égalité n'est pas démographique – la démographie défavorise depuis toujours la France par rapport à l'Allemagne, même si l'écart se réduit –, elle est démocratique et politique. Voilà que Gerhard Schröder nous dit à Fontainebleau : « Il serait bien que l'on reconnaisse que l'Allemagne doit avoir plus de voix que la France au Conseil. Nous nous sommes réunifiés, nous avons 80 millions d'habitants vous en avez 60, il serait logique que l'on pèse plus que vous. » Jacques Chirac, qui attendait l'argument, lui lit le texte des Mémoires d'Adenauer et lui répond : « L'égalité perpétuelle, c'est l'histoire, elle nous oblige. » Schröder, alors, lui dit cette phrase, dont je me souviens comme si c'était hier : « Jacques, je ne suis pas d'accord, mais si c'est un problème pour toi, ça ne sera pas un problème pour moi. » Nous comprenons clairement qu'à regret peut-être mais sans hésitation, il retirera sa proposition et se ralliera à la position de la présidence. Fin théorique du débat !

Avant le Conseil européen, à Nice, le président effectue ce qu'on appelle la « tournée des capitales ». Je l'accompagne. J'en prends même ma part. Je vais voir quelques chefs d'État et de gouvernement en son nom, d'ailleurs dans l'avion du président, en particulier les sociaux-démocrates scandinaves, que Jacques Chirac détestait. Ceux-ci avaient en effet fait campagne contre le rétablissement des essais nucléaires en 1995, notamment le Premier ministre danois Poul Nyrup Rasmussen, un homme délicieux et un ardent militant de la social-écologie avant l'heure, dont j'étais proche, qui avait participé à une manifestation à vélo. Jacques Chirac me disait : « Ah... Ce Rasmussen, votre ami, je l'ai envoyé faire le tour de Copenhague à vélo, eh bien qu'il continue à le faire. Je ne veux pas rencontrer ce type. Alors vous aller prendre mon avion et vous lui porterez mon message. » J'ai aussi été voir José María Aznar au palais de la Moncloa, avec qui bizarrement j'avais de très bonnes relations, et qui d'ailleurs s'entendait mieux avec Lionel Jospin qu'avec Jacques Chirac – les mystères de la gauche et de la droite sont parfois impénétrables. Au cours de cette tournée des capitales, nous nous apercevons que Gerhard Schröder fait une tournée parallèle en diffusant son argumentaire : « Chacun doit avoir ses voix, mais l'Allemagne est beaucoup plus nombreuse, et si nous voulons une vraie réforme des institutions il faut reconnaître ce fait. » Cela reçoit un écho parce que beaucoup se disent : « Je vais être récompensé démographiquement. Et donc je vais avoir mon vrai poids », sauf les plus petits États membres que l'Allemagne propose de surévaluer.

En somme, l'Allemagne joue ouvertement contre la France, en cherchant à reprendre la suprématie politique, fût-elle symbolique, à travers la supériorité démographique. Tout au long du Conseil européen de Nice, pendant des jours et des nuits, Gerhard Schröder défend cette thèse, et tout reste bloqué. La confrontation culmine dans une rencontre bilatérale franco-allemande, à laquelle participent les protagonistes de Fontainebleau, ainsi que Pierre de Boissieu, notre représentant permanent à Bruxelles, vétéran très respecté des négociations européennes. Jacques Chirac abandonne sa courtoisie très « vieille France » et apostrophe le chancelier : « Tu es un con ! Tu es en train de tout bousiller, nous avons une histoire qui nous dépasse, nous avons une responsabilité, tu bousilles tout ! On va tout foutre en l'air à cause de ton absurde demande. » Schröder essuie les quolibets, il lui réplique de façon défensive mais tout aussi virulente, et ils se quittent fâchés. Je trouve la martingale, en proposant de faire trois blocs de voix égaux, et non pas deux, en égalisant, la France et l'Allemagne, d'un côté, les grands pays, l'Italie, la Grande-Bretagne de l'autre, mais aussi le Benelux, chacun ayant 30 voix et non 31 pour l'Allemagne, comme Schröder le voulait. Le Conseil européen se termine, Lionel Jospin affirmant alors, loin du « vieilli, usé, fatigué » de la campagne présidentielle : « Nous avons formé une véritable équipe de France, avec une osmose politique et psychologique unique », dans une conférence de presse où tout le monde arrive absolument harassé. Chirac et Schröder, on l'a complètement oublié, sont alors des adversaires. Si nous avions accepté ce décrochage, accepté que le couple franco-allemand n'ait plus cette forme de mystique égalitaire, alors tout allait se défaire.

L'apparition d'Angela Merkel change la donne et restitue une image beaucoup plus stable de l'Allemagne. Elle aura, heureusement, vite démodé les années Chirac-Schröder, qui furent sans doute, malgré leur entente ultérieure contre la guerre en Irak, les plus médiocres de la relation entre nos deux pays. L'Allemagne d'Angela Merkel a capitalisé sur les réformes de Gerhard Schröder, qui lui ont permis de diriger l'Allemagne dans des conditions prospères pendant seize ans, alors que la France, hélas, décrochait faute d'avoir poursuivi la transformation de son modèle économique et social. Gerhard Schröder a coûté cher à la relation franco-allemande, à l'Europe et à la gauche. Le tout pour faire des choix déshonorants, devenir président de la société russe Rosneft, et soutien du très contesté gazoduc Nord Stream, lancé par la société Gazprom, dont il est également administrateur, et évidemment avocat ardent et très intéressé de Vladimir Poutine. À l'heure de l'agression russe contre l'Ukraine, il ressurgit pour embarrasser ses amis politiques, en refusant de renoncer à ses mandats lucratifs – même François Fillon l'a fait, la mort dans l'âme, tant la responsabilité du dictateur russe était évidente –, à commencer par le nouveau chancelier Olaf Scholz, qui fut de ses proches et se voit contraint d'expliquer que ses positions sont différentes de celles de son ancien chef. Il fragilise ainsi le SPD, en caricaturant ce qui fut jadis l'intuition de Willy Brandt, l'Ostpolitik, l'aventure à l'Est, devenue avec lui un affairisme sordide. Mais le cynisme et l'indécence n'ont jamais arrêté Gerhard Schröder.

De cet épisode, je retiens quelques leçons. La première est que la relation franco-allemande n'est jamais le théâtre d'un accord spontané, mais la fabrication, parfois laborieuse, d'un compromis entre des intérêts et des positions au départ différents. La seconde est que, pour progresser, il faut désormais plus qu'un couple, au moins un triangle, Paris-Berlin-Bruxelles. Lorsque ces trois pôles fonctionnent ensemble, qui plus est avec des personnalités puissantes, cette carte n'est certes pas suffisante dans une Europe vaste et hétérogène, mais elle reste forte. Ce fut le cas avec Kohl-Mitterrand-Delors, un président de la Commission puissant, qui savait impulser, initier, mettre en musique, mettre en mots une vision partagée. Jacques Delors reste pour moi le pédagogue ultime de l'Europe et, avec Pascal Lamy, son chef de cabinet brillant et plein d'autorité, le meilleur fabricant de propositions européennes innovantes, à commencer bien sûr par l'Union économique et monétaire, le traité de Maastricht, mais aussi le Fonds d'investissement européen, parce qu'il avait pensé il y a longtemps la mutualisation de la dette que nous avons fini par mettre en place durant la crise Covid, trente ans après.

Ne négligeons pas, enfin, le rôle des individus, des hommes et des femmes dans l'histoire. J'ai été impressionné, je l'avoue, par Angela Merkel, chancelière pendant seize ans. Elle fut l'élément stabilisateur d'une Europe allant de crise en crise, et fit preuve, lors des moments essentiels, de capacités de disruption inattendues. Ce fut le cas avec Nicolas Sarkozy pendant la crise grecque et la crise financière. Ce fut le cas pendant la crise migratoire, où elle a eu une attitude beaucoup plus digne, beaucoup plus courageuse, beaucoup plus humaine que tous les autres leaders européens. Elle a pris son risque alors que François Hollande restait très silencieux et que Manuel Valls prononçait à Munich un discours qui restera pour moi une blessure. Voir un Premier ministre français contester, en Allemagne qui plus est, les positions humanistes de la chancelière allemande face au drame qui frappait des milliers de réfugiés venus de Syrie ou d'Érythrée, au nom d'une vision étriquée de ce que peut être l'immigration, était pour moi choquant et douloureux. Je ne comprends toujours pas qu'un homme comme lui, devenu français par la naturalisation, ait pris sur un tel sujet des positions aussi fermées. La chancelière a cédé au juste combat de François Hollande, fortement épaulé par Jean-Claude Juncker et moi, et écarté en juillet 2015 la sortie, ou plutôt l'éjection de la Grèce de la zone euro, à laquelle poussait Wolfgang Schäuble, exaspéré par les manœuvres de Yánis Varoufákis et les habiletés d'Aléxis Tsípras. Enfin, elle a suivi Emmanuel Macron, en s'appropriant la mutualisation de la dette, le renoncement au frein de la dette allemande, la suspension des règles européennes face à la crise Covid. Lors des moments clés, Angela Merkel a su accélérer.

Mais il lui a aussi manqué le grand dessein, auquel Emmanuel Macron, au début de son premier mandat, s'est essayé en 2017 dans ses discours de la Sorbonne et sur la colline du Pnyx à Athènes. Or le leadership suppose à la fois la stabilité et la vision. Ce fut la limite d'Angela Merkel, qui a eu la sagesse de ne pas tenter le mandat de trop, et de laisser une autre génération affronter les nouveaux défis de l'Allemagne et de l'Europe. Son bilan est aujourd'hui revisité et même critiqué – à la lumière de la crise énergétique engendrée par la guerre en Ukraine. On lui reproche d'avoir fermé les centrales nucléaires allemandes et d'avoir consenti à une trop grande dépendance à l'égard de la Russie de Vladimir Poutine, et aussi de la Chine. Cela mérite en effet débat, même s'il s'agit de choix collectifs, validés par ses partenaires de coalition, et même si les circonstances ont dramatiquement changé.

Pour être à la hauteur des rendez-vous de l'histoire, pour franchir enfin le pas de l'Europe politique et de l'Europe-puissance, nous avons besoin de penser l'Europe, et de lui trouver un leadership plus fort, plus collectif, plus ambitieux. L'Europe, disait Robert Badinter, est la meilleure synthèse entre le fédéralisme et l'intergouvernementalisme. Certaines institutions sont intergouvernementales par construction – le Conseil des ministres qui prend les décisions dans tous les domaines, l'est par définition, tout comme le Conseil européen. D'autres institutions sont communautaires par essence. C'est le cas du Parlement européen, élu au suffrage universel le même jour dans tous nos pays, supposé représenter un peuple européen, qui voit sans arrêt se renforcer son pouvoir, à travers le vote à la majorité qualifiée, la codécision et l'accroissement des compétences européennes. Même si le récent scandale du « Qatargate » a montré la nécessité de durcir considérablement la déontologie des membres du Parlement européen et de leur entourage, l'institution est de qualité, elle est indispensable et son rôle n'a pas fini de grandir. C'est aussi le cas de la Banque centrale européenne, qui a vu son rôle s'accroître au fil des crises – la crise grecque, la crise financière de 2008, la crise Covid ont toutes trois donné une importance majeure à la politique monétaire. Enfin, il y a la Commission européenne, l'institution qui ressemble le plus à un gouvernement européen, parce qu'elle a le monopole de l'initiative et le monopole de l'exécution, mais qui n'a pas en général le pouvoir de décision, et qui devient de plus en plus politique. Je suis un des rares Français à avoir appartenu aux trois institutions de l'Union – le Parlement, le Conseil, la Commission, et le seul à l'avoir fait pendant une longue période. Ce que j'ai appris de ma confrontation avec d'autres dans ces enceintes, c'est que nous devons à la fois affirmer notre spécificité, nos idées françaises mais aussi jouer pleinement le jeu des institutions européennes, où la France reste trop peu impliquée.

Tony Blair et l'« Europe rose », l'occasion manquée

Depuis le Brexit, il manque un acteur essentiel à l'Union européenne, le Royaume-Uni. Ce départ est la chronique d'un rendez-vous manqué – par l'Europe mais aussi par la gauche. Le général de Gaulle par ressentiment et par conviction s'était opposé à l'entrée de la Grande-Bretagne dans la Communauté européenne.

Georges Pompidou, qui avait une logique beaucoup plus économique, marchande, libérale, ouverte, inverse cette position et propose en 1973 l'entrée du Royaume-Uni, décidée par référendum. Un référendum où l'abstention fut très forte, avec un vote à 68 % / 32 % : l'adhésion du Royaume-Uni n'a pas été décidée par une majorité du peuple français. Dès son entrée, le Royaume-Uni se manifeste par une renégociation des quotas des moutons néo-zélandais dans la PAC. Puis arrive à la fin des années 70 Margaret Thatcher avec son fameux : « *I want my money back* », « rendez-moi mon argent », débouchant au sommet de Fontainebleau en 1984 sur le rabais anglais, à quoi s'ajoute le refus de rentrer dans l'euro et dans les accords de Schengen. Le Royaume-Uni adopte donc une position d'extériorité par rapport à l'euro, par rapport au budget européen, par rapport à la politique agricole commune, par rapport à la gestion des frontières et à la libre circulation des personnes. C'est un partenaire extrêmement rugueux et irrédentiste, avec lequel des confrontations adviennent sans arrêt.

Les années Thatcher furent des années où, plus que jamais, l'Europe et le Royaume-Uni étaient éloignés. Socialement, le thatchérisme est le contraire du modèle social européen et, en particulier en France, il agit comme un repoussoir. Toutefois, Margaret Thatcher a toujours été une femme qui imposait un rapport de force dans l'Union européenne, jamais une « Brexiteuse ». Elle souhaitait que le Royaume-Uni pèse en Europe. Elle y a réussi, comme elle a su imposer, brutalement, une révolution conservatrice dans son pays. Les années passent et les travaillistes ne trouvent pas la solution pour la battre. Ils perdent successivement les élections face aux conservateurs, avec Michael Foot, Neil Kinnock puis John Smith. Au début des années 90 arrive au Labour un jeune homme extraordinairement brillant, séduisant, beau parleur, Tony Blair, qui s'entoure de Peter Mandelson, le « prince des ténèbres », aussi intelligent que drôle, cynique et manipulateur, une sorte de Brian Ferry du travaillisme que je verrai beaucoup pendant mes années au Quai d'Orsay, de Gordon Brown, à qui il délègue la politique économique, et d'Alastair Campbell, le maître du *spin* journalistique et de l'écriture médiatique.

À eux quatre, avec le concours de Roger Liddle, ce groupe dessine une « troisième voie » qui s'inspire des idées d'Anthony Giddens, le grand penseur de Cambridge, visant à dépasser le clivage gauche-droite, ou plutôt à inventer un nouveau centre-gauche, pragmatique, pro-marché, pro-entreprise, pro-justice sociale, et pro-européen. Ils entendent rompre avec l'ouvriérisme, l'archaïsme, imposer une forme de libéralisme social, et promouvoir les idéaux de justice à l'échelle individuelle par l'égalité des chances. Ils prennent leur distance avec la base ouvrière et syndicale de leur parti, qui en 2016 manquera aux partisans du *remain*, puis donnera une majorité à Boris Johnson. C'est le New Labour. Leur approche est à la fois théorisée, intellectualisée et très organisée. Elle l'est sur le terrain de la communication, à partir de livres, de séminaires et travaux intellectuels, de think tanks. Ils ne veulent pas subir l'évènement, mais faire l'agenda, l'imposer aux médias par le *spin* – la manipulation. Leur volonté initiale n'était toutefois pas de rompre avec la gauche, mais de la remodeler et d'y conquérir l'hégémonie intellectuelle et politique. Tony Blair a été, avec Edward Heath, le seul Premier ministre historiquement proeuropéen de l'histoire du Royaume-Uni. Ce sont des années fondamentales pour la gauche et pour l'Europe. C'est la période qu'on appelle l'*Europe rose* : parmi les quinze pays de l'Union européenne la gauche était présente dans douze coalitions et en dirigeaient neuf – les Danois, les Finlandais, les Suédois, les Grecs, les Portugais, les Italiens, les Allemands, les Français, les Britanniques. Mais ce groupe des dirigeants n'est pas homogène, il est traversé par un combat pour le leadership au sein de la gauche, en particulier entre Lionel Jospin et Tony Blair.

Les choses avaient pourtant bien commencé. J'ai assisté en compagnie de Robin Cook, futur ministre des Affaires étrangères, trop tôt disparu, à la première rencontre entre les deux hommes à Barcelone en 1994, où Lionel Jospin avait été chercher le soutien des socialistes européens et celui de Jacques Delors. Elle fut plutôt chaleureuse, entre deux hommes intègres, intelligents, ayant tous deux une tendance à intellectualiser la politique. Tony Blair est élu en mai 1997, après une conquête méthodique du pouvoir, emportant un triomphe absolu. Il nourrit une très grande ambition pour le Royaume-Uni, qu'il voulait placer au centre de la gauche et au cœur de l'Europe. Un mois plus tard, Lionel Jospin arrive au pouvoir de manière inattendue, et marque tout de suite des points, dès sa première réunion socialiste européenne, à Malmö, où il obtient une réorientation de l'Europe vers la croissance et l'emploi. Commence à ce moment-là un match, où chacun s'est trouvé obligé de caricaturer l'autre. Je ne suis pas persuadé avec le recul, vingt-cinq ans après, que les deux options étaient totalement incompatibles – ou plutôt, je pense qu'elles pouvaient cohabiter et se rapprocher, dès lors qu'aucune ne pouvait s'imposer à l'autre, que chacune correspondait mieux au système politique et social de son pays d'origine que l'autre.

J'avais alors écrit dans *Libération* une tribune en réponse à l'alliance Blair-Schröder. Les arguments que j'utilisais n'étaient pas (tous) de mauvaise foi. Parce qu'au fond, ce que Tony Blair proposait de faire était en grande partie ce que la gauche française avait fait en pratique depuis quinze ans. *De facto*, notre structure productive était plus flexible que celle du Royaume-Uni, et notre système social beaucoup plus juste. Mais nous n'avions pas la force du projet et du concept, parce que nous nous étions refusés à sortir de l'ambiguïté, à penser notre réformisme. Lionel Jospin choisit alors de se positionner sur la préservation des valeurs essentielles de la gauche face à un socialisme plus libéral, pendant que Tony Blair essaye de créer un mouvement « progressiste », en alliance avec Gerhard Schröder et Bill Clinton. Il se décale donc de la gauche traditionnelle. Lionel Jospin prend ses distances avec une formule juste, mais qu'il eût fallu creuser pour lui donner de la consistance : « Oui à l'économie de marché, non à la société de marché. » Petit à petit, comme cela se passe souvent en politique, ce qui au départ est sympathique, en tout cas compatible, devient une mise en scène d'hostilité. D'autant que Tony Blair valorise à outrance, dans une France en cohabitation, son lien avec Jacques Chirac, qui en vieux routier saisit cette perche. Se dessinent alors un antagonisme Blair-Jospin et une sympathie Chirac-Blair : dans ses Mémoires, Tony Blair est d'ailleurs injustement assassin avec Jospin et tendre avec Chirac.

Finalement, le blairisme tourne court et avec lui l'*Europe rose*. Tony Blair n'a pas réussi à gagner son pari, faire migrer le Royaume-Uni vers le cœur de l'Europe, y compris sans doute en rejoignant l'euro. Mais il se heurte à Gordon Brown, son talentueux ministre des Finances, son ami et son rival, avec qui il avait conclu un pacte de succession, le « pacte de la Granita », qui mettra dix ans à se réaliser, un Écossais rugueux et plus nationaliste que lui. Le chancelier de l'Échiquier met des conditions drastiques à l'entrée dans l'euro, conçues – contrairement à celles que j'avais construites pour permettre à la gauche d'accepter l'entrée dans l'euro – dans le but d'empêcher Tony Blair d'y parvenir. Celui-ci se dérobe devant l'obstacle, et dès lors, le ver du Brexit est dans le fruit. Alors que les conservateurs, après Thatcher, assument une europhobie de plus en plus marquée et que progressent les idées nationalistes qui menèrent ultérieurement à la création de l'UKIP par Nigel Farage, Tony Blair, ayant échoué à concrétiser son tournant européen, évolue progressivement vers une approche beaucoup plus traditionnelle. Il revient à l'alliance privilégiée avec les États-Unis, qui aboutit à la falsification historique de preuves et au suivisme derrière George W. Bush dans la guerre en Irak. Cet homme brillant, séduisant, charmant, avec qui j'ai gardé au fil des ans des relations très cordiales, a terminé son parcours loin de la politique, dans les affaires, avec une réputation ternie, alors qu'il avait représenté une occasion absolument unique de créer au Royaume-Uni un vrai parti démocrate pro-européen durablement installé au pouvoir.

Le grand tort de Tony Blair a été de fracturer la gauche européenne, alors qu'il fallait au contraire chercher à créer une synthèse pour l'unir. Lionel Jospin n'y était pas hostile au départ. Mais on finit toujours par jouer le rôle que l'on s'écrit. Une véritable antipathie est née entre les deux hommes, qui n'avait pas de raison d'être essentielle même s'il y avait des choses exaspérantes dans le *spin* blairiste, dans cette obsession pour la communication qui confinait à la manipulation. Lionel Jospin a perdu en 2002, Tony Blair a été élu et réélu, pour ne quitter le pouvoir qu'en 2007, afin de laisser sa chance à Gordon Brown – trop tard. Mais il s'est perdu. Il a fini son parcours en allié de la droite européenne et suiviste de Bush, avant d'être finalement désavoué par les électeurs. Malgré son brio, intact, son propos est inaudible, car les Britanniques ne veulent plus l'entendre ni le voir.

Si l'*Europe rose* avait réussi, si le rapprochement avec le Royaume-Uni s'était accompli, celui-ci serait peut-être encore membre de l'Union européenne, et cela aurait aidé le socialisme français à se moderniser dans les idées comme dans les actes, sans pour autant perdre sa spécificité et son ancrage à gauche. Vingt ans après, la gauche française est durablement éloignée du pouvoir, et le Royaume-Uni, sorti de l'Union européenne, en paie durement le prix économique et politique. Il est de surcroît menacé de division, voire d'éclatement. Cette « guerre des gauches » a été pour moi un antagonisme nuisible et une occasion manquée, pour la gauche et pour l'Europe, dont nous subissons encore les conséquences.

Du bon gouvernement

Au fond, quels sont les ingrédients du succès de 1997 à 2001 ? La réflexion sur la gouvernance est à mes yeux très importante et même essentielle. Elle est plus actuelle que jamais. Lionel Jospin avait beaucoup réfléchi à la conception et à la direction d'une équipe. Pour que cela marche, il faut un chef, il faut une délibération, il faut de la délégation. Il faut des ministres qui se sentent à la fois pilotés et en responsabilité. La *dream team* n'est pas composée de personnalités rêvées, elle est bien une équipe de rêve. Les individualités de 1997 ne sont pas nécessairement plus fortes que celles de 2012. Mais elles ont été préparées, frottées à l'expérience du pouvoir, elles partagent la culture de gouvernement et une forme de maturité politique.

Lionel Jospin réussit quelque chose de très important, que j'ai aussi connu à la Commission, mais pas à Bercy de 2012 à 2014 : l'*empowerment* – en bon français, une vraie dévolution de pouvoir et de responsabilité à son équipe. Pour lui, un ministre n'est pas un simple rouage ou un figurant, un exécutant ou un invisible, il est pleinement ministre, c'est un responsable politique en charge de son portefeuille. La politique suivie est définie collectivement, les ministres ont une latitude sous la direction du chef du gouvernement, il y a une délibération collective. C'est une période dont les acteurs se souviennent avec bonheur. Jean-Luc Mélenchon, qui a été ministre de Lionel Jospin, était le plus « jospinolâtre » d'entre nous. Même Marie-Noëlle Lienemann, qui a ensuite, comme à son habitude, déversé son fiel dans un livre où elle revisite Lionel Jospin en social-libéral « un peu court », était la plus obséquieuse des ministres, la plus flatteuse et la plus soucieuse d'être distinguée. Ce fut un très bon gouvernement, sans doute le meilleur gouvernement de gauche depuis 1981.

La personnalité du chef du gouvernement, son style, son éthique ont joué un rôle essentiel. Parce que celui-ci donne un cap, parce qu'il dirige l'équipe. C'est vraiment la personnalité et le style du chef qui transforment une armée de solistes, bons ou très bons, en un orchestre de virtuoses. C'est pour cela que l'on parle de *dream team* pour le gouvernement Jospin. Lionel Jospin avait su créer un alliage, la gauche plurielle, il avait su faire vivre ensemble des composantes très différentes et en tirer le meilleur. Je n'ai jamais compris, je ne comprends toujours pas la thèse des « gauches irréconciliables » de Manuel Valls. Je n'ai jamais compris, je ne comprends toujours pas qu'on ait laissé les *frondeurs* dériver comme ils l'ont fait, alors qu'il aurait au contraire fallu les ramener vers le cœur de la gauche. Tout homme ou toute femme en politique à son prix – quand je dis « son prix », ce n'est pas de vil or que je parle, mais de retrouver une partie de ses convictions dans la politique suivie.

Était-il vraiment plus difficile de gouverner entre 2012 et 2017 avec une aile gauche du Parti socialiste, qui existait déjà dans les années 90, qu'avec les communistes ou les écologistes, qui ont été au gouvernement de Lionel Jospin et dans des conditions très agréables ? La réponse est évidemment non ! Jean-Luc Mélenchon était-il si différent dans les années 90 de ce qu'il est aujourd'hui ? Bien sûr, certains dérapages intellectuels se sont produits ensuite. Mais il portait déjà en lui un projet de gauche radicale, il était un tribun aux accents protestataires. Il fallait le considérer, lui donner sa chance de gouverner, de piloter une politique publique, et Lionel Jospin l'a fait sans sectarisme, avec intelligence, en faisant de lui un ministre délégué à l'Enseignement professionnel motivé et heureux. Aujourd'hui encore, au milieu de beaucoup d'excès, Jean-Luc Mélenchon continue de louer cette époque et reste reconnaissant à Lionel Jospin. Celui-ci savait respecter et responsabiliser ceux qui ne pensaient pas comme lui, et ce fut une grande force. Tout cela a manqué par la suite.

De 1997 à 2002, Jacques Chirac n'est pas tout à fait le président traditionnel de la Ve République. Élu en 1995, il gouverne pendant deux ans avec Alain Juppé sur un programme opposé à la promesse de réduire la « fracture sociale » qui l'avait fait élire en écartant l'électorat de droite populaire de la candidature faussement irrésistible d'Édouard Balladur, après avoir semblé un temps en mesure d'attirer des voix de gauche, finalement revenues vers Lionel Jospin. Il dissout l'Assemblée dans des circonstances inexpliquées, perd ces élections et joue ensuite une cohabitation extrêmement tactique, où son premier souci, au moins pendant un an, est de durer. Mais en dehors des sommets internationaux et européens, ses prérogatives étaient limitées. On peut vraiment dire que pendant cette cohabitation extraordinairement longue la réalité du pouvoir, son cœur, avait traversé la Seine et s'était installée à Matignon. La France a vécu alors sous une République essentiellement primo-ministérielle et parlementaire, avec un président qui se contentait de piloter et d'incarner la France à l'étranger, tout en jouant habilement le rôle du chef de l'opposition, dans un premier temps de façon débonnaire, puis de plus en plus durement à l'approche de 2002. Certes, le gouvernement préparait les sommets internationaux et en présentait l'agenda en Conseil des ministres. Mais ensuite c'était le moment de lumière du président. Et c'était le seul !

Sur tout le reste, le Conseil des ministres est un lieu très formel où l'on entérine les décisions déjà prises par le gouvernement : Lionel Jospin avait institué une très bonne habitude de séminaires gouvernementaux, qui réunissaient tous les quinze jours à Matignon les ministres et délégués, auxquels se joignaient une fois par mois les secrétaires d'État, et pendant lesquels il y avait une vraie discussion, une vraie délibération, même si pour conclure il y avait une décision assumée par le Premier ministre, sans contester la fonction présidentielle dans sa dimension internationale. Ce dispositif politique, absent entre 2012 et 2017, a bien fonctionné, au moins de 1997 à 2001, avant de s'essouffler en fin de parcours.

Dans le gouvernement de 1997, il y avait aussi un soliste, un talent particulier, Dominique Strauss-Kahn, qui réussit à convaincre l'opinion française par sa pédagogie, son talent, une sorte d'hypnose collective, mais aussi l'opinion internationale par son rayonnement et ses dons de polyglotte, en anglais, en allemand, qu'il parlait remarquablement. Il a surtout mené une bonne politique économique, musclant la croissance et réduisant les déficits, et a convaincu qu'une politique vraiment de gauche pouvait être une politique vraiment pro-entreprise. Nous avons surtout financé l'investissement et la recherche et soutenu la jeunesse comme on l'a rarement fait en France, notamment grâce au recrutement de 350 000 emplois-jeunes dans le secteur public. En 2000 la France avait créé 2 millions d'emplois, le chômage avait baissé de 900 000. Nous avions une balance commerciale excédentaire et un déficit budgétaire inférieur à 2 % du PIB. Nous étions dans une situation qui se comparait favorablement à l'Allemagne, alors considérée comme l'« homme malade de l'Europe ». Nous avions même réussi à montrer que les 35 heures n'étaient pas un problème, puisque la durée annuelle de travail en France était moins importante qu'en Allemagne ! Quant au coût du travail, il était effectivement moins élevé pour sa part salariale qu'en Allemagne, même si son coût total était évidemment beaucoup plus haut, compte tenu du poids de notre protection sociale. Dominique Strauss-Kahn était le pilier de ce gouvernement, en tandem avec Martine Aubry, dont le tempérament politique pouvait un jour faire d'elle un chef pour la gauche.

Le départ de Dominique Strauss-Kahn du gouvernement après l'affaire de la MNEF, mutuelle étudiante à la gestion pour le moins problématique, dont il a été l'avocat, est plus qu'un grand couac, c'est un terrible coup ! Lionel Jospin est conscient que son gouvernement est d'abord le triangle qu'il forme avec Martine Aubry et Dominique Strauss-Kahn, qui se trouve ainsi déséquilibré. Il voit partir son soliste, et c'est une chute de crédibilité économique qui va rejaillir sur l'ensemble de l'équipe, une panne d'inventivité aussi. Il perd aussi un allié et un ami, même si je pense que le rapport entre les deux hommes était déjà compliqué depuis longtemps.

Dominique Strauss-Kahn intéresse, impressionne Lionel Jospin. Il l'agace parfois, mais il est fier et rassuré d'avoir Dominique Strauss-Kahn dans son équipe. C'est un pur-sang, c'est celui qui lui avait permis dans les années 80 et 90

– avec moi et quelques autres tout de même – de rivaliser avec les bataillons d'élites fabiusiens, très nombreux et très solides. Pendant le deuxième septennat de François Mitterrand, l'essentiel du personnel du gouvernement est fabiusien, à l'image de Paul Quilès, Pierre Joxe, Pierre Bérégovoy : la plupart des mécaniciens de l'État que le mitterrandisme a formés se sont mis en bataillon derrière Laurent Fabius, qui était un excellent directeur d'écurie. Pour cela, il était le meilleur, scientifique, méthodique, sachant rétribuer les fidélités bien plus que Lionel Jospin. « S'il y a un inconnu dans la pièce, Laurent Fabius demandera de le faire venir et de le lui présenter, Lionel Jospin lui demandera de sortir », disait une fameuse blague socialiste. Mais Dominique Strauss-Kahn a toujours eu un statut à part – il pouvait se permettre beaucoup. Il y avait toutefois des résistances éthiques de Lionel Jospin au mode de vie de Dominique Strauss-Kahn. Je ne parle pas de sa vie privée, mais de ses liens avec l'argent, d'une forme de mondanité. La virtuosité, la légèreté de DSK irritent parfois Lionel Jospin, en même temps que l'homme lui était cher et proche. Et sa ligne politique lui paraissait parfois un peu droitière.

Au moment de l'affaire de la MNEF en 1999, Dominique Strauss-Kahn décide, en accord avec le Premier ministre, de se mettre de côté. Son départ oblige Lionel Jospin à changer de ministre des Finances. Celui-ci m'explique ses décisions pour le remplacer : « Dans ces circonstances, je pense qu'il faut tranquilliser le ministère, je vais donc nommer Christian Sautter [jusque-là secrétaire d'État au Budget et ancien secrétaire général adjoint de l'Élysée sous François Mitterrand] ministre des Finances. J'ai trop besoin de toi au ministère des Affaires européennes, la présidence française de l'Union européenne commence dans quelques mois, tu en es l'un des piliers, donc je vais nommer Florence Parly pour remplacer Christian Sautter. »

Ce choix m'a surpris, et je le lui ai dit. Il me répond : « Je veux nommer les meilleurs, c'est ma conseillère budgétaire, elle est brillante, je ne vois personne d'autre qui soit meilleur qu'elle. » Cela ne me convainc pas : « Il y a de très bons connaisseurs de la chose budgétaire au Parlement, comme Didier Migaud [qui était à l'époque rapporteur général du Budget], il y a de jeunes députés qui viennent de gagner des circonscriptions, Vincent Peillon, Arnaud Montebourg, Christian Paul, Marisol Touraine. Ce sont eux qu'il faut faire monter au gouvernement, pour fabriquer une nouvelle "génération Jospin" qui a gagné sa légitimité dans les urnes ! » Florence Parly était sans doute une conseillère technique solide, appréciée par le très influent directeur de cabinet Olivier Schrameck, mais hormis un passage en cabinet, elle était restée à la direction du Budget, et pour moi, quelles qu'aient été ses qualités, elle ne pouvait incarner un renouveau politique – ce qu'elle n'a pas fait, pendant que les jeunes députés continuaient à ronger leur frein. Pour la première fois, Lionel Jospin me semblait céder à une forme de confort intellectuel et technocratique, et négliger les sources de la légitimité politique. Et de fait, il a pendant son quinquennat trop peu « oxygéné » et renouvelé son équipe. Je suis resté le seul dans la jeune génération socialiste à avoir été ministre. Je continue de penser que ce fut une erreur, qui a privé les jeunes talents de 1997 d'une expérience qui les aurait peut-être fait évoluer différemment par la suite.

L'expérience tourne vite court. Le nouveau ministre tente à la hussarde, sans le savoir-faire de Dominique Strauss-Kahn, de fusionner la direction de la Comptabilité publique et la direction des Impôts. C'est une très bonne idée, qui sera mise en œuvre plus tard avec la création de la Direction générale des Finances publiques (DGFIP), mais qui se heurte alors au corps social des deux directions, et le très estimable Christian Sautter, qui à l'évidence n'avait pas le tempérament et le poids politique d'un ministre des Finances, est amené à partir au bout de quelques mois. Lionel Jospin, pour éviter la déstabilisation de Bercy, éprouvé par deux départs successifs, nomme Laurent Fabius ministre de l'Économie et des Finances.

Ce choix est un symbole différent de la nomination de Dominique Strauss-Kahn. Avec celui-ci on innove, on crée un nouveau paradigme. Il est le mélange intellectuel de racines authentiquement de gauche et d'une volonté de modernisation dans le cadre d'une économie mondialisée. C'est un social-démocrate, mélangeant les modèles anglo-saxon, scandinave et allemand tout en parlant le langage du socialisme français. Il était dans son axe, celui du réformisme radical : il voulait réformer à partir de la racine, des structures, des inégalités, prônait le dialogue social avec les syndicats, à l'allemande, et militait pour une industrie puissante. Il proposait un socialisme attaché à la fois à l'émancipation, à la redistribution, et à la production.

Laurent Fabius, en 1999, a une autre image, celle d'une forme de restauration, au moment où Lionel Jospin dit : « Je veux un deuxième souffle. » Il avait lui aussi porté le flambeau de la modernisation lors de son passage à Matignon en 1984. Il était incontestablement armé pour la fonction, compétent et crédible, conscient des réalités économiques, dont il connaissait parfaitement les acteurs. Il fut un ministre puissant et respecté. Mais il était plus institutionnel. Il n'était plus le « jeune Premier ministre donné à la France » par François Mitterrand, il était devenu un homme d'État expérimenté, qui avait été entre-temps par deux fois président de l'Assemblée nationale, et qui incarnait le sérieux et la stabilité. Dans la nouvelle équipe gouvernementale, il est un peu la figure du commandeur. Lionel Jospin est obligé de le considérer comme un égal, puisqu'il a lui aussi dirigé le gouvernement. Avec Laurent Fabius, que je respecte profondément et avec qui j'ai noué une relation plus proche depuis que je suis premier président de la Cour des comptes, c'est plutôt une consolidation, une stabilisation qui s'impose. Le climat au sein du gouvernement change. Lionel Jospin est plus prudent. Laurent Fabius, avec qui il a alors une relation apaisée mais toujours pas chaleureuse – elle le deviendra davantage lorsqu'ils siégeront ensemble au Conseil constitutionnel –, qui a accepté son leadership mais n'a pas renoncé à un destin et ne se considère pas comme un second, se pose en surplomb, en numéro « *1 bis* » ou en « *primus inter pares* ». Le gouvernement est une équipe plus professionnelle mais aussi plus statique, plus gestionnaire, davantage apte à clore une période qu'à dessiner une nouvelle étape.

La fin de l'histoire

À partir des élections municipales de 2001, il y a quelque chose de cassé. Un véritable glissement de terrain électoral s'était produit, qui présageait le premier tour de la présidentielle de 2002 et qui n'a été pas suffisamment perçu. L'électorat populaire nous a brutalement quittés. Nous avons eu collectivement tort de ne pas en avoir pris la mesure et de n'avoir pas réagi en conséquence. Les brillantes victoires de Bertrand Delanoë à Paris et de Gérard Collomb à Lyon n'ont fait que masquer cette réalité. Les municipales avaient été pour la gauche plus qu'une défaite, un avertissement ! Le Premier ministre le savait, au fond, mais ne voulait pas se l'avouer et ne mesurait pas tout à fait les mécanismes électoraux et sociologiques à l'œuvre, lourds de danger pour lui et pour la gauche.

Le parcours politique et gouvernemental de Lionel Jospin ne l'avait pas ossifié, ni fossilisé. Il n'était pas devenu blasé ou cynique. Mais le monde ouvrier, qui avait une grande importance à ses yeux, était pour lui davantage un mythe qu'une réalité quotidienne. Quand Pierre Mauroy lui dit pendant la campagne de 2002 : « On ne parle pas assez des ouvriers. Tu sais, Lionel, ouvrier, ce n'est pas un gros mot », il touche un point de faiblesse : nous ne nous adressions plus, ou pas assez, à ce monde ouvrier, à l'électorat populaire. Et quand celui-ci a brutalement décroché, « il est arrivé quelque chose ». C'est le titre d'un livre de ma mère sur l'évènement psychique, et aussi celui de la grosse note que nous avons rédigée pour Lionel Jospin avec Gilles Finchelstein, qui était à l'époque à mon cabinet aux Affaires européennes. Nous y analysions l'évolution du vote ouvrier, pourquoi il s'était éloigné de nous au profit du Front national, et pourquoi cela pouvait préfigurer une montée très importante de l'extrême droite. Nous n'avons pas eu de retour. La défaite de 2001 est largement restée un impensé, un inavoué. Claude Bartolone avait osé l'évoquer dans un séminaire gouvernemental au lendemain des municipales, et s'était fait vertement remettre à sa place, au nom des victoires, historiques mais trompeuses, à Paris et à Lyon. L'électorat « bobo » des métropoles avait choisi la gauche. Celui des campagnes et des villes moyennes s'en était sévèrement détourné. L'électorat populaire, en particulier ouvrier, s'était éloigné de nous, et il n'est jamais complètement revenu vers la gauche, malgré l'éclaircie de 2012. Je l'avais vécu personnellement dans le pays de Montbéliard, et j'en ai tiré des leçons, qui m'ont permis de diriger ce territoire en 2008 et d'y porter un espoir que je n'ai pas eu le temps de concrétiser – avec le recul je suis conscient d'avoir avant tout différé une évolution à l'œuvre depuis longtemps, celle de la « lepénisation » des couches populaires, qui s'est achevée par l'élection en 2022 d'une députée RN dans mon ancienne circonscription.

Dans l'échec de 2002, il y a l'usure du pouvoir, la fatigue et aussi des déterminants plus personnels. On connaît la thèse de Jean-Christophe Cambadélis, qui définissait Lionel Jospin comme l'« homme qui ne voulait pas être président ». Il est vrai qu'il était sans doute le plus parlementariste de nos leaders politiques, séduit par l'approche protestante des pays scandinaves, et que son expérience heureuse à Matignon l'avait conforté dans sa lecture des institutions. Je ne vais pas pour ma part jusque-là : il avait très envie d'être président, mais l'*habitus* monarchique ne lui est jamais venu. J'ai une autre thèse, complémentaire. Pour moi, la révélation de son trotskisme prolongé, notamment par un livre cruel et enlevé de Claude Askolovitch, *Lionel*, a touché quelque chose d'intime en lui, en tout cas a créé une contradiction dont il n'est pas sorti. La découverte brutale qu'il avait un temps été double lui a été insupportable. Je pense qu'il avait totalement mis de côté ce passé lointain, qui n'avait plus rien à voir avec ce qu'il était devenu : un homme est ce qu'il fait, avant tout. Mais son slogan de 1995 « Avec Lionel Jospin, c'est clair » paraît tout à coup sévèrement décalé. Alors qu'en 1995 il avait surpris et mobilisé au-delà de toutes les espérances, qu'il avait imposé un personnage nouveau, il passe complètement à côté de la campagne de 2002, qui lui semblait promise.

En réalité, il est d'emblée très sombre, pessimiste et lucide sur la vérité de l'opinion publique. Le 1er novembre 2001, il m'invite à La Lanterne, alors la résidence du Premier ministre avant que Nicolas Sarkozy ne la confisque au profit du président de la République, et me dit : « La campagne arrive, j'aimerais que tu y joues un rôle important. Je ne souhaite pas que tu sois directeur de campagne mais que tu restes ministre, je vais le proposer à Jean Glavany, qui a été chef de cabinet de Mitterrand, et lui demander de s'occuper de la logistique, de l'organisation. Toi, tu seras l'homme du projet, des idées. » Je lui réponds : « Cela ne marchera pas, parce que Jean Glavany ne m'aime pas » – il me détestait même, il avait été avec Paul Quilès un des deux membres du Bureau national à demander mon exclusion parce que j'avais souligné le rôle de François Mitterrand dans l'affaire Bousquet ! – « et par ailleurs tu voudrais le réduire à un rôle dont il ne pourra se contenter, il voudra légitimement s'occuper de tout. Cela ne fonctionnera pas. » Et cela n'a pas fonctionné ! Lionel Jospin savait pourtant faire campagne. Il avait été tête de liste aux européennes en 1984, il avait été premier secrétaire pendant neuf ans, il avait été un candidat brillant à la présidentielle de 1995, il avait emporté de haute lutte les législatives de 1997. Pour être un bon candidat, il y a deux ingrédients, qu'il connaissait parfaitement. Il faut une équipe de campagne, très fiable, très soudée, très unie. Et surtout, le candidat doit être l'auteur de la campagne. Quand il ne l'est pas, il ne se passe rien. Là, c'était l'exact inverse. Il y avait une armée mexicaine, une équipe divisée avec un esprit peu convivial. Et le candidat, étrangement, godillait. Il n'avait pas le moral, il se laissait promener dans une campagne routinière, sans créativité, sans joie, sans improvisation, sans changements de rythme, sans discours forts. Il ne communiquait rien. C'était à la fois clos et triste, avec des moments de lucidité et de mauvaise humeur justifiée, où il se plaignait du peu de temps qui lui était laissé pour réfléchir, souffler, reconstituer ses forces, de l'excès des interventions thématiques, de la faiblesse de la mobilisation. Le sol se dérobait sous nos pas, nous le sentions, et pourtant rien ne changeait, aucune correction de trajectoire n'intervenait.

Le Premier ministre avait accepté que sa campagne soit thématisée, saucissonnée. Son programme, que j'avais préparé avec mes équipes, était solide, mais il évoquait « cinq France » là où il aurait fallu en dessiner une seule et développait de nombreuses propositions, tactiquement élaborées, alors que nous aurions dû en mettre en avant un petit nombre et imposer des idées fortes, ce que nous avions fait en 1997, où l'on retenait d'emblée les 35 heures, les emplois-jeunes, l'entrée dans l'euro, la CMU, le PACS, quelques marqueurs évidents et puissants. Sur la sécurité, nous avions adopté une approche équilibrée, inspirée de Tony Blair : « Être dur avec le crime et dur avec les causes du crime. » Dans un climat tendu, chauffé à blanc par une campagne très virulente sur le sujet, de la part du candidat du FN mais aussi du président sortant, elle ne fut pas comprise. Lionel Jospin avait beaucoup travaillé à son programme mais il n'avait pas une vision aussi claire de ce qu'il souhaitait faire qu'en 1995 ou 1997. La campagne fut de bout en bout pénible, avec certes un bilan, que nous vantions. Mais la situation économique s'était dégradée, le chômage remontait, les 35 heures n'étaient pas appréciées par les ouvriers qui y voyaient plus d'heures supplémentaires imposées, et détestées à l'hôpital. À Sochaux, on ne prend pas beaucoup de RTT et on ne part pas souvent à Marseille pour le week-end ! Cette France-là s'est sentie laissée de côté et n'était pas si attachée à notre bilan. Et arrivent les derniers jours, où nous versons carrément dans l'enfermement et le déni. Certes, Gérard Le Gall, le responsable des sondages, nous avait dit, non pas que les courbes se croisaient, mais que nous entrions dans la marge d'erreur. Tout le monde l'a entendu, mais personne ne l'a cru, un peu comme l'enfant qui criait au loup. En vérité, aucun sondage n'a jamais mis Le Pen devant Jospin, mais à un moment donné, ils s'étaient resserrés à 16 % - 13 %.

La grande question de l'appel au vote utile se pose quand Lionel Jospin fait sa dernière émission sur TF1 à trois jours du premier tour. Elle se posait et s'imposait d'autant que la « gauche plurielle » était devenue la gauche divisée, et qu'une myriade de « petits candidats », dont les partis avaient soutenu Lionel Jospin en 1995 et en 1997, s'étaient présentés : Jean-Pierre Chevènement, Christiane Taubira, au premier chef. Christiane Taubira, oratrice de grand talent, au verbe poétique, imprévisible et farouchement individualiste, n'était pas des nôtres, elle représentait un petit parti, le PRG, elle n'était pas ministre. Sa candidature fut nocive, mais pas décisive. Jean-Pierre Chevènement est un cas plus compliqué.

Je l'avoue, je ne fais pas partie de la cohorte des admirateurs de Jean-Pierre Chevènement. Je connais la séduction de l'homme, je ne nie pas sa constance, son exigence intellectuelle et son brio, qui ont séduit bien des générations d'hommes et de femmes venus de la gauche... et de la droite. Je respecte son action ministérielle. Il a, incontestablement, été un excellent ministre de la Recherche, un bon ministre de l'Éducation nationale, et il avait bien tenu le ministère de la Défense jusqu'à sa démission au moment de la première guerre du Golfe. À l'Intérieur, il avait imposé un personnage d'autorité, tout en donnant naissance à la police de proximité, en faisant adopter une loi équilibrée sur l'entrée et le séjour des étrangers et fait avancer, quoique de manière timide et réticente, l'intercommunalité. À Belfort, il fut pendant quarante ans un grand élu et un chef politique respecté.

Mais il fut aussi un nationaliste acharné, un souverainiste obstiné, un anti-européen sans concession, un soutien fiable de la Russie de Vladimir Poutine et des régimes arabes autoritaires, au nom d'un anti-américanisme résolu. Et toujours, dans la politique nationale comme sur le terrain local, il était un manœuvrier redoutable, attaché à ses intérêts propres et à ceux de ses amis du CERES, devenu Mouvement des citoyens après son départ du gouvernement en 1991, et un homme convaincu d'avoir toujours raison, peu enclin au compromis et guère respectueux des autres. C'était et cela demeure pour moi une limite rédhibitoire. Je n'oublie pas sa responsabilité dans le terrible résultat du 21 avril 2002. Si elle n'est certes pas unique, elle est écrasante.

Fallait-il rompre avec Jean-Pierre Chevènement sur la Corse ? Je suis très attaché à la Corse, et je crois au dialogue avec les forces politiques de l'île. Mais à l'époque, dans la suite du dramatique assassinat du préfet Érignac, qui nous avait tous bouleversés, un peu plus de fermeté, sans l'hubris du préfet Bonnet, ne nuisait pas. Pour Jean-Pierre Chevènement, je suis certain qu'il s'agissait d'un prétexte pour lancer une candidature qu'il souhaitait ardemment, persuadé qu'il était de sa supériorité intellectuelle et politique. Il ne fallait pas pour autant la lui offrir.

Dans cette configuration de baisse des intentions de vote, avec une très grande dispersion à gauche, le Front national sur nos talons, la question du vote utile devient incontournable. Et pourtant Lionel Jospin refuse cet appel. Il reste dans la logique protestante : « Je vous mets devant votre responsabilité, sachez que ça peut arriver, mais faites votre choix librement. » Il refuse de culpabiliser les électeurs, il ne souligne pas le danger des votes de colère ou d'impulsion, il ne montre pas clairement l'enjeu du vote en sa faveur et le risque de son élimination, auquel il ne veut pas croire. Ce sont les contradictions d'un homme, son extrême fierté et son éthique intransigeante, qui met l'individu face à ses choix sans chercher à les lui dicter.

La veille du scrutin, nous nous retrouvons à Matignon, le samedi matin, Lionel Jospin, Olivier Schrameck et moi, pour rédiger les déclarations du soir du premier tour, dans un climat absolument sinistre, lugubre. Et nous rédigeons deux versions – pas trois, deux. Dans la première, Jacques

Chirac est en tête, notre score est bas et il y a un écart net, à 22 %-16 % par exemple, l'élection est difficile. Dès lors, elle se concluait par un appel au sursaut. Dans une deuxième version, l'écart était plus faible, 18 % contre 20 %, et le message était : « La victoire est encore possible, ressaisissez-vous, unissez-vous. » Évidemment il y a la troisième version, que nous ne rédigeons pas, qui reste impensée, et qui pourtant flotte dans l'air : « Et si nous n'y étions pas ? » Nous n'avons pas voulu y croire, c'était trop énorme pour se produire, nous espérions un ressaisissement final de notre électorat, qui au contraire fut ébranlé par l'agression à trois jours du premier tour d'un retraité, copieusement exploité par nos adversaires. Notre campagne s'était mise en danger, à tel point que la qualification de Jean-Marie Le Pen, qui a fait son nombre de voix habituel, n'était plus impossible. Mais pour Lionel Jospin au fond, je pense qu'il y a eu beaucoup de malaise dans cette campagne. Dès la Toussaint 2001, le discours qu'il me tient est déjà pessimiste, sans doute à l'excès : « C'est très difficile, la France est à droite, elle ne veut pas de nous, Chirac est toujours là, les municipales n'ont été une victoire qu'en trompe-l'œil, la partie sera compliquée. »

Voilà comment arrive le moment où, le dimanche 21 avril 2002 vers 19 heures, Lionel Jospin monte l'escalier pour rejoindre son équipe à L'Atelier de campagne. Dans la pièce où l'attendent les « poids lourds » socialistes, nous savons tous ce qui est en train de se passer : son élimination au premier tour au profit du candidat de l'extrême droite, raciste et antisémite, Jean-Marie Le Pen. Lui ne le sait pas, personne ne le lui a dit. Il s'assied. J'avais pour ma part une manie, celle d'appeler chaque soir d'élection mes amis dans le pays de Montbéliard, après le dépouillement des premières centaines de bulletin, qui donne souvent la tendance. Je joins mon suppléant, Joseph Tyrode, un homme formidable, technicien chez Peugeot Motocycles, aujourd'hui décédé, beaucoup trop tôt. Il m'avait adopté quand je suis arrivé en 1992. Personne ne voulait faire équipe avec moi, lui avait dit : « Il me plaît, je pars avec lui. » Il était maire de Mandeure, une commune ouvrière de la circonscription. Il m'a suivi, et il fut mon suppléant de 1997 à 2002. Il était drôle, madré, un renard qui connaissait le terrain. Anticommuniste mais très populaire, il était toujours élu à 70 %, dans cette commune qui ensuite est passée très à droite. Il me donne les premiers résultats de sa commune d'une voix blanche – je m'en souviens comme si c'était hier : « Mandeure : Le Pen 25, Jospin 16, Chirac 15. » J'appelle d'autres amis, le maire d'Audincourt Martial Bourquin, qui sera mon suppléant en 2007 puis deviendra sénateur en 2008, ancien militant de la CGT à Sochaux, venu du Parti communiste, celui de Grand-Charmont, Denis Sommer, également ancien secrétaire de la CGT à Sochaux, qui fut de 2017 à 2022 député LREM : même tendance. Le cœur bat plus vite. On se dit : « Ce n'est pas un mouvement, c'est une déferlante, un raz de marée. » Au final, Jean-Marie Le Pen fera 29 % dans ma circonscription, Lionel Jospin 15 %, Jacques Chirac 13 %, là où je faisais environ 35 % des voix – je les retrouverai d'ailleurs quelques semaines plus tard aux législatives. Je vois que dans l'électorat particulier qui est le mien, l'électorat populaire et ouvrier, il se passe quelque chose d'énorme. On connaît la suite, le ciel qui tombe sur la tête du Premier ministre, son retrait à la fois digne et brutal de la vie politique, sans retour de sa part, la gauche orpheline qui vote pour Jacques Chirac, puis perd les élections législatives et s'engage dans un « combat des chefs » stérile.

Surviennent les élections régionales de 2004, où les

socialistes l'emportent partout, et où émerge une « nouvelle star », Ségolène Royal. Beaucoup n'y croient pas, certains s'en gaussent, tous sous-estiment la volonté et le charisme particulier de la « dame en blanc », qui devient vite une présidentiable incontournable à défaut d'être crédible. Je n'ai jamais été à l'aise avec le personnage de Ségolène Royal. Contrairement à d'autres, je ne l'ai jamais sous-estimée ou méprisée. Nous nous connaissions depuis les années 80, nous avions été collègues dans le gouvernement de Lionel Jospin, je savais son habileté, sa capacité unique à s'emparer des sujets du quotidien et ses qualités de communication. Elle incarnait une autre façon de faire de la politique, plus simple, plus concrète, plus accessible, qui pouvait en faire une outsider redoutable, dans un moment où beaucoup éprouvaient une lassitude du combat des « éléphants socialistes » qui avaient gouverné le pays et pensaient que le temps était venu de voir une femme jouer le premier rôle. Je la savais aussi intelligente, intuitive et, quand elle le voulait, d'une drôlerie irrésistible. Mais ses positions frôlaient parfois dangereusement la démagogie, son absence d'intérêt profond pour les questions internationales comme pour les sujets économiques et sociaux me semblait un terrible handicap, et son absence de scrupules, son égotisme absolu, qui n'a fait que s'aggraver depuis 2007, me déroutaient et me choquaient. Nous n'avions pas du tout la même culture politique, et sans jamais nous heurter, nous ne nous sommes pas non plus vraiment rencontrés. En 2006, Lionel Jospin, face à ce qu'il considère comme une « impasse », voire une usurpation de son ancienne ministre déléguée, qu'il estimait peu, décide de revenir et songe à se lancer dans la bataille de la primaire. Il y renonce, et je suis pour ma part engagé avec Dominique Strauss-Kahn.

Ma relation avec Lionel Jospin était affective, parfois houleuse. Nos échanges étaient à l'occasion vifs. Ainsi, je garde le souvenir du jour où j'ai dit publiquement que Chirac était sympathique. Le jour du 69e anniversaire de Jacques Chirac en novembre 2001, je suis sur une chaîne d'info. L'émission dure 14 minutes. Pendant 13 minutes 30, en bon élève, je déroule, et à la fin, le journaliste m'interroge : « C'est l'anniversaire de Jacques Chirac : Qu'avez-vous à lui dire ? Est-ce qu'il est sympathique, Jacques Chirac ? » Et là je réponds en bonne langue de bois : « C'est un adversaire politique impitoyable, nous le combattons, mais je ne peux pas dire que comme homme il soit antipathique, il est sympathique, je lui souhaite un bon anniversaire. » Je suis ainsi fait que je ne déteste pas l'adversaire politique parce qu'il m'est opposé. Et je ne détestais pas Jacques Chirac. Je le voyais très souvent, au Conseil des ministres, au cours de réunions ou Conseils européens, dans de nombreux déplacements, j'avais avec lui une relation cordiale et courtoise : pourquoi l'aurais-je insulté le jour de son anniversaire ? Je souhaitais sa défaite, pas son malheur ! Le lendemain, *Le Monde* titre en première page sur le « cadeau de Pierre Moscovici à Jacques Chirac ». Il brode sur la sympathie que je lui porte et les qualités humaines que je lui reconnais, alors que se profile une présidentielle à couteaux tirés. Le jour des questions d'actualité à l'Assemblée nationale, je suis assis derrière le Premier ministre, Lionel Jospin prend *Le Monde*, il se retourne vers Hubert Védrine, assis à ses côtés, et lui demande, furieux : « Il est où, Mosco ? — Juste derrière toi. » Il se retourne vers moi – aujourd'hui cela aurait fait un buzz considérable avec les micros, les réseaux sociaux, à l'image de Manuel Valls engueulant Emmanuel Macron, et me dit de façon assez véhémente : « C'est inadmissible ! Il n'est pas sympathique !

C'est un adversaire politique, tu ne peux pas dire qu'il est sympathique ! » Je rentre à mon bureau au Quai d'Orsay. Je prends un bristol et lui écris en substance : « Lionel, tu n'avais pas le droit de me parler comme cela. Je suis ton ministre, mais j'ai ma propre sensibilité. Et j'ai exprimé un sentiment que l'on a le droit d'avoir quand on souhaite à quelqu'un son anniversaire. Il est président de la République, je ferai tout pour qu'il ne le soit plus, mais je ne le trouve pas personnellement antipathique, et d'ailleurs toi-même tu ne l'as pas toujours considéré ainsi. »

Il me répond, par courrier : « Je suis désolé, je n'aurais pas dû m'emporter ainsi. » Sa colère était retombée, il avait la lucidité et l'élégance de le regretter, lui qui m'avait dit, en marge d'un Conseil européen à Berlin, lors d'une promenade au zoo – mais oui ! – à l'issue d'un déjeuner pantagruélique et joyeux avec Jacques Chirac : « Difficile, tout de même, de le trouver antipathique, ce Chirac. » Mais l'affrontement politique avait tout emporté. Et cela s'est fini par le fameux « vieilli, usé, fatigué », qui en effet ne ressemblait pas à Lionel Jospin, et qui a achevé d'abîmer sa campagne.

Lionel Jospin restera à jamais pour moi un ami, une référence, l'homme qui m'a donné ma chance et permis de connaître une magnifique expérience politique, celle d'un gouvernement de gauche qui marche et qui réussit. Je regretterai toujours le 21 avril 2002, pour la France et pour la démocratie, pour Lionel Jospin lui-même, dont je suis persuadé qu'il aurait fait un bon président, engagé et pragmatique, attaché à une pratique du pouvoir moins hypertrophiée que celle des successeurs de Jacques Chirac. L'histoire en a décidé autrement. En avril 2022, Lionel Jospin m'a remis à la Cour des comptes les insignes d'officier de la Légion d'honneur. Trente ans après qu'il eut fait de même pour mon père, j'ai été heureux de recevoir de ses mains cette décoration, que m'avait attribuée le président de la République Emmanuel Macron. Je tiens ici à témoigner ma reconnaissance à cet homme, dont la belle figure politique honore la République et la gauche.

Le grand élargissement

Au lendemain de la défaite de 2002, je connais à la fois une grande tristesse et une grande interrogation. Lionel Jospin, défait, s'était retiré de la vie politique. Lors des législatives qui suivirent, j'avais perdu mon siège de député de quelques voix, pour avoir soutenu avec tant d'ardeur, presque avec naïveté, Jacques Chirac contre Jean-Marie Le Pen, ce que certains de mes électeurs ouvriers, ceux qui votaient au premier tour pour le Front national avant de me rejoindre au second, ne m'avaient pas pardonné. J'étais toujours conseiller régional de Franche-Comté et conseiller municipal de Montbéliard, mais je me demandais si cela valait la peine de poursuivre la politique, alors qu'à quarante-cinq ans, j'étais déjà ancien ministre et que s'ouvrait pour la gauche dévastée une longue marche – elle dura en effet dix ans. J'hésitai à prendre la robe d'avocat, une profession qui m'attirait. J'ai d'ailleurs prêté serment, même si je n'ai jamais exercé. Mais je suis vite remonté sur mon cheval et ai choisi d'accompagner Dominique Strauss-Kahn. À la réflexion, il m'apparaissait que je n'avais pas donné à mon pays tout ce que je pouvais lui apporter, et le virus politique ne m'avait pas quitté. François Hollande, soucieux de renforcer ses équipes, me propose de revenir au secrétariat national du Parti socialiste, pour prendre en charge les questions internationales et l'Europe. Je lui en sais gré. Certes, il y trouvait son compte, en attirant rue de Solférino un jeune ancien ministre proche de Lionel Jospin, dont l'ombre tutélaire n'avait pas disparu, et de Dominique Strauss-Kahn, un des « éléphants » qu'il cherchait à neutraliser. Mais le geste était élégant et amical, je ne l'ai pas oublié. En parallèle, je rentre à la Cour des comptes, où je deviens conseiller maître.

Les élections européennes de 2004 approchent, et se présentent bien pour les socialistes, face à un pouvoir incapable de répondre aux attentes des 82 % d'électeurs, dont 40 % issus de la gauche, qui avaient réélu Jacques Chirac en 2002. Au lieu d'élargir, d'ouvrir, de rassembler, le président, étrangement, avait choisi de se replier sur une base partisane étroite, alors qu'il avait obtenu moins de 20 % des voix au premier tour. Il gouvernait avec un mélange peu convaincant de conservatisme et d'immobilisme que son ministre de l'Intérieur, Nicolas Sarkozy, commençait déjà à sévèrement critiquer. Le quinquennat n'avait pas trouvé son sens. Je prends la tête de la liste socialiste pour les européennes dans la Région Grand-Est, qui réalise le score incroyable de 28 %, dont 42 % dans mon ancienne circonscription législative.

Ce nouveau mandat fut très différent du premier et tout à fait passionnant. Le Parlement avait changé, il était devenu une véritable assemblée législative, qui avait acquis petit à petit le droit de légiférer. Il exerçait une pression crédible sur la Commission européenne, et avait d'ailleurs refusé l'investiture de la deuxième commission Barroso, quand l'Italie a proposé la nomination d'un commissaire réputé homophobe. J'étais par ailleurs un des douze vice-présidents du

Parlement européen, aux côtés notamment d'António Costa, aujourd'hui le talentueux Premier ministre du Portugal. Pendant cette période, ce sont les affaires internationales et européennes qui me mobilisent. Je suis membre de la commission des affaires étrangères du Parlement européen, et je choisis de préparer l'adhésion de la Roumanie, un dossier important et pour moi chargé de symboles.

Ce fut un sujet de confrontation avec mon père – ils ont été rares dans ma vie. Pendant les années où j'avais été ministre des Affaires européennes, j'avais passé beaucoup de temps à préparer l'élargissement de l'Union aux pays d'Europe centrale et orientale. Je m'étais rendu dans chacune de leurs capitales au moins une fois par an, j'y avais donc fait plus de soixante voyages en cinq ans, la plupart du temps avec ma conseillère d'alors, Anne-Marie Descôtes, une remarquable diplomate, devenue une amie. J'avais beaucoup travaillé sur ces questions, et sur la vision d'une Europe politique, en lien avec le Parlement européen, et en particulier avec le président de sa commission aux affaires constitutionnelles, qui deviendra plus tard président de la République italienne, Giorgio Napolitano. J'avais noué avec cet homme fin, courageux, bon, une relation amicale et même affectueuse. Il a joué plus tard un rôle unique pendant son mandat face à la crise politique italienne, née elle-même de la crise économique et financière. Il fut une personnalité exceptionnelle, un des derniers témoins de la traversée dramatique du XXe siècle, un passeur de la gauche démocratique vers l'Europe. La politique, hélas, ne produit plus guère de responsables de cette trempe. La grande Europe était devenue pour moi une cause. Je pensais que pour être forte et puissante, l'Europe devait être large, et surtout qu'il fallait effacer les traces du mur de Berlin et les séquelles du totalitarisme. L'Europe que j'imaginais devait compter une trentaine de membres, et ses frontières découler de ses choix politiques.

Cela m'a d'ailleurs fait prendre un temps des positions favorables à l'adhésion de la Turquie. Je ne croyais pas – et je ne crois toujours pas – à l'« Europe chrétienne ». Ma position a été maintes fois caricaturée, dans un débat politique qui, sur ces questions, est souvent malsain. Je sais bien sûr que l'Europe est majoritairement chrétienne, qu'elle est influencée par la culture chrétienne. Mais je pensais qu'il ne fallait pas l'inscrire dans la Constitution européenne. Je me suis opposé sur ce point à Valéry Giscard d'Estaing, qui présidait la convention chargée de la préparer, où je représentais les autorités françaises. À la fin des années 90, je pensais, comme Jacques Chirac ou Gerhard Schröder, qu'il fallait faire ce pari d'intégrer ce pays musulman pour l'arrimer à nos valeurs. Ne jugeons pas cette période à la lumière de la situation d'aujourd'hui – je me méfie de l'uchronie en politique. La Turquie d'alors n'était pas dirigée par Recep Tayyip Erdoğan, à la tête d'un parti musulman que personne ne peut plus considérer comme modéré, mais par Bülent Ecevit ou Ismail Gem, socio-démocrates laïcs, kémalistes, qui faisaient vivre une Constitution calquée sur celle de la IIIe République. Après le départ d'Erdoğan, car le jour viendra où les démocrates laïcs retrouveront la tête de ce grand pays, le dialogue avec l'Europe reprendra sur d'autres bases que la vindicte ou la confrontation. Le jour venu, il faudra une forme d'association ou de partenariat renforcé, pas d'adhésion. Ce rêve est passé. Pour autant, l'idée de rompre les négociations est à mes yeux dangereuse. Chacun le sait, elles n'ont plus pour objet de faire adhérer la Turquie : ce projet n'est plus d'actualité. Elles servent aujourd'hui à maintenir le lien politique et culturel, à améliorer notre Union douanière.

Avec le recul, je dois constater que nous avons en partie échoué dans cet élargissement. C'est selon moi l'une des causes de la montée du Front national, comme du refus du Traité constitutionnel européen en 2005. Parce qu'un travail essentiel n'a pas été fait, le travail d'acculturation. Nous avons manqué d'empathie. Nous n'avons pas compris que les raisons pour faire la Grande Europe étaient différentes à l'est et à l'ouest de l'Europe. À l'ouest, nous voulions peu ou prou dépasser le fait national, même si nous y sommes toujours attachés, en tout cas l'ancrer dans une réalité plus vaste. La construction européenne est une forme de dépassement du fait national, par la création d'une communauté qui n'est pas un État fédéral mais une fédération d'États-nations, pour parler comme Jacques Delors. Les pays candidats, eux, voulaient au contraire retrouver leur identité nationale, dont ils avaient été privés par le joug soviétique. Ils n'avaient pas du tout envie d'adhérer à une nouvelle entité supranationale, avec de très fortes contraintes. Ils voulaient, après en avoir été pendant quarante ans privés, retrouver leur souveraineté en tant que nations, tout en appartenant à un ensemble qui était pour eux essentiellement marchand, et également indissociable de la protection militaire offerte par l'OTAN.

Nous n'avons pas assez dialogué avec les élites de ces nations, qui étaient pourtant très différentes de celles d'aujourd'hui, et s'étaient construites dans la dissidence ou dans l'opposition au communisme. J'ai alors rencontré des personnages formidables, comme Bronisław Geremek, grand historien francophone devenu ministre des Affaires étrangères polonais, qui malgré la différence d'âge entre nous était devenu pour moi un ami. J'ai invité ce grand intellectuel, avec qui j'avais de passionnantes conversations historiques ou philosophiques, en français, à l'occasion d'une rencontre de ce qu'on appelait alors la « Conférence européenne », qui réunissait les 15 pays membres d'alors et tous les candidats, organisée dans ma circonscription à Sochaux. Je me souviens aussi de mes échanges réguliers avec Adam Michnik, fondateur de la *Gazeta* polonaise. Partout, des socio-démocrates étaient au pouvoir ou représentaient une opposition pro-européenne à des gouvernements libéraux.

Mais le travail culturel, intellectuel, politique indispensable n'a pas été fait. À l'Ouest, beaucoup pensaient avoir consenti des efforts importants pour les PECO, qui ne nous le rendaient pas, et ne pensaient pas comme nous : c'est le sens de la remarque terrible, et surtout terriblement fausse de Jacques Chirac au moment de la guerre en Irak sur ces pays que nous avons « invités à la table et qui auraient dû se tenir sagement » plutôt que d'approuver bruyamment la guerre de George W. Bush contre la résistance française. À l'Est, les futurs nouveaux membres avaient l'impression qu'on faisait d'eux des citoyens de seconde zone, qu'on leur imposait des disciplines sans leur laisser les droits et libertés auxquels ils aspiraient. Et cette double déception, née d'un double malentendu, explique en partie aujourd'hui, sans l'excuser, ce qui se passe en Hongrie ou en Pologne, le refus de l'État de droit européen, qui n'est parfois pas vécu comme le leur, mais comme une réalité imposée de l'extérieur, par un nouvel empire.

En 2004, j'étais vice-président du Parlement européen et rapporteur sur l'adhésion de la Roumanie. C'était un dossier magnifique, l'un des rares où le Parlement avait un vrai pouvoir, en quelque sorte le droit de vie et de mort sur l'adhésion du pays. Il fallait en effet un vote conforme de sa part sur le traité d'adhésion, à défaut de quoi celle-ci ne pouvait avoir lieu. Au départ, c'était loin d'être acquis, parce qu'il y avait le sentiment assez répandu que la Bulgarie et la Roumanie étaient des pays corrompus, avec en particulier un État de droit et un système judiciaire de qualité médiocre, idée malheureusement pas totalement fausse. Je me suis rendu plusieurs fois en Roumanie. Je suis reçu là-bas à la fois comme l'enfant du pays, et une sorte de « proconsul » dont dépendait son avenir.

La Roumanie de l'époque était un pays où on pouvait parler français du matin au soir avec les politiques ou les intellectuels, tous de parfaits francophones, comme les présidents Constantinescu et Iliescu. Seul le président Băsescu, qui arborait dans son bureau un drapeau de la Roumanie et de l'OTAN et ignorait celui de l'Union européenne, refusait de parler français. En 2004, le Premier ministre de l'époque, Călin Popescu-Tăriceanu, qui était jusqu'à il y a peu de temps président du Sénat, me reçoit à déjeuner, me remet les insignes de commandeur de l'Étoile de Roumanie, la Légion d'honneur du pays, et me parle de mon père : « Vous savez, votre père est vu ici comme un grand homme, un grand Roumain, d'ailleurs voici une revue avec un article de huit pages sur lui. Je voudrais qu'il vienne en Roumanie une quinzaine de jours, nous lui remettrions un doctorat honoris causa, nous lui ferions visiter la ville où il est né, Brăila [où je ne suis jamais allé], et puis évidemment je lui donnerai les mêmes insignes que je vous remets aujourd'hui. Ce serait tellement formidable ! » Mon père avait alors près de quatre-vingts ans, nous avions des relations très douces, très tendres, très pudiques. Rentré à Paris, je lui amène la revue et le message, et sa réponse me cingle : « Cette revue, je ne veux même pas la lire, il n'est pas question que j'y touche, je ne suis pas retourné en Roumanie depuis 1946, et je n'y retournerai jamais. Jamais ! Et tu as tort de vouloir les faire adhérer à l'Union européenne, ils sont par essence corrompus et antisémites. » J'ai tenté de lui expliquer mon pari, mon optimisme, mon espoir en tout cas que les choses s'amélioreraient par le vivre-ensemble au sein d'une même Union.

Nous sommes en 2023, dix-neuf ans après cette conversation : qui de nous deux avait raison ? Je suis retourné il y a quelques mois en Roumanie où j'ai à nouveau été formidablement reçu. Beaucoup de choses ont changé à Bucarest. La ville s'est transformée, modernisée, elle a embelli, même si hélas la place de la France, certes toujours écoutée et importante, et celle du français ont beaucoup reculé. La Roumanie n'est pas parmi les pays qui violent l'État de droit. L'instabilité politique y demeure toutefois forte, la corruption n'est pas éradiquée, l'esprit européen progresse mais reste inégalement partagé. Le parti post-communiste continue à dominer la vie publique, il semble enfin changer mais doit le confirmer, sans que les libéraux n'aient à définir un vrai modèle alternatif. Tout ceci ne suffirait pas à faire changer d'avis mon père. Pourtant, je persiste et signe. Doucement mais sûrement, une nouvelle histoire s'écrit, en Roumanie aussi, dont l'Europe est le cadre.

La crise ukrainienne nous rappelle d'ailleurs au devoir historique de réunification dont, un peu lassés, nous nous étions détournés. La « fatigue de l'élargissement » et les dérives hongroises et polonaises nous avaient un peu fait négliger le sens même de la construction européenne, ce bloc démocratique contre la guerre et les empires, au profit d'une irritation et d'une déception au demeurant compréhensibles. Mais voici la guerre revenue en Europe, par la volonté de puissance d'un homme, Vladimir Poutine, qui a voulu faire retourner l'histoire en arrière, reconquérir le terrain perdu en Europe de l'Est après l'effondrement de l'Union soviétique et reconstruire un empire disparu. Les Européens ont brutalement retrouvé l'esprit de solidarité qui les liait, et se sont rassemblés, au côté de l'Ukraine martyrisée.

La question de nos frontières est à nouveau posée, comme après 1989, en termes politiques et géopolitiques : jusqu'où doit aller l'Europe, comment peut-elle se défendre et défendre sa vision face à un expansionnisme russe qui ne s'arrêtera pas si nous ne lui résistons pas ? Devons-nous faire adhérer, à terme, la Géorgie, la Moldavie et l'Ukraine, et accélérer l'entrée des pays de l'ex-Yougoslavie, qui sont déjà candidats ? Comment redéfinir notre relation à la Turquie, pays membre de l'OTAN, qui est restée malgré tout fidèle à cette alliance historique ? Beaucoup pensaient ces problèmes résolus, ils se posent à nouveau à nous avec force. Nous devons les traiter sans naïveté ni mesquinerie, en tenant compte de nos erreurs passées. Je reste pour ma part partisan d'une grande Europe, comptant trente membres et plus, dont la zone euro, plus intégrée, sera le cœur, entourée d'un espace à finalité stratégique. L'histoire a fini par valider mes intuitions de l'époque, que j'avais alors défendues un peu seul. Je souhaite que la France en prenne davantage conscience, et occupe enfin à nouveau toute sa place à l'est de l'Europe, où on l'attend toujours.

Mon père était dans le ressentiment contre son pays d'origine, contre son enfance saccagée, et moi, tout en le comprenant, je ne pouvais et ne voulais pas faire mien son regard. Je voulais le dépasser. Au Parlement européen, je fus fier le jour où j'ai obtenu une très large majorité sur mon rapport. La Roumanie a ensuite adhéré à l'Union européenne en 2007. Je n'en ai jamais reparlé avec mon père. La conversation avait eu lieu et le passé est redevenu ce qu'il était entre nous, un long silence, entrecoupé des livres qu'il m'envoyait pour l'éclairer. C'est un pays qui pour lui n'existait plus, qui en tout cas n'était plus en quoi que ce soit le sien, qui est pour moi celui des origines, avec qui j'ai nécessairement un lien un peu particulier, mais forcément compliqué.

Le portrait du joueur

Quelles que soient les péripéties de sa vie et de notre relation, Dominique Strauss-Kahn est assurément quelqu'un qui a beaucoup compté pour moi. Il a été l'une des personnes qui m'ont fortement influencé et aidé dans mon parcours personnel et politique. J'ai déjà raconté comment j'ai rencontré ce jeune maître de conférences encore idéaliste à l'ENA, comment il m'a aidé à progresser dans le groupe des experts du Parti socialiste. À partir du milieu des années 80 jusqu'en 2008, pendant plus de vingt ans donc, nous avons eu des différences, connu des hauts et des bas, des péripéties, mais nous avons fonctionné en tandem. Dominique Strauss-Kahn est un homme d'une aisance, d'une vivacité intellectuelles hors norme dans le milieu politique. Il a énormément de talents, c'est un excellent mathématicien, un brillant joueur d'échecs, un bon pianiste. Il est doué d'une vitesse de réflexion, d'une clarté d'expression et d'une pédagogie remarquables. Beaucoup de fées se sont penchées sur son berceau.

Il y a aussi chez lui des démons, une faille, de l'ordre du chaînon manquant. Quand on demandait à DSK : « Quelle est pour vous la principale qualité d'un politique ? », il aimait à citer François Mitterrand, et répondait : « L'indifférence. » Je ne suis pas certain que François Mitterrand ait été si indifférent dans sa vie personnelle – on se souvient de ses courriers enflammés aux femmes de sa vie, que ce soit la future Catherine Langeais quand il avait vingt ans ou Anne Pingeot plus tard. Il y avait chez lui une forme de naïveté sentimentale à côté d'une très grande puissance de calcul politique. Dominique Strauss-Kahn, lui, ne feint pas l'indifférence : il est effectivement capable de passer d'une identité à l'autre, d'une amitié à l'autre, d'une relation à l'autre, avec une faculté d'oubli et une dureté impressionnantes.

Quelqu'un qui m'aurait rencontré à vingt ans me reconnaîtrait aujourd'hui. Ma personnalité a sans doute évolué, mais elle est restée intacte. Chez DSK, cela n'est pas le cas, ou c'est enfoui en profondeur. J'ai connu plusieurs de ses incarnations au cours de sa vie, j'allais dire de ses vies. J'ai connu un jeune universitaire entré en politique par la voie de gauche, communiste d'abord, puis socialiste, très bon connaisseur de Marx, intellectuel brillant, paradoxal, converti à la social-démocratie, à la gestion, mais avec toujours une flamme, une volonté de transformation économique et sociale. Même s'il n'était pas *à la* gauche du Parti socialiste, il s'est toujours inscrit *dans* la gauche, au Parti socialiste. Dominique Strauss-Kahn n'a jamais été « et de droite et de gauche », il n'a jamais été un centriste, même s'il cherchait à être central. Il s'est assez vite converti à l'économie de marché, à la modernité, sans oublier ses fondamentaux, et en construisant aussi une vie mondaine, des relations avec les milieux d'affaires, dans le show-business et la télévision.

Il y avait chez lui un attachement très spécial à sa famille, à ses parents, ses enfants, à ses racines, notamment au Maroc où il a choisi aujourd'hui de vivre en grande partie. Mais il y avait aussi en lui des fêlures, des blessures, un déracinement, qui le conduisirent à des mues successives et brutales, un peu comme si les vieilles peaux se décollaient, restaient de côté pour voir arriver un nouveau DSK, vêtu de neuf de pied en cap, avec une nouvelle identité, un nouveau visage, une nouvelle image et de nouveaux objectifs. Il est une sorte de palimpseste, il y a aussi quelque chose en lui du portrait de Dorian Gray. Incontestablement, bien que l'histoire se soit terminée comme on sait, Dominique Strauss-Kahn a beaucoup apporté. Il fut le plus brillant personnage de la gauche de gouvernement. Il y a une très grosse différence entre DSK et beaucoup d'hommes politiques de premier plan : il n'a pas fait l'ENA, c'est un universitaire, et c'est une composante très importante de sa personnalité. Même s'il aurait eu évidemment toutes les capacités pour cela, il a eu en quelque sorte la chance de ne pas réussir à entrer dans cette école. Évidemment il était capable de traiter avec les technocrates, de les instruire, de les dominer, de les impressionner, et il l'a fait pendant trente ans, et pour plusieurs générations.

S'il n'était pas un inventeur, il était un formidable assembleur, sachant repérer les idées nouvelles, les mettre en musique, de manière sans doute moins conformiste que peut le faire un technicien ou un énarque, avec des références, des fulgurances d'intellectuel, d'économiste de très bon niveau. Et c'est pour ça qu'il restera, pour un passage qui finalement a été très bref, comme l'un des plus talentueux ministres des Finances de la Ve République, avec Valéry Giscard d'Estaing, qui a incarné jusqu'à la caricature la « rue de Rivoli », pour le meilleur et pour le pire, et dans un autre registre avec Pierre Bérégovoy, qui était au contraire un outsider et a séduit le ministère par sa cohérence, sa rigueur et sa pédagogie. La marque de DSK aura été différente, c'est celle de l'innovation, de la réconciliation de la gauche avec l'entreprise, mais sans trahison des idéaux.

Pour moi, Dominique Strauss-Kahn n'est pas le symbole de la *dream team*. Il est l'élément singulier qui fait de cette équipe, très forte par ailleurs, une équipe de rêve. Pour filer la métaphore, il est son Michael Jordan ! Qu'est-ce qui fait la différence entre la gauche de 1997 à 2002 et celle de 2012 à 2017 ? J'ai été l'un des très rares à être ministre pendant les deux périodes, avec Michel Sapin et Laurent Fabius, qui n'étaient d'ailleurs pas membres du premier gouvernement Jospin en 1997. Si l'on compare, trait pour trait, ou individu par individu, l'équipe de 2012 semble à première vue soutenir la comparaison avec celle de 1997. Oui, évidemment Martine Aubry est une femme d'un tempérament remarquable, Hubert Védrine un diplomate habile, Jean-Pierre Chevènement un républicain emblématique, Jean-Luc Mélenchon a porté la flamme de gauche, Claude Allègre apportait une forme d'inventivité dans l'enseignement supérieur à côté des provocations maladroites dans l'enseignement scolaire, Ségolène Royal brillait déjà par ses « coups médiatiques », Élisabeth Guigou était une « épée » judiciaire, Dominique Voynet une ministre écologiste très politique et engagée, Jean-Claude Gayssot un ministre communiste aussi unitaire qu'habile. Mais somme toute, Arnaud Montebourg avait de l'éloquence et des convictions, Manuel Valls reprenait le flambeau de l'autorité, Vincent Peillon était un universitaire productif, un orateur puissant et un pédagogue convaincu, Marisol Touraine, mon amie d'enfance, fut une ministre très constante et solide pendant cinq ans, Michel Sapin avait l'expérience des vieilles troupes, Jérôme Cahuzac était un virtuose des chiffres budgétaires, Bernard Cazeneuve a révélé un vrai talent politique, Matthias Fekl et Najat Vallaud-Belkacem ont incarné une jeunesse prometteuse et Laurent Fabius était toujours Laurent Fabius. Quant à moi, j'étais encore là, avec quinze ans de plus et une expérience renforcée.

Dominique Strauss-Kahn, par sa personnalité, par son don de pédagogie, par la séduction qu'il exerçait, avait fait la différence. Son parcours a été percuté à plusieurs reprises par des coups invraisemblables. Et à chaque fois, il est revenu, plus fort, plus dur, comme un comte de Monte-Cristo animé d'un puissant désir de revanche et aux traits méconnaissables. Il était revenu au premier plan pendant la campagne présidentielle de 2002, pour figurer parmi les possibles Premiers ministres d'un Lionel Jospin président. Il s'affirme, après l'échec de 2002, comme l'héritier du jospinisme et du rocardisme, de ces deux courants, qu'il veut fusionner après qu'ils ont pendant plus de dix ans cheminé ensemble sans se confondre. Nous avançons vers un réformisme européen, nous créons une association, À gauche en Europe, cofondée par DSK et Michel Rocard, dont je prends la présidence, et il se lance dans l'aventure présidentielle. Et beaucoup de gens y ont cru.

Dominique Strauss-Kahn, c'est le portrait du joueur. Il pense qu'il est le meilleur, il a envie d'être le premier, et être le premier en France, c'est être président de la République. Et pourtant, il n'a jamais acquis la discipline personnelle qui lui aurait permis de le devenir ni fait ce qu'il faut pour surmonter plusieurs obstacles. Il y avait d'abord la question de son judaïsme, que je me suis posée moi-même bien sûr, en pensant à Léon Blum, ou Pierre Mendès France, qui furent tous deux d'aussi glorieux chefs de gouvernement pour la gauche qu'ils furent des figures politiques inachevées. Léon Blum a été en butte à l'antisémitisme – on se souvient de l'interjection de Xavier Vallat, futur commissaire général aux Questions juives de Vichy, le jour de l'investiture du premier gouvernement du Front populaire, en juin 1936 : « Pour la première fois, ce vieux pays gallo-romain sera gouverné par un Juif », ajoutant : « Je pense que pour gouverner cette nation paysanne qu'est la France, il vaut mieux avoir quelqu'un dont les origines, si modestes soient-elles, se perdent dans les entrailles de notre sol qu'un talmudiste subtil. » Il a même été confronté à la violence physique, lorsqu'une manifestation de l'Action française a failli le laisser pour mort le jour des obsèques de Jacques Bainville, le 13 février 1936. Pierre Mendès France a gouverné furtivement – sept mois et sept jours – mais a laissé par son style, son intégrité, sa méthode, une trace durable et profonde. Il n'a toutefois jamais retrouvé le pouvoir au premier rang, et a toujours eu vis-à-vis de l'élection présidentielle une attitude dont on ne sait pas si elle était de refus ou de retrait. Ce qui pouvait se justifier. Mais il y avait aussi une détermination intime : cet homme, qui avait en quelques mois laissé une empreinte forte sous la IVe République, avait refusé de jouer le jeu du pouvoir sous la Ve République, alors qu'il était dans la force de l'âge, en pleine maîtrise de ses moyens.

C'est donc une vraie question, que Dominique Strauss-Kahn se posait, mais qui en réalité n'était pas le principal obstacle devant lui. D'autant qu'il y a eu un contre-exemple, Nicolas Sarkozy, qui a été élu président de la République en se présentant comme un enfant de sang-mêlé, revendiquant, avec beaucoup de force et un certain courage dans ce contexte d'antisémitisme potentiel, la figure et la judéité de son grand-père préféré. Pour DSK, le véritable problème était ailleurs, il apparaîtra au grand jour en mai 2011.

Après le retrait de Lionel Jospin de la vie politique, nous

sommes à ce moment-là un tandem, ou plutôt je suis, avec Jean-Christophe Cambadélis, une des faces du « strauss-kahnisme », son visage le plus gouvernemental, le plus acceptable pour le grand public. Je pensais que j'étais aussi le plus proche de lui. De ce point de vue là, je m'étais illusionné, je l'ai découvert de façon extrêmement brutale et pour moi douloureuse. Nous avons alors fonctionné ensemble quotidiennement, façonné cette image d'un socialisme pro-européen, construit, avec des équipes jeunes qui aspiraient à une rénovation de la social-démocratie, une vraie modernité ancrée dans une histoire de la gauche. Nous nous sommes positionnés en héritiers de deux personnalités qui avaient marqué, Lionel Jospin et Michel Rocard, avec celle de Jacques Delors, dont nous pouvions aussi prétendre porter les couleurs. Nous l'avons fait ensemble, avec l'appui de toute une génération qui est aujourd'hui aux responsabilités sous Emmanuel Macron. Tous ces jeunes gens – les Stanislas Guerini, Matthias Fekl, qui lui a pour le moment quitté la politique et est resté socialiste, Benjamin Griveaux, Ismaël Emelien, Sibeth Ndiaye, Cédric O, Stéphane Séjourné, étaient l'équipe qui était avec nous rue de la Planche, lieu du QG de DSK lors de la primaire socialiste de 2006. Nous avons perdu celle-ci, en sachant que nous ne pouvions pas l'emporter, mais en posant aussi des actes pour la suite : il avait constitué une équipe forte. Et symboliquement, le fait que DSK soit arrivé deuxième *devant* Laurent Fabius, dont la puissance de feu dans le Parti socialiste était autrement plus forte que la nôtre, était très important, parce qu'une fois l'hypothèque Ségolène Royal levée, d'une façon ou d'une autre – et Dominique Strauss-Kahn n'a jamais pensé qu'elle pouvait ou devait gagner l'élection présidentielle en 2007 –, l'avenir serait sans doute de notre côté. La donne change totalement à l'été 2007.

Rupture

Je pensais très amicale ma relation avec Dominique Strauss-Kahn. Nous nous parlions presque tous les jours, nous nous voyions très souvent, j'allais en vacances chez Anne Sinclair et lui à Marrakech. Quand arrive la démission de la direction du Fonds monétaire international, le FMI, de l'ancien ministre des Finances espagnol Rodrigo Rato en juin 2007, emporté par une affaire, Dominique Strauss-Kahn a l'idée d'être candidat à ce poste. L'idée vient initialement de Jean-Claude Juncker, qui a toujours été très investi dans la politique française. Nicolas Sarkozy a alors l'habileté non pas de proposer son nom, mais d'épouser cette ambition. Le nouveau président de la République, qui estime Dominique Strauss-Kahn autant qu'il le redoute, pense qu'il peut se débarrasser d'un rival pour 2012 en l'exilant à Washington. En même temps, il le constitue comme tel, car il n'imaginait pas que Dominique Strauss-Kahn allait transformer le FMI comme il l'a fait. DSK ne manque en général pas de confiance en lui ! Mais c'est une campagne qu'on ne peut pas faire seul, il avait effectivement besoin du soutien de la France et des réseaux diplomatiques français. Le rôle de Nicolas Sarkozy et de notre réseau diplomatique fut fondamental, même si ce n'est toutefois pas une initiative sarkozyste, mais un mouvement de Dominique Strauss-Kahn adoubé par Nicolas Sarkozy et au final une victoire collective.

Depuis Marrakech, j'assiste à cette campagne où DSK, avec son téléphone et son ordinateur, avec surtout les réseaux incroyables accumulés au fil des ans dans le monde entier, tisse sa toile et emporte sans coup férir la nomination au poste de directeur du Fonds monétaire international. Avec un vrai projet, celui de faire de cette institution, alors assimilée à l'austérité, un instrument de développement et de réponse aux crises financières. L'économiste progressiste et attaché au multilatéralisme qu'il est retrouve en fait l'idée initiale des pères fondateurs des institutions de Bretton Woods, à commencer par John Maynard Keynes, qui avait été dévoyée par des décennies de néo-libéralisme friedmanien. Une fois la victoire acquise, nous commençons à discuter de l'avenir de son courant politique. D'emblée il est clair que son départ pour Washington n'est pas une voie sans retour. Il est nommé pour cinq ans, jusqu'en... 2012, et veut déjà d'évidence, en bon joueur d'échecs, préparer le coup suivant. Il me dit son souhait que Jean-Christophe Cambadélis, qui connaît en effet très bien le Parti socialiste, anime le courant, que Jean-Marie Le Guen, parlementaire expérimenté et son ami très proche – un homme aussi remarquablement intelligent que cynique, au rôle méconnu mais important auprès de Dominique Strauss-Kahn puis plus tard de Manuel Valls –, coordonne nos parlementaires à l'Assemblée. Il me demande de créer un think tank, une fondation pour l'avenir, avec Olivier Ferrand. Cette proposition ne me convainc et ne me convient pas. Je la refuse fermement. Nous étions au mois d'août 2007, j'allais avoir cinquante ans, j'étais ancien ministre, je venais d'être réélu député de haute lutte. Je pensais pouvoir donner une autre image, plus forte, à ce courant politique, et porter une ligne authentiquement sociale-démocrate et européenne.

Je le dis sans ironie, j'ai beaucoup appris de Jean-Christophe Cambadélis, de ce qu'il est et de ce qu'il n'est pas. Pour lui, la politique est une fin en soi, une forme d'esthétique abstraite. Il ne s'intéresse guère à la vie concrète des Français, en cinq mandats de député, il a peu participé aux travaux de l'Assemblée nationale, il n'est pas attiré par l'exercice du pouvoir exécutif, local ou national, avec sa pesanteur, ses contradictions, ses frustrations, ses accomplissements, il n'est pas un homme de masse, et ne brille pas outre mesure dans les médias audiovisuels, sinon comme commentateur. Mais il est un analyste infatigable de la politique, de ses grands dossiers internationaux à ses querelles les plus picrocholines, un connaisseur sans égal de la gauche, attaché au détail le plus ténu, un fabricant inlassable de petites « boutiques » politiques qui infiltrent puis tiennent les grandes organisations. Il fut le mentor de plusieurs générations de jeunes activistes, et aussi un conteur, un inventeur, un peu secret et mystérieux comme le sont souvent les vrais trotskistes, ceux qui ont été formés dans l'ombre et la dissimulation, sachant déceler un brin de vérité invisible dans un fait approximatif quitte à l'imaginer ou l'enjoliver. Je n'oublie pas ce que nous avons fait ensemble, même si nos chemins se sont séparés dans des conditions désagréables.

Mais je n'étais pas revenu à l'Assemblée nationale, après avoir été trois ans vice-président du Parlement européen, pour animer comme vingt ans plus tôt des travaux d'expert, fût-ce à travers un think tank – ce qu'Olivier Ferrand réussit à merveille en créant Terra Nova, une aventure qui dure et éclaire encore. Dominique Strauss-Kahn parti à Washington, il me paraissait naturel que j'incarne nos idées en France, et je savais avoir un très large soutien pour le faire. Je réponds donc sans ambages à DSK que je souhaite diriger ce courant, et que, d'une façon ou d'une autre, j'en prendrai la tête. C'est de ma part un acte d'affirmation qu'il n'attend pas, mais dont il voit qu'il est à la fois résolu et rationnel, donc implacable. Il en prend acte, me demande de ne pas humilier Le Guen et Cambadélis – ce n'était ni mon tempérament, ni mon intention – et de laisser une place à chacun.

Il part à Washington, un bref combat pour la direction de notre courant, « Socialisme et démocratie », s'engage et tourne très vite court, puisque 75 % des membres du Conseil national et des parlementaires me soutenaient. Jean-Christophe Cambadélis finit par se rallier à cette solution. Il ne me le pardonne pas, mais il ne m'affronte pas. Il affecte de s'en satisfaire, avec ce que je prends pour de l'élégance et qui est en fait un simple repli tactique. Il dit même vouloir me porter comme premier secrétaire du parti lors du congrès de Reims en 2008, au terme duquel François Hollande doit enfin se retirer. Je tente une échappée, j'affirme mon ambition politique, je suis rallié par Manuel Valls, par Arnaud Montebourg, par la fédération des Bouches-du-Rhône. Tout arrive ! Je veux être premier secrétaire du Parti socialiste, parce que je pense qu'il a besoin de renouveau, que je peux l'incarner et surtout aider les socialistes à trancher, enfin, les ambiguïtés avec lesquelles ils ont vécu pendant tant d'années, et les remettre au travail intellectuel et idéologique. Je rêve, sans doute avec un peu de naïveté, de faire adopter au PS un tournant réformiste assumé, je ne pense pas à être candidat à la présidentielle. Mais pour moi, il est très clair que DSK, en partant à Washington, a créé les conditions pour revenir et être candidat en 2012, d'autant qu'il a pris dans cette fonction une dimension nouvelle, et qu'il apparaît à l'égal d'un chef d'État, ce qui n'était pas le cas de ses prédécesseurs, qui furent pour l'essentiel des hauts fonctionnaires. Je suis à son endroit d'une loyauté absolue.

C'est à ce moment que survient la rupture entre nous. Elle est politique et personnelle. Je ne m'en rends pas compte, mais il la décide froidement, sans pour autant jamais me le dire en face. Je lui avais donné beaucoup pendant ces années-là, mon temps, mon engagement, ma force de travail, mon propre réseau. Tous les jeunes – et les moins jeunes – qui travaillaient avec nous se reconnaissaient en lui, mais j'étais aussi un peu un grand frère pour eux, je le suis resté pour beaucoup d'ailleurs. Pour tous, j'étais son second le plus naturel. Mal conseillé, il pense que j'ai un agenda personnel, que je souhaite jouer ma propre carte et pour cela l'effacer. Bien sûr, j'avais ma propre ambition, mais elle ne s'opposait pas à son retour, au contraire. Je voulais devenir premier secrétaire du Parti socialiste, ce qui n'est pas négligeable, mais je ne voulais pas devenir président de la République en 2012. C'eût d'ailleurs été absurde : il n'y avait pas de place chez les socialistes pour une autre incarnation sociale-démocrate : la candidature de Dominique Strauss-Kahn, s'il la décidait, s'imposait naturellement. J'étais plutôt dans la logique de ce que Lionel Jospin avait fait avec François Mitterrand dans les années 80, une démarche de construction personnelle, mais progressive, et dans la loyauté. Cela s'est terminé par une sorte d'assassinat – politique – en direct lors de l'Université d'été de La Rochelle où, au lendemain d'une réunion enthousiaste de notre courant, avec plus de cinq cents militants et cadres qui me soutenaient pour être candidat à la tête du Parti socialiste, Laurent Fabius, Martine Aubry et Jean-Christophe Cambadélis – le même qui la veille au soir me promettait une fidélité éternelle – forment une alliance pour le congrès de Reims destinée à faire de Martine Aubry la première secrétaire. Je suis sur le port, en train de boire un café, ils passent devant moi et s'attablent pour sceller leur pacte.

Je ne bouge pas et je choisis de rester seul. L'image est dure pour moi, puisque j'apparais isolé et affaibli, mais elle montre aussi clairement la nature de cet arrangement. Que Jean-Christophe Cambadélis, déçu d'avoir été écarté de la direction du courant à laquelle il aspirait, ait trahi son engagement envers moi et brisé notre amitié, ce n'est pas humainement élégant, mais c'est un classique de la politique. Il est un pur politique, qui ne vit que pour et par la politique : j'avais été naïf de l'oublier et n'avais à m'en prendre qu'à moi-même. Que Martine Aubry et Laurent Fabius, deux personnalités de grand poids et d'expérience, aient eu envie de prendre le Parti socialiste, plutôt que de me le confier, au risque de voir une autre génération s'imposer à eux, ou de le laisser à Ségolène Royal et Vincent Peillon, à la fois associés et rivaux, et de voir se prolonger l'impasse de 2007, c'est aussi dans l'ordre des choses. Que DSK, avec et pour qui j'avais tant fait, ait laissé accomplir ce petit meurtre entre amis, voire l'ait souhaité, en est une autre, que je vivais beaucoup plus douloureusement.

Le courant « strauss-kahnien » explose alors. Une petite minorité, autour de Jean-Christophe Cambadélis et Christophe Borgel, un homme d'appareil, aussi bon connaisseur du parti et sympathique que capable de la plus grande dureté par fidélité à ses chefs, rejoint Martine Aubry et Laurent Fabius. La très grande majorité des élus locaux, une cinquantaine de parlementaires, et la quasi-totalité de nos groupes d'experts me suivent. Les jeunes pousses de la rue de la Planche, auxquelles se joignent de nouveaux talents comme Gabriel Attal, me rejoignent aussi pour la plupart. Je crée alors un club, « Besoin de gauche », destiné à animer le courant réformiste du Parti socialiste, souhaitant le retour de DSK sans accepter la nouvelle configuration de la direction du Parti socialiste. Ce groupe, qui aurait pu être un des fers de lance de la candidature du directeur général du FMI, jouera un grand rôle après son retrait en s'engageant avec moi dans la primaire auprès de François Hollande, puis dans la campagne présidentielle de celui-ci, en lui apportant ses talents et ses réseaux.

J'ai revu Dominique Strauss-Kahn une fois, à l'été 2010 à Washington, où j'avais été invité par l'ambassadeur de France aux États-Unis, Pierre Vimont, à faire une conférence à sa résidence. Nous dînons ensemble avec Anne Sinclair, dans une atmosphère très étrange, très fausse. Nous faisons en effet comme s'il ne s'était rien passé. Nous reprenons le fil d'une conversation interrompue la veille. Avec la même amitié apparente, comme si tout était identique entre nous, alors que nous ne nous étions pas vus depuis trois ans, et que tout avait changé. Et à l'issue du dîner Dominique dépose d'abord Anne à leur maison de Georgetown, puis il me raccompagne à l'ambassade, seul. Avant de me laisser, il me dit : « Je voulais te passer un message. Ils pensent qu'ils vont m'abattre, soit par le judaïsme, soit par l'argent, soit par le sexe. N'aie aucune crainte, je serai impeccable, je reviendrai, et le moment venu j'aurai besoin de toi. » À partir de ce moment-là, nous reprenons une relation, mais très différente de la précédente, distante et pour le coup purement politique, sans affect. Il rencontrait ses potentiels soutiens lors de ses passages à Paris, et il a fini par me recevoir en avril 2011, avec François Pupponi, le maire de Sarcelles, qui avait travaillé à mes côtés au Quai d'Orsay, et Jean-Jacques Urvoas, député breton qui finira éphémère garde des Sceaux – pour me faire sentir que ma place n'était plus ce qu'elle avait été – chez l'écrivain Dan Franck. Il m'a quand même ensuite demandé d'être le porte-parole de sa campagne, non plus par affection ou proximité, mais parce que je le connaissais bien et que j'étais le mieux placé pour le faire. Je me suis mis en disposition de l'être.

L'implosion

Dominique Strauss-Kahn avait peu de doutes sur sa candidature. Il savait en effet qu'il pouvait compter sur le soutien de Martine Aubry, la première secrétaire. C'est ce qu'on a appelé le « pacte de Marrakech », conclu entre eux – l'Élysée pour l'un, le parti et sans doute Matignon pour l'autre – avec Laurent Fabius en troisième homme. Incontestablement, Dominique Strauss-Kahn a aidé Martine Aubry à conquérir le Parti socialiste contre Ségolène Royal et à mon détriment. Martine Aubry a de son côté joué honnêtement le jeu depuis le début et jusqu'à la fin. Elle a souhaité cette candidature de DSK et a tout fait pour la rendre possible, sans jamais pousser sa propre carte, parce qu'elle voulait l'alternance en 2012 et pensait que seul le directeur général du FMI pouvait nous permettre de l'emporter. Leurs relations personnelles étaient compliquées, elles avaient été très proches lorsqu'ils étaient les jeunes talents ministériels du gouvernement Bérégovoy, puis avaient longtemps été tendues, voire hostiles, y compris pendant la période du gouvernement Jospin, au sein duquel ils incarnaient deux ailes antagoniques, entre lesquelles le Premier ministre arbitrait.

Dominique Strauss-Kahn savait qu'il trouverait François

Hollande sur sa route, mais ne le craignait pas – il avait au contraire plutôt tendance à le sous-estimer. On ne saura jamais ce que pensait ou savait vraiment François Hollande, toujours admirablement informé par ses réseaux journalistiques, travaillés pendant trente ans au fil d'une fréquentation assidue, presque consanguine. Peut-être avait-il l'intuition qu'à un moment donné DSK serait empêché. Il est toutefois trop bon connaisseur de la politique et trop intelligent pour penser réellement qu'il aurait battu DSK dans une primaire. Il aurait perdu, à mon avis nettement, voire très nettement. Mais il aurait fait un score très honorable, lui qu'on appelait « Monsieur 3 % » aurait sans doute obtenu 35 % des suffrages dans une primaire, ce qui lui aurait donné en toute hypothèse un poids certain pour la suite. Et ce faisant il se positionnait doublement. D'abord il affirmait une personnalité et revenait de nulle part. Et il se plaçait pour être Premier ministre si DSK était élu, ou pour pouvoir reprendre le flambeau s'il était empêché. Pour lui c'était gagnant à tous égards. Mais je ne ferai pas à François Hollande l'insulte de penser qu'il ne savait pas qu'il perdrait. Il y avait en face de lui d'abord le talent de Dominique Strauss-Kahn, une image infiniment plus forte que la sienne et des équipes qui étaient d'une puissance sans comparaison possible. DSK portait un espoir et incarnait une crédibilité, François Hollande pouvait tout au plus attirer une plus grande adhésion militante.

Dominique Strauss-Kahn s'était fait au FMI une image tout à fait nouvelle, celle de l'homme qui avait été aux côtés de la Grèce, qui avait trouvé les solutions pour sortir de la crise financière, qui avait remis le progressisme et l'aide au développement au premier plan au FMI. Il était parvenu à se sculpter un profil de chef d'État, et à incarner un multilatéralisme volontaire. Il était aussi celui qui avait théorisé le

« socialisme de la production ». Il n'ignorait pas les ouvriers et l'industrie, dont le déclin est l'une des racines du populisme. Enfin, il avait laissé le souvenir d'un « magicien de l'économie ». Contrairement à François Hollande qui ne l'avait pas à ce moment-là, DSK détenait le talisman de la victoire.

La campagne de Dominique Strauss-Kahn, face à Nicolas Sarkozy, n'aurait pas été simple pour autant. Rien ne lui aurait été épargné, aucune de ses vulnérabilités n'aurait été ménagée. On l'aurait dépeint en candidat de la finance expatriée, de l'argent, de la « France d'en haut », sa vie privée aurait été dévoilée. Mais il avait du métier et le cuir épais ! Lui aussi avait fait cent fois le tour de France dans ses différentes fonctions, au PS ou au gouvernement, il avait été élu local et national pendant longtemps, c'était un bon orateur, un pédagogue, un homme plein de charme. Il était très attendu, alors que le président sortant, qui avait beaucoup clivé et déçu, était très cabossé. On ne saura jamais. Peut-être aurait-il été de toute façon rattrapé par son imprudence, car d'autres affaires l'attendaient, indépendamment de celle du Sofitel. Sans doute le craignait-il. J'ai moi-même eu l'occasion de l'avertir à plusieurs reprises de l'exemplarité indispensable pour accomplir un destin. Comme d'autres, je n'ai pas été écouté.

On a prétendu qu'Anne Sinclair souhaitait ce destin plus que lui, qui se savait au fond inéligible, à tel point qu'il aurait fini par rendre sa candidature impossible en un terrible acte manqué. Je ne crois pas à cette thèse. Anne Sinclair et Dominique Strauss-Kahn formaient un couple magnifique à certains égards, même si dans son dernier livre elle en fait une lecture plus amère. Elle lui a tout de même sacrifié une grande partie de sa carrière, elle l'a soutenu admirablement, y compris dans la plus grande difficulté après l'affaire du Sofitel. Elle a constamment été à ses côtés jusque dans des moments très durs. Ce n'est pas la démarche d'une femme ambitieuse par procuration, mais passionnée et généreuse.

Mes relations avec DSK se sont bien sûr closes après l'affaire du Sofitel. Nous avions rompu amicalement depuis 2007, mais j'allais tout de même, s'il avait été candidat à la présidentielle en 2012, être son porte-parole. Ce jour-là, le 14 mai 2011, avec Anne Sinclair et quelques amis, nous appelons Dominique Strauss-Kahn pour réfléchir à son atterrissage en vue de la primaire en juin : comment expliquer qu'il quitte le Fonds monétaire international alors que la crise grecque n'est pas finie ? Le soir je suis invité chez Laurent Ruquier et nous définissons ce que je dois y dire. Quand je raccroche, il est 15 h 30 à Paris, 9 h 30 à New York, et on sait ce qui arrive une heure après. Je fais une émission plutôt bonne, je rentre chez moi, plutôt content. Vers une heure du matin, un ami, Pascal Brice, m'envoie un sms : « Tu as vu ce que dit le *New York Post* ? » Je découvre alors que DSK est au commissariat, et l'affaire démarre. Mon rôle de porte-parole de sa campagne aura été extraordinairement bref ! Je réagis ensuite dans les médias, à la fois terriblement choqué par l'accusation de viol faite par Mme Dialo, et troublé par ce que je sais de DSK, que je n'imaginais pas violent.

Dominique Strauss-Kahn, une fois sorti de la prison de Rikers Island, me téléphone pour me remercier de mon élégance : je ne l'ai pas soutenu, mais pas non plus accablé. Très vite, avec mes amis de Besoin de gauche, je me détermine. J'avais de bonnes relations avec Martine Aubry, mais je ne pouvais pas la soutenir, d'autant qu'elle ne me montre pas qu'elle en a envie. Elle aurait dû dialoguer avec moi, j'aurais pu être ouvert, ce n'était pas le plus probable, mais elle aurait dû essayer – d'ailleurs elle l'a fait, en me proposant d'être son directeur de campagne… quand j'avais déjà accepté d'être celui de François Hollande, le dernier jour. DSK et moi nous reparlons, il m'appelle et m'interroge sur mon choix. Il tente de me dissuader de soutenir François Hollande, et m'invite à choisir Martine Aubry. Il m'appelle à faire équipe avec Laurent Fabius, pour la crédibiliser et équilibrer son tempérament. Je lui dis que je prendrai parti pour François Hollande, notamment pour sa plus grande constance sur l'Europe. Il me répond qu'il me comprend, que cette position a en effet sa cohérence. La conversation s'achève là. Et à part lors d'une remise de décoration à l'ambassade d'Allemagne à Gilles Finchelstein, le responsable de la fondation Jean-Jaurès, qui fut conseiller dans nos deux cabinets ministériels entre 1997 et 2002, je n'ai jamais plus entendu le son de sa voix. Ça fait plus de dix ans !

Mon tempérament ne me pousse pas à l'ingratitude, pas davantage qu'à la nostalgie ou à l'amertume. Nos chemins se sont séparés bien avant l'affaire du Sofitel, que j'ai vécue douloureusement, parce que la violence faite aux femmes est pour moi intolérable, et parce qu'elle tuait un espoir. Dominique Strauss-Kahn, qui a tant compté pour moi, est bel et bien une amitié disparue, depuis longtemps. Mais je n'oublie pas qu'il fut le premier à m'amener au Parti socialiste, à me donner ma chance. Je n'oublie pas ce que nous avons fait ensemble pour moderniser le socialisme français. Son explosion en vol fut une formidable occasion perdue, celle d'une voie pour la gauche.

Dans les dernières phrases du *Vicomte de Bragelonne*, cet immense livre, d'Artagnan mourant dit : « Athos, Porthos, au revoir ! Aramis, adieu à jamais ! » Évacuons la dimension religieuse : je ne crois pas à l'au-delà. Mais j'aurais du mal à reprendre une relation avec Dominique Strauss-Kahn. Trop de choses, désormais, sur tous les plans, nous éloignent pour que nous puissions nous reparler sereinement, amicalement ou sans arrière-pensées.

TROISIÈME PARTIE

DEVOIR D'ÉTAT, VOCATION EUROPÉENNE

Une amitié contrariée

La dérobade de Dominique Strauss-Kahn en 2011, après la terrible défaite de Lionel Jospin en 2002, a ouvert la voie de l'Élysée, dix-sept ans après que François Mitterrand l'a quitté, à un troisième homme. Celui qu'on n'attendait pas, mais qui a su patiemment, méthodiquement, faire son chemin vers la présidence de la République, pour se montrer ensuite bien moins convaincant dans l'exercice du pouvoir qu'il l'avait été dans sa conquête. De cet homme, François Hollande, je fus pendant des décennies un compagnon à la fois proche et distant.

J'ai rencontré François Hollande il y a maintenant trente-neuf ans, quand je suis arrivé à la Cour des comptes. C'était en juin 1984, je venais d'être nommé auditeur, et lui, après avoir été au cabinet de Max Gallo, porte-parole du gouvernement, et conseiller officieux à l'Élysée auprès de Jacques Attali, puis avoir participé à l'expérience du journal *Le Matin de Paris*, était juste de retour. La Cour de l'époque, c'était un peu le pré carré de Jacques Chirac, illustre membre du corps, qui au long de son immense carrière de ministre, de Premier ministre, de maire de Paris, y avait recruté des collaborateurs à tour de bras, qui l'entouraient dans ses différentes sphères

– il était alors maire de Paris et chef de l'opposition. Le chiraquisme plongeait ses racines profondément rue Cambon. Et la gauche était restée dans cette maison assez marginale, par sociologie, par culture, par métier. C'était à l'époque une maison très conservatrice. Évidemment, voyant arriver ce jeune homme – il avait à l'époque vingt-neuf ans, j'en avais vingt-six –, nous avons sympathisé, d'autant que nous avons été l'un et l'autre happés rapidement par la politique, par les experts du Parti socialiste pour moi, par les « transcourants » pour lui. Entre 1986 et 1988, nous avons travaillé en parallèle au Parti socialiste, moi comme secrétaire de son groupe des experts, lui s'occupant d'une petite feuille hebdomadaire pour le parti.

Et puis nous avons eu une aventure commune, un cours que nous avons donné ensemble à Sciences Po entre 1988 et 1991, dont beaucoup de nos étudiants se souviennent encore. À l'époque, nous faisions tous les deux des conférences à Sciences Po sur la politique économique. Les étudiants choisissaient leurs conférences. Il y avait ceux qui étaient inscrits, une vingtaine d'élèves, puis des auditeurs libres, on en acceptait dix, on en acceptait quinze, on en acceptait trente. Et puis on passait à cinquante et on ne tenait plus dans la salle, on prenait des plus grandes salles. Puis à cent cinquante, un petit amphi. Un jour, la direction s'est aperçue que nos deux conférences réunissaient environ deux cents personnes chacune et qu'il était temps de les mixer dans un cours, d'autant que les deux maîtres de conférences s'entendaient bien. Nous avons donc donné un cours dans l'amphithéâtre Boutmy, le plus grand de Sciences Po, où s'entassaient six cents étudiants, et cela a duré trois ans, avec un rythme assez immuable : lui au filet, moi au fond du court.

Nous faisions chacun un exposé sur un thème. Pour être

plus précis, j'étais là tout le temps. Une fois sur trois François Hollande venait à l'heure avec son exposé, sans prévenir bien sûr, et tout se passait bien. La deuxième fois, il venait en retard, toujours sans prévenir : j'étais un peu agacé, mais il arrivait et tout se passait bien. La troisième fois, il ne venait pas, évidemment sans prévenir, et je devais « assurer » malgré tout. Ce qui m'obligeait à avoir toujours deux exposés prêts au cas où ! L'aventure s'est achevée, nous avons écrit un livre ensemble en 1991, *L'Heure des choix*. Odile Jacob, alors jeune éditrice, nous demande de transformer le polycopié que nous étions en train d'écrire – un des fameux polycopiés de Sciences Po – en livre. Bonne idée ! Je pars – à l'époque nous n'étions pas informatisés – avec une énorme caisse de livres et de revues en août à Biarritz. Au lieu d'aller à la plage, j'écris le livre quatre heures par jour à ma table. Je reviens de vacances avec un manuscrit complet et le donne à François Hollande. François est un homme très minutieux dans la rédaction de ses discours, mais pour ce qui est des livres, il n'avait pas le temps ni la patience de beaucoup écrire, cela lui est venu petit à petit. Il modifie mon projet : de bons mots, quelques jolies formules, des ajouts utiles. Le travail était inégalement partagé, même si la propriété intellectuelle de l'ouvrage était incontestablement commune. Cela ne l'a pas empêché de faire l'essentiel de sa promotion. Ce n'est qu'une anecdote cocasse et sans grande importance, mais mon regard sur lui a un peu changé alors : je me suis dit que François Hollande était comme on le connaît, drôle, vif, agréable, un compagnon tout à fait charmant, avec qui on ne s'ennuie jamais ou rarement, mais qu'il était profondément individualiste. Nos relations, qui étaient proches, se sont par ailleurs espacées. Nos rapports ont cessé d'être complices et amicaux pour devenir cordiaux et politiques.

Notre relation au Parti socialiste était très différente. Je m'étais engagé dans le collectif et auprès du premier secrétaire. Il menait un jeu beaucoup plus personnel, avec une aversion pour les grandes structures et toujours un goût pour les petites « boutiques » construites autour de lui. Mais ses entourages, où l'on retrouvait Michel Sapin et Stéphane Le Foll, avaient la caractéristique d'être présidentiels et légers, totalement attachés et voués à sa destinée. Son destin rêvé était d'être président, il n'y avait pour moi aucun doute là-dessus, depuis notre rencontre : ce n'est pas par hasard qu'il avait choisi de défier Jacques Chirac en Corrèze dès 1981.

Je n'ai en revanche pas partagé le jugement de Lionel Jospin, qui avait un peu paresseusement lâché, en 1997, peut-être pour répliquer à Jacques Chirac avec Alain Juppé, que François Hollande était « le meilleur d'entre nous ». Il n'était pas le plus charismatique, le plus visionnaire, le plus profond de tous les dirigeants socialistes ! Je dis souvent que François Hollande est un homme très intelligent qui se défie des idées : cela me semble une bonne définition. Mais il était incontestablement, et c'est une caractéristique qu'il faut apparemment posséder pour devenir président de la Ve République, le plus opiniâtre, le plus déterminé, le plus égoïste, autant d'indéniables qualités pour tracer cette route, qui l'ont amené au succès au détriment de tous les autres qui se croyaient davantage préparés à diriger l'État.

Une ascension

François Hollande s'est fait connaître par son talent, mais aussi – voire d'abord – parce qu'il était l'ami des journalistes, et ce sont les journalistes qui l'ont imposé comme un personnage de premier plan. Dans les années 90, jusqu'à ce qu'il devienne premier secrétaire, son activité militante est assez limitée, en dehors de la Corrèze, où il a réussi très vite une belle implantation. Il n'a pas de courant, il ne pèse pas dans le courant majoritaire.

Il devient le porte-parole du Parti socialiste en 1995. C'est le vrai début de son ascension. Lionel Jospin trouvait utile ce contact avec les journalistes, un effet miroir se crée. François Hollande parle aux journalistes, il les apprécie et les connaît, il pense aussi pouvoir se servir d'eux en même temps qu'il les aide, il nourrit leurs éditoriaux, il les inspire, il les irrigue de ses analyses, de ses bonnes formules, de ses bons mots. En retour abondent les portraits de l'homme rapide et spirituel, du vif-argent aux analyses si brillantes. Arrive 1997 et l'aventure incroyable, la dissolution de l'Assemblée nationale. Nous gagnons ces élections imprévues de façon inattendue : Lionel Jospin, qui avait repris le parti en 1995, choisit de le quitter, cette fois-ci pour de bon. Il aurait pu rester premier secrétaire. Dans les grands partis sociaux-démocrates, le Premier ministre est aussi le chef du parti, et c'est à mon sens une excellente chose, qui traduit la nature parlementaire des institutions dans la plupart des pays en Europe, mais ce n'est pas la tradition française. Il décide de partir, lassé aussi d'une fonction qu'il avait occupée neuf ans au total. Là, on s'interroge : qui pour le remplacer ?

Ce fut François Hollande. Parce que Lionel Jospin pensait à juste titre qu'il était capable d'affronter les leaders de la droite dans les débats, qu'il avait le sens de la formule et qu'il continuerait à faire ce qu'il fait le mieux, du *spin* avec les journalistes. Et que par ailleurs lui-même garderait son leadership au PS, son successeur n'étant pas un homme de parti. Il le nomme donc à cette fonction et commence cette aventure de dix ans de François Hollande premier secrétaire, ce qui pour lui est un rôle au départ contre nature. Il n'aime pas l'organisation, l'arbitrage, le management. Il s'y est mis, à sa façon, il a commencé à faire le tour de France des fédérations socialistes, à rencontrer les militants, et les apprivoiser. Il aime parler, c'est un très bon orateur, surtout dans les passages où il détruit ses opposants, avec virtuosité et parfois de façon désopilante, un peu moins lorsqu'il aborde de façon plus précise les questions de fond. Il a un bon contact avec les gens, sans être non plus un homme des foules. Il transforme le parti en une structure qui lui permet de s'exprimer à sa guise, et le met assez rapidement à son service.

Il y avait derrière tout cela une confiance en soi considérable, une détermination absolue. Il y a un François Hollande amical, affectueux, fragile même, mais il ne fait pas de sentiment en politique et se prête très peu à l'intimité. Quand il est devenu président, il a abandonné sa bonhomie et son sourire permanent pour revêtir un autre masque, plus sévère, qui en réalité lui ressemblait beaucoup plus. C'est un homme très agréable, mais en réalité, il est d'une grande dureté, même si celle-ci n'est jamais exempte de courtoisie. Une fois arrivé à la tête du Parti socialiste, sa seule question était de savoir comment, depuis ce poste, il pouvait avancer vers son projet présidentiel. Comment y arriver ? Il joue un jeu subtil, où se mêlent une très grande déférence envers Lionel Jospin et une vigilance aiguisée envers ceux qui pouvaient être les prétendants à sa suite.

Pour moi, l'une des causes de la défaite de 2002 est la mésentente entre le parti, l'équipe de campagne, le gouvernement, les ambitions concurrentes pour seconder Lionel Jospin ou lui succéder. Car tout le monde pense qu'il va être élu, et la seule question qui vaille est : « Qui va être son Premier ministre ? » Or, pendant ce quinquennat ont émergé deux personnalités gouvernementales, Dominique Strauss-Kahn et Martine Aubry. François Hollande dirige certes le parti, mais il n'a pas la personnalité ni le charisme d'un leader. Et Laurent Fabius est toujours là, bien sûr.

François Hollande garde beaucoup de l'énergie du parti en réserve. Son idée est qu'il faudra, après la victoire, obtenue à l'arraché – nous voyons assez vite qu'elle va être conquise plus difficilement qu'escomptée, mais pensons qu'elle sera obtenue quand même –, que le nouvel élu fasse appel non pas au chatoyant ancien ministre des Finances qui a dû quitter le gouvernement à cause de l'affaire de la MNEF, ni à la « dame des 35 heures », mais à l'indispensable premier secrétaire du parti. Il veut donc apparaître comme le recours face à des équipes de campagne qu'il juge, à juste titre, mal organisées et qui n'impressionnent pas. Pendant cette campagne, la mobilisation du Parti socialiste reste tiède – trop tiède sans doute. D'autant que le choix a été fait de totalement externaliser la campagne, de la confier à Jean Glavany et ses équipes. Le climat est assez délétère et François Hollande, sans le dire, prépare une nouvelle équipe pour le deuxième tour, et la reprise en main de la campagne. Mais comme on sait, il n'y a pas eu de deuxième tour pour la gauche en 2002 ! À partir de 2002, son obsession est de s'imposer comme le candidat naturel des socialistes en 2007. Tout est conçu en fonction de cet objectif, y compris sans doute le fameux référendum interne sur le Traité constitutionnel européen, qui est politiquement très coûteux. Il n'y parvient pas, et c'est sa compagne, Ségolène Royal, qui lui grille la politesse et mène une campagne baroque, disruptive mais finalement pas convaincante.

Après la défaite de Ségolène Royal, qui s'est plainte de la faible implication du Parti et de son chef, François Hollande continue sur sa logique personnelle, cette fois-ci pour 2012. Il doit quitter la tête du Parti socialiste en 2008, usé par onze ans à sa tête, et rate sa succession, Martine Aubry l'emportant grâce à une alliance contre nature avec Laurent Fabius et DSK, au détriment de Bertrand Delanoë, que François Hollande et moi soutenions, mais qui a mené une campagne décalée, se réclamant du social-libéralisme dans une période qui aspirait à plus de netteté. François Hollande ne pèse pas grand-chose dans l'opinion, les jugements sur sa capacité présidentielle sont très dubitatifs. Mais cela ne le décourage pas. Il met déjà le cap sur les primaires de 2011. Il mène son chemin seul, et une mue se fait. « Monsieur bon mot, Monsieur petites blagues, “la fraise des bois cachée derrière les éléphants” », comme le dit alors Laurent Fabius, se transforme en ce qu'il est vraiment, un homme plus grave, plus ambitieux et impérieux, qui gagne en crédibilité et peut devenir président de la République. C'est son moment.

C'est pour lui l'occasion à ne pas rater, le rendez-vous qu'il a attendu toute sa vie. Il y travaille avec acharnement. Il constitue enfin une équipe. Il réfléchit, il se transforme physiquement, affichant son renoncement à la gourmandise par un amaigrissement spectaculaire, qui le rajeunit et le durcit à la fois. Cela m'a beaucoup frappé pendant la période où nous avons travaillé ensemble, lui candidat et moi directeur de campagne. J'ai alors pensé que la chrysalide pouvait devenir papillon, et qu'il pouvait être un bon président.

Rendons-lui justice ! Il a été un remarquable candidat. Gagner la présidentielle en France quand on est de gauche, c'est très difficile. Il faut une circonstance favorable, que la droite soit en difficulté, il faut savoir mobiliser son camp, rassembler la gauche et séduire au-delà, enfin maîtriser la campagne de bout en bout. Il l'a fait de manière impeccable, face à un président sortant, Nicolas Sarkozy, certes rejeté et en difficulté, mais qui restait une formidable bête politique. Il a vraiment fait tout ce qu'il fallait. La primaire peut déchirer, il a raccommodé. Martine Aubry a d'ailleurs été très loyale. Alors qu'il y avait entre eux de l'amertume et sans doute de la détestation, et malgré son tempérament particulier, elle s'est effacée avec une élégance qu'il faut savoir lui reconnaître. Henri Emmanuelli avait d'ailleurs fait de même en 1995 avec Lionel Jospin, peut-être avec un peu plus de mauvaise humeur.

François Hollande me confie la direction de cette campagne, et nous avons mis en place une machine très professionnelle, où mon rôle était de faire en sorte que sa vie soit confortable, que l'équipe soit organisée et soudée, de bien préparer les dossiers, les discours, les argumentaires et ripostes, animer les groupes d'experts, avec le concours d'une jeune membre du Conseil d'État, Constance Rivière, devenue une amie, formidablement énergique, dotée d'une grande capacité de travail et très tôt douée pour s'entourer de jeunes talents, pour les motiver et les mobiliser. Il fallait aussi veiller à l'organisation matérielle, au respect des règles de financement de la campagne, avec un secrétaire général, le préfet Nacer Meddah, et faire vivre les collectifs politiques qui permettent d'associer et d'impliquer les responsables et les élus du parti. Enfin, le directeur de campagne tient le bureau des pleurs – et cela prend beaucoup de temps, car on pleure beaucoup, on s'angoisse énormément pendant une campagne. Ce ne fut pas mon cas : j'étais persuadé que si nous ne faisions pas d'erreur, si nous réussissions à déployer nos forces, nous l'emporterions. À ma place, j'y ai contribué.

Une tâche ingrate et nécessaire

Diriger la campagne présidentielle fut un très gros travail, que j'ai accompli discrètement parce que j'estimais que c'était mon rôle, et parce que François Hollande le voulait ainsi. Le rôle de directeur de campagne est ingrat, mais décisif. Il n'est pas celui qui fait gagner l'élection – la victoire tient au candidat lui-même et à personne d'autre – mais il peut contribuer à la faire perdre si l'équipe ne fonctionne pas. François Hollande décide tout de suite qui sera son Premier ministre, et ce n'est pas le fait du hasard. Comme son prédécesseur et son successeur, il préfère une république présidentielle, et il fait un choix que chacun pressent plus ou moins, celui de Jean-Marc Ayrault, le maire de Nantes, qui apparaît seulement dans l'organigramme de campagne comme conseiller spécial. Connaissant la personnalité et le tempérament de Jean-Marc Ayrault, il pense que c'est le Premier ministre solide et loyal, mais dénué d'ambition personnelle, qui lui permettra de présider et de diriger en même temps.

Il y avait trois autres Premiers ministres envisageables en 2012. Il y avait d'abord Laurent Fabius, qui l'avait déjà été et dont chacun respectait le professionnalisme et l'expérience de l'État, à qui François Hollande confie la mission de préparer l'agenda des cent premiers jours du quinquennat – ce qui fut fait très sérieusement, et guère suivi cependant une fois la victoire acquise. Mais c'eût été provoquer une forme de cohabitation immédiate entre deux hommes qui n'étaient pas en totale confiance. La deuxième hypothèse était Martine Aubry – même schéma, en pire, puisque la cohabitation aurait aussi été idéologique. J'étais le troisième Premier ministre possible, parce que j'étais le directeur de campagne, parce que j'appartenais à une génération plus jeune mais déjà expérimentée, puisque j'avais déjà été ministre pendant cinq ans. Je savais ce qu'était l'État, j'avais une relation convenable avec l'opinion, je m'exprime correctement, je pouvais aussi affronter la droite dans les débats – je l'ai fait pendant ces années contre Alain Juppé ou Nicolas Sarkozy par exemple. Mais François Hollande ne le voulait pas et je le savais. L'article 20 et l'article 21 de la Constitution ne sont pas sa tasse de thé : pour lui ce n'est pas le Premier ministre qui dirige vraiment l'action du gouvernement.

Nous nous étions retrouvés pour cette campagne, et notre entente fut sans nuages. Nous ne parlons jamais de ce que je ferai après la victoire, si elle arrive. Il avait sans doute un accord au moins implicite avec Jean-Marc Ayrault, qui se préparait pour Matignon, il avait clairement un accord avec Laurent Fabius pour le Quai d'Orsay. Il avait un accord avec Arnaud Montebourg, qui fut un pacte de dupes pour celui-ci – en réalité il fut ministre avec les attributions d'un secrétaire d'État et sans marge de manœuvre idéologique et politique. Surtout, il avait un accord avec Manuel Valls, à qui il a confié le ministère de l'Intérieur, de manière à mon avis imprudente, parce que Manuel Valls était le promoteur d'une conception particulière et étroite de la gauche, réduite à un républicanisme assez fermé et que chacun pouvait deviner qu'il se servirait, à l'instar de Nicolas Sarkozy sous Jacques Chirac, de ce ministère devenu populaire comme rampe de lancement pour sa propre ambition. Manuel Valls, pendant la campagne, a pris une grande partie du « temps de cerveau disponible » de François Hollande. Il l'a mobilisé du matin au soir. Il s'est imposé à lui, a créé un rapport à la fois de force et de dépendance, maintenu jusqu'en 2017.

Par éthique personnelle, par réserve, je me suis pour ma part interdit d'être plus visible dans la campagne. Une fois ou deux, j'ai fait des émissions de radio, et François Hollande me disait : « C'est bien, mais ce n'est pas ton rôle, je veux que tu sois là du matin au soir, que tu donnes tout à la campagne, et puis si tu parles on dira que c'est moi. » Faux prétexte absolu ! Je l'ai pourtant accepté. Parce que je voulais avant tout que nous l'emportions. J'avais conscience qu'il ne fallait jamais baisser la garde ou faire d'erreur. Par ailleurs, je ne voulais pas que la querelle des ego prenne le pas sur l'impératif de la victoire collective autour de notre candidat. Mon intuition était que certes nous allions probablement gagner, mais que ce n'était pas fait et que cela ne serait pas large. Je n'ai pas eu tort de ce point de vue. Je gardais le souvenir de 2002 et de la bataille sourde des premiers ministrables, qui fut l'une des causes profondes de la défaite de Lionel Jospin. Les « grands » n'étaient pas complètement dans la campagne. Tous se réservaient pour ce qui allait arriver après, en se demandant qui serait le chef du gouvernement d'un homme qui aurait commencé, en fait, son deuxième quinquennat après cinq ans au pouvoir à Matignon. Je ne voulais pas que cela se passe ainsi. Parce que si Laurent Fabius, Martine Aubry ou moi avions ajouté notre partition à celle des « jeunes » ambitieux de la primaire, les regards se seraient braqués sur notre camp, qui aurait cessé d'apparaître comme une oasis d'harmonie, notre unité miraculeuse et toujours précaire aurait été fragilisée par le bruissement des ambitions. Je me suis donc consacré entièrement, uniquement à ma tâche.

Le seul moment où j'ai discuté de ma fonction future, c'est au lendemain de notre victoire. Je vois François Hollande le lundi matin. Je lui avais écrit une note sur les équipes de transition, il y avait beaucoup à faire en peu de jours : il fallait être en contact avec les équipes de l'Élysée, gérer le transfert des grands dossiers, la cérémonie d'investiture, la passation de pouvoir, et puis il y avait des échéances qui nous attendaient, le déplacement aux États-Unis, le G20, le retrait d'Afghanistan, l'OTAN. Les équipes de Nicolas Sarkozy, à commencer par Xavier Musca, Emmanuel Moulin et Jean-David Lévitte, que je connaissais bien tous les trois, ont, je dois le dire, joué parfaitement le jeu. Je me suis peu occupé de l'OTAN, j'ai davantage réfléchi au G20 et j'étais du voyage aux États-Unis qui a immédiatement suivi la victoire, avec François Hollande et Laurent Fabius, et ce fut pour nous un moment très fort et émouvant que de nous trouver dans le bureau ovale, accueillis par Barack Obama – qui en grand professionnel connaissait tout sur moi, ce qui m'a naturellement flatté. François Hollande me dit : « Naturellement tu as été le directeur de campagne, tu vas t'occuper de l'équipe de transition, je te fais toute confiance. » Et il ajoute : « Que veux-tu faire pour la suite ? » Cette discussion m'est restée gravée dans l'esprit, parce qu'elle annonçait déjà que le candidat formidable s'annonçait comme un président plus velléitaire à bien des égards, ou trop rusé. « Veux-tu être premier secrétaire du Parti socialiste ? C'est un poste très important, tu me verrais chaque semaine en tête à tête comme François

Mitterrand l'a fait avec Lionel Jospin, nous parlerions de tout, et tu l'as voulu dans le passé. » Je l'avais en effet voulu au moment du congrès de Reims, mais en 2008, pour préparer la reconquête de 2012, et n'en avais plus très envie une fois celle-ci acquise.

« Tu pourrais être secrétaire général de l'Élysée, je n'ai pas en réserve de personnalité convaincante pour ce rôle. » Ce fut pour lui un énorme problème, que n'a pas connu Emmanuel Macron, qui a trouvé en Alexis Kohler son parfait alter ego. Il commence à me faire la galerie des portraits des secrétaires généraux possibles : « Jean-Pierre Jouyet, ce n'est pas possible, c'est mon ami, mais il a été ministre de Sarkozy, je ne peux pas le prendre. Pierre-René Lemas a surtout le profil d'un directeur de cabinet. Guillaume Pepy est à la SNCF, Christophe Chantepy est encore un peu tendre. Alors, ce peut être un politique, qui ferait trois ans avec moi, puis ensuite deviendrait ministre. Mais à une condition : qu'il ne se présente pas aux élections. » C'est pour cela, sans doute, qu'il pensait à moi. Parce que j'avais « fait le job » en tant que directeur de campagne, qu'il m'appréciait dans ce rôle, efficace, altruiste, très politique, tenant le fond de court pendant qu'il était au filet, un peu comme à Sciences Po !

Ma réponse fut instantanée : « Non, je ne suis pas un technocrate, mais un politique, j'ai travaillé pendant vingt ans pour m'implanter à Montbéliard, je suis député et président d'agglomération, j'ai des électeurs, j'y tiens beaucoup, je me présenterai aux élections législatives. — Tu veux être ministre ? Tu seras ministre. » Je sors de là un peu interloqué, en me disant que tout cela n'était pas très pensé. En bonne logique politique, puisque je n'étais pas le Premier ministre, j'aurais dû être, en tant que directeur de la campagne victorieuse, le premier secrétaire du Parti socialiste, ce dont je n'avais plus aucune envie. Ce n'était pas une raison suffisante, et pourtant, cela lui a suffi. Ce qui veut sans doute dire qu'il ne le souhaitait pas non plus, parce qu'il préférait avoir un parti faible, qu'il mettait en jachère – et *de facto*, il le confia à Harlem Désir, au détriment de Jean-Christophe Cambadélis, au demeurant avec mon soutien. J'aime beaucoup Harlem Désir, j'apprécie sa loyauté et sa force de travail, comme son engagement européen. Mais il n'était pas fait pour ce rôle, qu'il a rempli comme on le lui demandait, sans autorité ni initiatives fortes. Il l'a quitté pour devenir secrétaire d'État aux Affaires européennes, et ce fut sans doute pour lui un soulagement. L'heure de Jean-Christophe Cambadélis arrivait enfin – mais trop tard !

François Hollande et moi avons eu pendant la campagne un bon rapport, très chaleureux et confiant. L'amitié de notre jeunesse n'est toutefois pas revenue, même si j'ai toujours gardé une forme d'affection pour lui. Il fut un formidable candidat, extrêmement minutieux sur tout, sur chaque discours, chaque projet, chaque démarche, chaque choix tactique. Il travaillait du matin au soir sans se disperser. Il communiquait quand il le fallait, il ne faisait pas de bon mot, pas de petite phrase, il était habité d'une forme de gravité nouvelle et inédite. Et tout ça s'est prolongé jusqu'au débat d'entre-deux-tours, où Sarkozy arrive immense favori, et à la surprise générale, ce fut au moins un match nul, avec un avantage peut-être pour François Hollande, et de toute façon un préjugé favorable à celui qui, supposé le plus faible, avait fait plus et mieux que résister. Le Nicolas Sarkozy de ce jour était brouillon, perdu, perdant, et François Hollande, beaucoup plus concentré, a révélé quelque chose aux Français, au-delà même de la fameuse anaphore du « moi, président ». Ce fut le point d'orgue, après une bonne campagne, y compris le fameux discours du Bourget et la phrase « mon ennemi c'est la finance ».

Cette formule a été très critiquée par les tenants d'une gauche sociale-libérale. Pour ma part, je la comprends, parce que nous étions à un moment compliqué, comme il y en a toujours dans une campagne. Lorsque François Hollande est investi en octobre 2012 il obtient quelque 30 % d'intentions de vote, à 56 ou 57 % au second tour, alors que Nicolas Sarkozy plafonnait autour de 20 %. L'élection était encore loin et ce n'était pas réaliste. François Hollande sait qu'il faut garder cette avance, qu'il faut être proche de la première place au premier tour et si possible en tête. Dans une présidentielle, il y a toujours des moments où apparaissent des candidats inattendus, et la forte émergence en 2012, c'est déjà Jean-Luc Mélenchon, qui mène une campagne innovante, servie par son formidable talent oratoire, qui le poussera encore plus haut en 2017 et fera à nouveau de lui le candidat de gauche le mieux placé en 2022. Dans le discours du Bourget, il s'agit de contrôler cette montée de Jean-Luc Mélenchon et d'affirmer un identifiant clair à gauche. François Hollande est un très bon politique, instruit par l'expérience, il rappelle qu'il est socialiste, pleinement, totalement socialiste, contrairement à Lionel Jospin qui, en 2002, avait désorienté par sa fameuse phrase, mal comprise, « mon projet n'est pas socialiste ». Le Premier ministre, qui pensait déjà au second tour, avait voulu d'emblée rassembler et élargir, mais il avait jeté le doute dans son électorat de premier tour, qui en effet ne fut pas au rendez-vous le 21 avril 2002.

François Hollande a deux passions, le journalisme et l'histoire, il connaît par cœur l'histoire de la gauche, ses phases et ses rythmes. Il écrit lui-même ce discours, qui par ailleurs lui avait été préparé par Aquilino Morelle, et je ne regrette pas la saillie sur la finance. Elle parlait à la gauche, elle la mobilisait, et c'était nécessaire. De la même façon que je comprends la taxe à 75 % sur les revenus d'activité supérieurs à un million d'euros. J'y étais opposé, comme Emmanuel Macron et Stéphane Le Foll. Je pensais que c'était une idée improvisée et mal expertisée, à partir d'une lecture hâtive du *Monde diplomatique* d'Aquilino Morelle, soutenue de façon purement tactique par Manuel Valls qui y voyait un joli coup de communication, adoptée à la va-vite juste avant une émission sur TF1. C'était mal présenté, mal vendu. Mais nous comprenions tous qu'il fallait donner des marqueurs de gauche à nos électeurs, tentés par la surenchère à gauche et la dispersion.

Nous savions d'emblée que la mesure était complexe, difficile à mettre en œuvre, et qu'en toute hypothèse nous ne pourrions l'appliquer qu'avec réalisme, en évitant d'encourager la fuite des cerveaux et en la rendant temporaire. Quant à l'expression « mon ennemi c'est la finance », elle était suffisamment floue pour que chacun en ait compris ce qu'il voulait entendre. Elle n'impliquait pas nécessairement la scission des banques entre leurs activités d'investissement et celles de dépôt. Elle était tout à fait compatible avec la loi de séparation bancaire entre les activités spéculatives et les autres, que j'ai portée en mettant de surcroît l'accent sur l'inclusion bancaire. Nous avons obtenu la victoire, et cette campagne reste dans ma mémoire comme un devoir accompli et au final réussi. Demeurait une question ouverte : après la découverte du candidat, quel président allait être François Hollande ?

La fonction crée l'organe

François Hollande, avant d'entrer à l'Élysée, détestait voyager, à la fois par faible appétence pour les questions internationales et pour rester en permanence connecté à la politique nationale, sa dévorante passion, son péché mignon. L'un des rares voyages qu'il ait fait en tant que premier secrétaire du Parti socialiste avec Dominique Strauss-Kahn et moi, alors que j'étais secrétaire international, fut en Algérie et au Maroc. Son déplacement en Algérie fut étrange. L'Algérie est un pays plein d'atouts mais où l'atmosphère est pesante, avec un pouvoir opaque, à l'époque cynique, et une relation à la France aussi particulière que difficile. Il voulait pourtant absolument se faire légitimer par le pouvoir de ce pays, où il avait fait son stage à l'ENA et qui le fascinait, sans doute du fait d'une opposition intime avec son père, qui fut partisan de l'Algérie française. Il était très inspiré par des amis proches comme Bernard Bajolet, qui deviendra ambassadeur en Algérie, puis directeur de la DGSE, et l'historien Benjamin Stora.

Je me souviens de la discussion avec le président Bouteflika, qui était à l'époque encore ingambe. L'échange dure trois heures. Celui-ci parle des fours à chaux dans lesquels l'armée française aurait mis les fellaghas, qui étaient selon lui « bien pires que les fours crématoires des Allemands pour les Juifs » pendant la guerre. J'entends ces propos choquants et pourtant, je reste stoïque. Je ne dis rien, tout comme Dominique Strauss-Kahn, pour éviter de faire un incident. Et à la sortie Bouteflika me dit en souriant : « Vous avez été bien silencieux, monsieur Moscovici, rien de ce que j'ai dit ne vous a troublé ? — Ce n'était pas mon rôle de vous répondre, Monsieur le Président. » Plus tard nous allons à l'Assemblée du peuple, et son président dit froidement à François Hollande : « Monsieur Hollande, nous soutenons la droite, car il y a trop de Juifs dans votre parti. » Le premier secrétaire ne réagit pas non plus. Je ne dis toujours rien.

Car je ne bondis pas à chaque fois que quelqu'un tient un propos antisémite. J'ai le cuir épais sur cette question, je ne suis pas un redresseur de torts. Je sais me contenir. Là nous étions chez un hôte, chef d'État d'un pays avec qui nous avons une relation à la fois intime et compliquée, dans un voyage officiel du Parti socialiste. Nous sommes à l'été 2006, juste avant la primaire. Dominique Strauss-Kahn et François Hollande s'observent comme deux matous, Dominique Strauss-Kahn ne dit rien, moi non plus : nous sommes là parce que je suis secrétaire international, et qu'il connaît admirablement le Maghreb. Nous avons été au Maroc aussi, où DSK a été un ouvreur de portes essentiel, notamment pour rencontrer le roi, qui s'est montré infiniment plus positif avec Israël et les Juifs. Nous regardons François Hollande œuvrer, avec curiosité, en examinant son savoir-faire politique et diplomatique. Les propos du président Bouteflika ne m'ont pas surpris. J'y ai réagi par un mot insolent et détaché. Mais François Hollande, en tant que chef de notre délégation et premier secrétaire du parti, aurait dû lui répondre. Il aurait pu le faire sans créer d'incident, car Bouteflika avait lancé cette provocation, bien dans sa manière, pour le tester. Mais il n'en avait pas encore l'expérience ou le tempérament.

Pour ma part, je n'accordais en revanche pas grande importance aux idées du président algérien. Il n'en avait pas été de même lorsque j'avais appris en 1994 que François Mitterrand, le président de la République française, de mon pays, celui pour lequel j'avais voté deux fois, qui était le leader, l'inspirateur du parti auquel j'appartenais, avait déclaré qu'il avait toujours de la sympathie pour René Bousquet, le secrétaire général pour l'administration de la police de Vichy, l'organisateur et le cerveau de la rafle du Vel' d'Hiv, le 16 juillet 1942, au cours de laquelle, plus de 13 000 Juifs dont 4 200 enfants furent arrêtés, avant de mourir en déportation pour la quasi-totalité. Mon problème n'était pas que François Mitterrand ait eu la francisque, je le savais. Ce n'était pas non plus qu'il avait été à Vichy, je le savais aussi. Je comprends qu'on ait pu, surtout pour un homme aussi jeune qu'il l'était alors, avoir un parcours compliqué dans une période aussi trouble, d'autant plus qu'il s'est fait dans la bonne direction – de l'extrême droite vers la gauche modérée, de Vichy vers la Résistance.

Ce qui me choquait, me remuait, c'est qu'il puisse dire de René Bousquet : « Ce n'était pas un Vichyssois fanatique, comme on l'a présenté, c'était un homme d'une carrure exceptionnelle. Je l'ai trouvé plutôt sympathique, direct, presque brutal. Je le voyais avec plaisir. Il n'avait rien à voir avec ce qu'on a pu dire de lui. Il a suscité un véritable culte de l'amitié autour de lui. » Je ne connaissais pas personnellement François Mitterrand, je l'avais croisé sans chaleur, mais je respectais sa fonction et admirais son talent. Il comptait à mes yeux. C'est pour cela que je me suis senti trahi quand j'ai lu ces propos tenus à Pierre Péan. Ils m'ont révolté, je ne les ai jamais admis. Je me réjouis que Jacques Chirac et ses successeurs aient pour leur part rompu avec cette ambiguïté, voire cette complaisance, et reconnu la responsabilité de la France et de son État dans la déportation des Juifs.

Une fois à l'Élysée, une sorte de métamorphose s'opère chez François Hollande : la fonction, décidément, crée l'organe ! Tout le monde se dit que cet homme, qui a été premier secrétaire du parti pendant dix ans, qui a réussi à s'imposer depuis le parti, va être un grand chef politique. En revanche, il y a un très grand scepticisme sur sa capacité à devenir homme d'État : il n'a pas été ministre, il ne maîtrise pas bien la machine administrative, à l'exception de Bercy, qu'il a fréquenté à travers la commission des finances de l'Assemblée nationale, il connaît admirablement la fiscalité, mais moins le reste. L'international ne le fascine pas, de façon surprenante il ne parle pratiquement pas un mot d'anglais. Pendant ce quinquennat, c'est exactement l'inverse qui s'est passé ! François Hollande a été un homme d'État tout à fait respectable. Certes, il a été trop timide sur certains points, incertain sur d'autres. On aurait par exemple aimé qu'il soit plus proactif sur la scène européenne qu'il ne l'a été, qu'il dise sa vision de l'Europe, et la déchéance de nationalité reste une faute, qui d'ailleurs est la seule qu'il reconnaisse. Mais, sur la plupart des sujets il a tenu son rang et sa place. Il a été un chef de guerre lucide sur Vladimir Poutine et la Russie, audacieux et crédible au Sahel, vigoureux face à la Syrie, même si hélas il n'a pas été suivi par Barack Obama. Il a été ferme, solide et très digne sur les questions de sécurité face à des attaques terroristes d'une violence sans précédent. Il a su dans ces moments terribles incarner la fonction, rassurer et rassembler le pays, pourtant en deuil et traumatisé. Il a alors formé avec le Premier ministre Manuel Valls et le ministre de l'Intérieur Bernard Cazeneuve un trio, une équipe de très bon niveau et parfois remarquable. Même sur l'Europe, s'il n'en a hélas rien ou pas assez dit, il n'a rien fait de mal : *primum non nocere*. Sur certains sujets comme la Grèce il a été à la hauteur – avec l'appui de la Commission, celui de Jean-Claude Juncker et le mien en particulier. Quand on fait le bilan du quinquennat, il y a quelques grands marqueurs, comme le mariage pour tous, et quelques belles réussites, notamment la Banque publique d'investissement, ou la signature, qui doit beaucoup à Laurent Fabius, des accords de la COP 21.

Mais en sens inverse, et c'est plus surprenant, il a été contre toute attente un chef politique souvent pusillanime et maladroit, cédant devant ses adversaires au détriment de ceux sur qui il aurait dû s'appuyer. Sur ce terrain, il a été rattrapé par sa vérité. L'élection avait révélé quelque chose qu'il avait en lui, plus de gravité, plus de substance qu'on ne le pensait. François Hollande n'est pas « Monsieur petite blague ». Mais elle n'a pas fait disparaître une limite politique intrinsèque. Il savait négocier, arranger, diviser pour régner. Mais il ne savait pas bien diriger. Ni un gouvernement – il a fait de mauvais choix humains et de mauvais choix de fonctionnement – ni le système politique dans son ensemble, qu'il n'a pas su garder en ordre. De ce point de vue, je ne partage pas la lecture qui donne aux députés frondeurs du Parti socialiste la responsabilité unique de notre échec. Ils n'en sont certes pas exempts : en politique, et surtout à gauche, l'unité est un talisman, la division une malédiction, et la mise en cause permanente du président de la République et du gouvernement, allant jusqu'à plusieurs tentatives de dépôts de motion de censure, a miné le quinquennat et dramatiquement affaibli les socialistes. Mais à mes yeux, les torts sont partagés.

On accable souvent les frondeurs, dont je réprouvais les pratiques, mais je suis persuadé qu'il y avait des moyens de les maîtriser et d'éviter cette scission rampante.

C'est en effet la base même du métier politique que de faire vivre ensemble des partis composites ou des majorités hétérogènes. Lionel Jospin a su animer un gouvernement de gauche plurielle pendant cinq ans, avec des communistes qui n'étaient pas faciles, avec des écologistes toujours éruptifs et incontrôlables, avec Jean-Pierre Chevènement, toujours prompt à jouer son propre jeu, avec déjà Jean-Luc Mélenchon, dont il avait fait un ministre engagé et sérieux, qu'il avait su responsabiliser et sortir de sa fonction tribunitienne. Tout cela a tenu longtemps ensemble, et l'explosion finale de cette construction a scellé notre défaite. François Hollande n'a même pas réussi à garder soudé le Parti socialiste, alors qu'il eût sans doute fallu donner aux frondeurs des responsabilités et des marqueurs de gauche. C'est ce qu'Emmanuel Macron a d'ailleurs fait avec sa loi sur la modernisation économique, en transformant par exemple Richard Ferrand, membre du courant d'Henri Emmanuelli, en défenseur ardent d'un libéralisme régulé, dont il s'est alors assuré l'indéfectible loyauté. Cela s'appelle faire de la politique ! Au contraire, l'exécutif, sous la houlette autoritaire de Manuel Valls, a adopté une extrême rigidité sur plusieurs sujets. Et ce fut volontaire, comme le fut l'usage du 49.3 sur la loi Macron.

Au long du quinquennat, et surtout sous le gouvernement de Manuel Valls, il y eut un manque de savoir-faire et même d'intérêt pour cette dimension essentielle, qui a finalement débouché sur sa négation dans la fameuse formule du Premier ministre, celle des « gauches irréconciliables », que j'ai toujours considérée comme un passeport pour l'échec.

Si la gauche, si les gauches sont irréconciliables, alors il leur est tout simplement impossible de gagner et de gouverner ! La gauche, historiquement minoritaire en France, ne peut le faire que dans l'unité de ses différents courants, donc leur réconciliation. Il s'agit là du plus grand défi pour elle, que François Mitterrand dans les années 70 et Lionel Jospin avec la gauche plurielle ont relevé.

C'est parce que le Parti socialiste, dans les années 70, est parvenu à surpasser le Parti communiste, parce qu'il a signé avec lui le programme commun de la gauche avant de résister à sa rupture par Georges Marchais, que François Mitterrand a pu l'emporter en 1981. Lionel Jospin a gagné en 1997 puis a gouverné ensuite pendant cinq ans parce qu'il avait su à la fois refaire du Parti socialiste une formation politique forte et crédible et parce qu'il avait patiemment construit ses alliances. Ce ne fut pas le cas de François Hollande après 2012.

Mon atterrissage à Bercy

Je ne m'étais pas spécialement préparé pour être ministre de l'Économie et des Finances. Il ne faut d'ailleurs jamais trop penser par avance à une fonction ministérielle. Les sujets économiques et financiers ne m'étaient certes pas étrangers, loin de là. C'étaient même mes premières amours, puisque j'étais membre de la Cour des comptes, que j'avais été chef du service du financement de l'économie au Commissariat au Plan, que j'avais appartenu à la commission des finances de l'Assemblée nationale et à la commission économique et monétaire du Parlement européen. Mais le cours de l'existence a fait que, petit à petit, je m'étais davantage tourné vers les affaires européennes, au sens politique du terme, et vers les questions internationales. En 1997, j'aurais pu devenir secrétaire d'État au Budget, et j'y étais prêt. Les circonstances ont fait que cela ne s'est pas produit.

J'avais répondu rapidement à trois questions d'une journaliste du *Parisien* entre les deux tours des législatives, qui s'étaient transformées sous sa plume en présentation du futur budget de Lionel Jospin, lequel m'avait téléphoné furieux en me disant : « Tu t'imagines que les ministres s'autodésignent ? Non, c'est moi qui vais les nommer ! » Un peu bafouillant, je lui réponds : « Je suis sur un marché dans ma circonscription dans le Doubs », ce qui m'a valu un cinglant : « Tu es dans le Doubs, reste dans le Doubs ! », et une petite semaine d'angoisse. Finalement, il m'a nommé ministre délégué chargé des Affaires européennes, en m'appelant à la dernière minute pour me dire : « Tu seras ministre chargé des Affaires européennes. C'est mieux que le Budget. Tu seras ministre délégué au Quai d'Orsay, auprès d'Hubert Védrine. Tu participeras au Conseil des ministres toutes les semaines, dans une fonction très proche de moi. Tu joueras un rôle entre l'Élysée et Matignon. » Je ne pense pas alors que j'y resterai cinq ans, mais ce sera le cas. Ensuite, j'ai été pendant six ans le secrétaire national du Parti socialiste aux relations internationales.

J'avais pris goût à celles-ci, et en 2012 j'aurais été ravi de retourner au Quai d'Orsay, cette fois-ci comme ministre des Affaires étrangères. Mais je ne me faisais pas d'illusion. Je savais que Laurent Fabius, à défaut d'être le Premier ministre de François Hollande, visait le Quai d'Orsay, et que si c'était le cas, compte tenu de son statut et de son expérience, il l'obtiendrait, le ministère des Affaires étrangères étant souvent, dans notre histoire, accueillant pour les hommes d'État expérimentés. C'est ce qui arriva. Je savais aussi que mes options personnelles – très européennes et plutôt amicales pour un socialiste à l'égard des États-Unis, sans pour autant être alignées – n'étaient pas celles de toute la gauche, et m'auraient exposé au procès en européisme et en atlantisme qu'affectionnent les plus souverainistes.

Je me suis donc retrouvé à Bercy. François Hollande pensait probablement qu'il lui fallait à ce poste quelqu'un d'à la fois expérimenté et neuf, anglophone, avec un talent diplomatique et un peu de crédibilité dans le microcosme européen pour négocier du temps avec la Commission afin de réduire nos déficits, et pour imprimer une ligne européenne à nos finances publiques. Michel Sapin, qui en rêvait et s'y voyait déjà, avait déjà occupé le poste vingt ans avant. Il avait peu travaillé pendant la campagne, et un peu trop communiqué. Il fut de l'aventure, mais au ministère du Travail et de l'Emploi.

J'avais commencé à comprendre cette éventualité depuis quelques semaines, mais je suis arrivé à Bercy sans équipe formée. C'était un dimanche, ou un jour férié, je ne sais plus. Je prends possession de mon bureau avec ma fidèle assistante et amie Isabelle Jailloux, qui m'accompagnait depuis 1992 au Parti socialiste. On me donne un livret relié, c'est la « Bible » du ministre : les notes du Trésor. Tout y est, c'est le vademecum de l'impétrant : « Voilà ce qu'il faut faire, monsieur le ministre. » Je fais la transition avec François Baroin. Nous n'appartenons pas au même camp politique, mais il n'est pas sectaire ni agressif, il est ouvert, comme moi, au dialogue avec ceux qui ne pensent pas comme lui. François Baroin est de droite, mais d'une droite ouverte, empathique. Il est humain, en un mot, et nous avons toujours éprouvé de la sympathie l'un pour l'autre. Il m'explique que la France est en crise financière, à quel point elle souffre sur le plan budgétaire, les implications européennes. L'entretien est bref et chaleureux, à la fois alarmiste et peu surprenant. En vérité, il ne m'apprend rien que je ne sache déjà ! Il me dit qu'il y a à Bercy de très bons directeurs, le directeur du Trésor, le directeur du Budget. Il me quitte, et je me retrouve seul.

Je reçois d'abord un coup de fil de mon homologue britannique, George Osborne, je refuse de lui répondre et décide d'appeler Wolfgang Schäuble, le ministre des Finances allemand. Il ne s'agit pas de ma part d'une grossièreté – j'aurai plus tard de bons rapports avec George Osborne, comme avec son successeur, Philip Hammond, et contrairement à d'autres je ne souffre pas d'anglophobie : c'est politique. Il m'aurait semblé d'une singulière maladresse de commencer par un coup de fil avec le ministre des Finances britannique, chancelier de l'Échiquier d'un pays situé hors de la zone euro, alors que notre premier interlocuteur et partenaire est l'Allemagne. J'appelle Wolfgang Schäuble, que je n'avais jamais rencontré, et lui dis : « Monsieur le ministre, je suis votre nouvel homologue français, nous ne nous connaissons pas, nous n'avons pas les mêmes opinions, mais je souhaite que nous ayons ensemble des relations très amicales, franches, que nous nous disions les choses, et bien sûr mon premier voyage doit être pour Berlin, où je serais honoré que vous puissiez me recevoir rapidement. » Ce qui fut fixé trois jours après.

J'appelle ensuite le directeur du Trésor, Ramon Fernandez, un brillant haut fonctionnaire déjà en place depuis quelque temps, petit-fils d'un homme qui était à la fois un grand critique littéraire et un collaborationniste, sur lequel son père, l'académicien Dominique Fernandez, a écrit un beau livre. On me le décrit comme charmant, intelligent, apprécié de ses équipes, avec une très bonne réputation de gestionnaire de crise. Tout cela s'est vérifié. Je le reçois pour lui dire en personne : « L'Europe et la crise financière vont être au cœur des années que je vais passer ici, je vous demande de rester au moins un an. Car je pense que dans ce moment où nous avons beaucoup de choses à faire dans le champ international, au G20, au G7, au FMI, à l'Ecofin, à l'Eurogroupe, en pleine crise grecque, si le ministre part, il faut que le directeur du Trésor reste, et donc nous aurons j'espère une relation de confiance. » Et nous l'avons eue : c'est un choix que je ne regrette absolument pas. Ramon Fernandez a été pour moi un parfait *deputy*, comme on dit dans le jargon des institutions internationales, et nous avons fait un bon tandem. Nous nous sommes bien rencontrés, non pas toujours sur le fond, où nous avons eu des divergences sur certains sujets, par exemple sur la loi bancaire. Nos options politiques différaient. C'était un homme de centre-droit, qui avait été directeur de cabinet de Xavier Bertrand et conseiller à l'Élysée sous Nicolas Sarkozy, mais nous partagions un esprit de finesse, si je peux m'attribuer cela, et une même conviction européenne. Nous sommes restés depuis en termes amicaux.

Enfin, je choisis un directeur de cabinet. Le ministère me propose trois candidats, deux qui viennent de Bercy et un qui n'en est pas issu à l'origine. Je décide de prendre le troisième homme, Rémy Rioux, un membre de la Cour des comptes, aujourd'hui directeur général de l'Agence française de développement. Je l'avais connu lorsqu'il était au cabinet de Daniel Vaillant, alors ministre de l'Intérieur : c'est un normalien, énarque, fils d'un historien éminent, Jean-Pierre Rioux, esprit fin et littéraire, passionné par l'Afrique et respecté sur tout le continent, qu'il m'a fait à son tour mieux connaître et aimer. Je n'ai eu qu'à me féliciter de ce choix. Rémy Rioux fut un collaborateur d'une parfaite loyauté, qui partageait ma vision de l'économie et de la politique, et il a parfaitement rempli son rôle de pilotage du ministère et d'interface avec l'extérieur. Il a été pour moi un soutien précieux, dans les bons comme dans les mauvais moments. J'ai pour lui estime et affection.

Je lui demande de m'aider à constituer mon cabinet, ce qu'il fait en me proposant un certain nombre de jeunes gens qui n'étaient pas de mauvaise pioche. Ainsi le directeur adjoint de mon cabinet, Alexis Kohler, est devenu en 2017 secrétaire général de l'Élysée. Je ne le connaissais pas, mais j'ai découvert un homme calme, précis, subtil, bon animateur d'équipe, pince-sans-rire, doté d'une capacité de travail hors du commun, extraordinairement pointu sur les questions liées au financement de l'économie. Il a bien sûr pris au fil des ans, et au premier chef depuis l'élection d'Emmanuel Macron, une nouvelle dimension, plus globale et plus politique, qui lui permet de jouer un rôle primordial dans l'État aujourd'hui. Nous avons noué progressivement une relation de travail et d'amitié, sans familiarité mais très fidèle et solide, qui dure encore.

Beaucoup de mes conseillers d'alors ont depuis fait leur chemin. Mon conseiller juridique, Jean Maïa, est secrétaire général du Conseil constitutionnel. Jean-Jacques Barbéris, lui aussi énarque et normalien, au physique d'Harry Potter et habillé comme Tom Wolfe, réussit brillamment dans le pilotage du financement de l'économie et fut vite appelé au cabinet de François Hollande. Il est aujourd'hui un des dirigeants d'Amundi. Le conseiller technique en charge des financements internationaux, Julien Denormandie, fut ministre de l'Agriculture et est un des proches parmi les proches du président de la République. Thomas Philippon, brillant économiste, est professeur à NYU, alors que Thibault Guyon est le conseiller économique de la Première ministre.

Je me suis aussi entouré de conseillers plus « politiques », comme Pascal Brice, un ami diplomate, qui est par la suite devenu directeur général de l'OFPRA et est aujourd'hui membre de la Cour des comptes. André Martinez, un ami de François Hollande, fut mon contact utile avec le monde de l'entreprise. Mon jeune conseiller politique et parlementaire, HEC d'origine coréenne, plein d'enthousiasme et terriblement organisé, qui travaillait déjà avec moi à l'Assemblée nationale et dans la campagne de François Hollande, Cédric O, devint secrétaire d'État après avoir été une cheville ouvrière de l'aventure Macron. Ma conseillère fiscale, Irène Grenet, sut tenir tête à l'imagination fertile de ses homologues de l'Élysée et du Budget. Elle poursuit son itinéraire dans la publicité et l'audiovisuel. Lucie Mattera, qui m'avait déjà assisté au Parlement européen, fut ma plume à Bercy comme plus tard au Parlement européen. Je sais ce que je dois à cette jeune femme aussi réservée qu'engagée, pleine de finesse et dotée d'une puissance de travail étonnante. Et je ne peux oublier de citer ma conseillère en communication, Safia Otokoré, Somalienne et Bourguignonne, aussi talentueuse qu'éruptive, aussi convaincue qu'intuitive, qui s'est élevée par le travail depuis une jeunesse douloureuse en Somalie, et qui aujourd'hui mène une carrière brillante à l'Agence française de développement. Elle est depuis vingt ans maintenant ma complice et mon amie. Enfin, ma conseillère sur les participations publiques, Anne-Michelle Bastéri, seule inspectrice des finances du cabinet, qui avait mille talents et cent idées à la minute, est devenue mon épouse puis la mère de mon fils Joseph, après que j'ai quitté Bercy. Faut-il dire à quel point cette rencontre a compté pour moi, à tous égards ? Elle a tout simplement changé ma vie.

Beaucoup, du coup, voient dans mes équipes la « pouponnière » de la macronie. Pour mon cabinet, ce n'est pas totalement faux, même si je ne les y ai ni poussés, ni entraînés. Mais mon départ de la politique nationale pour rejoindre la Commission européenne en 2014 y est sans doute pour beaucoup, et il aurait pu être évité. J'étais devenu au fil des ans le leader du courant social-démocrate du Parti socialiste, et mon éviction a causé à la fois un vide et un appel d'air. Mon cabinet à Bercy et plus généralement les orphelins de

Dominique Strauss-Kahn, qui s'étaient regroupés autour de moi, ont été chercher un horizon ailleurs, une fois que j'ai quitté la scène politique, déçus par François Hollande, par ses atermoiements et ses silences. On voit ainsi ce qu'a coûté à la gauche le désaveu de son aile sociale-démocrate lors du changement de gouvernement en 2014.

J'ai vécu pendant près de deux ans des moments difficiles avec cette équipe, d'abord parce que c'était une période de crise, on l'oublie toujours. De 2012 à 2014 il n'y a aucune marge de manœuvre, les finances publiques sont dans un état lamentable, avec un déficit initial de plus de 5 %, et des tensions financières. Il y avait un choix à faire, soit la crise européenne, soit l'arrimage européen. Mon choix, et c'est pour ça que j'étais là, était celui de l'accrochage européen – mais pas sans contreparties ni inflexions ! J'étais vu comme un haut fonctionnaire d'origine, assez proche du président dont j'avais dirigé la campagne victorieuse, bon locuteur en anglais, réaliste et pro-européen, donc rassurant. J'étais là pour ça. C'est la partie que j'estime avoir le mieux réussie dans le contrat qui était le mien, avec une très grande latitude d'action. Car François Hollande m'a laissé une grande marge de manœuvre dans le champ international et européen. Cela représentait environ 40 % de mon activité, et à côté de cela il y avait tout le reste : l'économie, son financement, les finances publiques, l'entreprise.

L'Europe, notre cadre, mon choix

Le ministère des Finances, Bercy, n'est pas un État dans l'État. Mais c'est tout de même incontestablement le ministère le plus puissant de la République. La structure du ministère reste solide, ses fonctionnaires sont très motivés et sûrs de leur rôle, y compris dans un contexte général où, j'en suis très frappé aujourd'hui, l'appareil d'État est démoralisé. Les fonctionnaires et les hauts fonctionnaires doutent. Les ministères ont un besoin massif de transformation : Bercy échappe en partie à cette nécessité et demeure un ministère dont les structures, les compétences et les troupes demeurent très mobilisées et assez sûres d'elles, même vis-à-vis de leur ministre, qui doit parfois se battre pour s'imposer. Le ministre des Finances regarde Matignon avec bienveillance et sans envie. Il y va de temps en temps, pour expliquer au Premier ministre ce qui se passe, mais il dépend en réalité surtout du président. Les affaires économiques et financières, Europe oblige, crise oblige, sont aujourd'hui *de facto* rentrées dans le *domaine réservé*, et exigent une forte confiance entre le président, le Premier ministre et le ministre des Finances.

François Hollande avait fait un choix très inconfortable pour moi, celui de nommer sept ministres à Bercy, avec un management complètement obscur malgré des décrets d'attribution qui étaient d'une clarté totale. J'avais à peu près toutes les compétences du ministère, j'avais sous ma responsabilité toutes les directions de Bercy, à l'exception d'une qui était partagée, l'Agence des participations de l'État, dont je contrôlais l'essentiel, et d'une autre qui est restée aux mains du ministre du Redressement productif, Arnaud Montebourg, la direction générale des entreprises. Ce qui veut dire qu'en réalité Arnaud Montebourg avait des attributions et des compétences égales à celles de Christian Pierret ou Christian Estrosi, ex-secrétaires d'État à l'Industrie. Il y avait là de quoi le frustrer, d'autant qu'il avait une ambition beaucoup plus grande et un langage tonitruant voire grandiloquent, celui d'un missionnaire et d'un visionnaire qui voulait redresser l'industrie française et changer le cours de sa politique économique avec ses « mohicans ». Ce contraste entre l'outrance du discours et la capacité d'action réelle faisait davantage penser aux Pieds nickelés qu'aux sauveurs de l'économie française. Mais il n'était pas le seul. Cinq autres ministres s'ébrouaient à Bercy : Nicole Bricq, ministre du Commerce extérieur, Sylvia Pinel, ministre de l'Artisanat, du Commerce et du Tourisme, Benoît Hamon, ministre délégué à l'Économie sociale et solidaire, auprès de moi, et Fleur Pellerin, en charge des PME et du numérique auprès d'Arnaud Montebourg. Jérôme Cahuzac puis Bernard Cazeneuve furent successivement ministre délégué du Budget à mes côtés. J'avais donc au total un champ d'attribution extrêmement large. Mais ce morcellement, davantage dans la parole que dans l'action, était aussi voulu que préjudiciable. Dans les faits, j'étais à la tête d'un grand Bercy, qui dans sa composition comme dans son expression n'avait jamais été aussi éparpillé. Cette situation ne pouvait pas me convenir, et je n'en étais pas satisfait.

Arrivé à Bercy, j'ai d'abord dû gérer les conséquences de la taxe à 75 %, qui ont d'emblée compromis nos relations avec les grandes entreprises. Après l'élection, le président de Capgemini, Paul Hermelin, ancien directeur de cabinet de Dominique Strauss-Kahn à l'Industrie, un homme respecté dans les milieux patronaux, m'invite dans le cadre du club Entreprise et Cité dans un restaurant italien près de l'Étoile. Et là, les grands patrons français me réservent un accueil absolument glacial. On me fait tout de suite comprendre que si nous mettons en place la taxe à 75 %, ce sera la guerre. Bernard Arnault, par exemple, m'avertit qu'il ferait partir tous ses créatifs à l'étranger ! Je lui réponds que nous ferons les 75 %, mais de telle sorte que la mesure touche les entreprises, non les individus, les talents, et de façon temporaire. J'ai rassuré sans lâcher, mais en relativisant. Par ailleurs, je savais qu'il n'y avait pas de leur part d'inquiétude fondamentale, mais un jeu de rôles : la gauche avait suffisamment gouverné durant ces quarante ans pour qu'ils n'ignorent pas qu'elle savait bien gérer l'économie, et que malheureusement aussi pour elle, il lui revenait souvent de faire le « sale travail » d'assainissement des comptes, qui n'avait pas été fait auparavant, voire de procéder à la modernisation de l'économie et à sa libéralisation, y compris à travers des privatisations.

Mais très vite, j'ai été happé par la crise européenne et notre place dans la zone euro. J'ai noué, aussitôt nommé, une relation étrange, à la fois très antagonique et amicale avec Wolfgang Schäuble. Cet homme, paralysé des jambes depuis un attentat en 1990, cloué dans son fauteuil roulant, est d'un courage étonnant face à une souffrance physique constante. D'une intelligence limpide et rapide, il est aussi un conservateur parfois d'une très grande agressivité, qui déteste viscéralement la gauche. En même temps, c'est un grand Européen et un vrai francophile. J'arrive à Berlin dans son bureau, avec toute une équipe issue de mon cabinet et du Trésor et je leur demande – c'est une technique que j'utilise assez souvent, car je crois beaucoup à la relation interpersonnelle – de rester dehors, pour m'entretenir seul avec le ministre. Je me présente à lui, nous parlons en tête à tête trente-cinq minutes, au cours desquelles je lui dis : « Wolfgang, voilà ce que je vais faire, voici nos engagements européens, je tiendrai ma parole, on est là pour ça, je suis un social-démocrate, je mènerai une politique sociale-démocrate, mais les comptes seront assainis. Nous ne serons pas toujours d'accord, mais je souhaite que nos désaccords restent entre nous deux, que nous travaillions toujours à les dépasser et à les régler entre nous, jamais en public. » Il m'a aussi montré par la suite beaucoup d'attention et de cordialité, voire, je l'ai ressentie, une forme d'affection. Mais cela n'empêchait pas l'agacement ni les divergences, et il est clair que dans les affaires européennes, il était le pôle de droite, j'étais le pôle de gauche. Je l'ai été comme ministre français puis comme commissaire européen. C'était très net à l'Eurogroupe, le Conseil des ministres des Finances de la zone euro. Nous n'étions pas d'accord sur la Grèce. Il souhaitait que la Grèce sorte de la zone euro, je voulais de toutes mes forces qu'elle y reste et qu'elle y soit mieux traitée. Nous n'étions pas d'accord sur le pilotage des politiques budgétaires, qu'il souhaitait durcir alors que je le voulais flexible. Nous n'étions pas d'accord sur la France, qu'il trouvait laxiste et trop lente à se réformer. Il a eu la correction de ne jamais prendre de position publique antifrançaise, mais il était toujours furieux que les socialistes dirigent le pays et qu'ils mettent en place des politiques de redistribution fortes.

Mon deuxième déplacement a été pour la Commission européenne, afin de rencontrer le commissaire aux Affaires économiques et financières, le Finlandais Olli Rehn, et lui expliquer que nous tiendrions nos engagements, et que les déficits nominaux – incarnés par l'objectif des 3 % – et les déficits structurels – c'est-à-dire ceux qui sont indépendants de la croissance – allaient être réduits, que nous respecterions les critères, même si nous avions besoin de délais. Je me suis battu pour obtenir deux fois ces délais, de un an puis de deux ans, pour revenir en dessous des 3 %. Mais j'ai aussi d'emblée dit à la presse européenne : « Attention, je refuse que l'on vienne s'immiscer de façon trop prescriptive dans nos affaires, nous avons des finalités communes, mais les moyens sont nationaux, donc c'est le ministre qui pilote. » Et je me suis investi dans les affaires internationales et à l'Eurogroupe. Sur la Grèce, je me suis positionné très tôt comme ce que j'ai constamment été avec François Hollande, puis à la Commission : son défenseur. Je voulais que ce pays si proche de nous, si fondamental dans l'histoire de l'Europe et de la démocratie, soit traité dans des conditions qui cessent d'être humiliantes et qu'on lui offre des issues honorables.

Sur les affaires européennes, j'ai eu une paix royale. François Hollande me faisait totalement confiance sur ces sujets – il est vrai que certains étaient très techniques, comme l'Union bancaire. Il savait aussi que j'allais aboutir. Peut-être, enfin, n'était-il pas fâché d'avoir quelqu'un en première ligne qui puisse essuyer le feu, notamment par rapport à la gauche, ce qui permettait de le détourner de lui, qui se contentait de m'appuyer sans rien dire et en laissant d'autres lignes politiques et économiques, comme celle d'Arnaud Montebourg, s'exprimer bruyamment sans être jamais contredites... ni au demeurant suivies. Je n'étais pas dupe, je savais que je pouvais servir le moment venu de fusible – ce fut d'une certaine manière le cas en avril 2014 lorsque j'ai quitté mes fonctions – mais cela me convenait : j'aimais ce que je faisais, je croyais que c'était juste et bon, et j'appréciais la grande liberté qui m'était laissée.

Nous avions fréquemment à Bruxelles des réunions nocturnes de ministres des Finances sur la Grèce ou sur l'Union bancaire : jamais je n'ai rendu compte à un quelconque conseiller de l'Élysée, jamais je n'ai réveillé le président la nuit pour un avis ou une question. Je lui ai toujours rendu compte le matin, en lui disant : « Voilà, nous y sommes arrivés, la France a joué sa partition et atteint ses objectifs », sans jamais être contredit – ni à vrai dire souvent remercié – par lui. C'était à la fois passionnant, frustrant et usant. Car je n'aurais pas détesté pouvoir parler un peu plus profondément de l'Europe avec le président de la République, plutôt que d'avancer souvent avec mes propres options et une sorte de feu orange clignotant de sa part. Mais en fait il ne le souhaitait pas, alors qu'il en était tout à fait capable. C'est un sujet qu'il connaît bien, sur lequel il a des convictions – il n'avait pas été pour rien le bras politique de Jacques Delors et le président de ses clubs Témoin au début des années 80. Mais il a toujours été très prudent sur la question et le référendum perdu de 2005 sur le Traité constitutionnel européen, qui lui a sans doute coûté sa candidature en 2007 et a abîmé la fin de son parcours rue de Solférino, à la tête d'un parti divisé sur l'Europe, n'a fait qu'aggraver cette réserve. Son silence était pour beaucoup dû au fait qu'il savait que c'était un sujet de controverse pour la gauche et qu'il ne voulait pas s'exposer. J'étais pour ma part prêt à le faire.

Sur le fond, je lance des idées. Je parle d'Europe sociale, je parle de SMIC européen, je parle, surtout, le premier, d'un budget de la zone euro, d'une zone euro qui investit. Au fond, à cette époque-là, ce que je propose préfigure ce qui a été fait durant la crise Covid, c'est-à-dire un fonds commun, avec une mutualisation de dettes, des politiques solidaires d'investissement. Je pensais que cela pouvait aboutir, pas forcément à court terme, mais que c'était absolument indispensable, et ce fut l'un de mes chevaux de bataille tout au long de mes années européennes, qui finalement ont duré de 2012 à 2019, puisque je suis resté pendant sept ans autour de la table des Conseils des ministres des Finances, l'Ecofin et l'Eurogroupe, en changeant seulement de siège pour y représenter la Commission européenne après y avoir incarné la France.

Le ras-le-bol fiscal

Le deuxième grand sujet que nous avions à traiter, lié au demeurant à l'Europe, était les finances publiques. Dans leur confection, il y a un aspect européen, qui est complètement porté par le ministre des Finances et par le Trésor. Et il y a la fabrication quotidienne du budget, qui est largement confiée au ministre délégué chargé du Budget, chapeauté par le ministre des Finances, gardien des grands équilibres et de la cohérence européenne, et suivi d'extrêmement près par le président de la République, notamment dans la partie fiscale. Et François Hollande a fait d'emblée un choix qui lui ressemblait, très politique et à mon avis très coûteux, celui d'insister beaucoup plus sur les recettes que sur la dépense. Nous avons peu touché aux structures de l'action publique, en tout cas pendant les années où j'étais Bercy, un petit peu plus dans les années suivantes : le choix initial fut l'ajustement par les impôts. C'est un choix traditionnel à gauche, où beaucoup conservent une croyance absolue dans les vertus de l'impôt, très liée il est vrai à son histoire. La création de l'impôt sur le revenu, l'extension de sa progressivité, l'instauration de la CSG, l'impôt sur la fortune furent de grandes [illegible] de la gauche.

Je suis moi aussi convaincu que la fiscalité est un outil essentiel de réduction des inégalités et de redistribution, de modification des comportements économiques ou d'incitation à la production comme à l'écologie. C'est sur ces registres que j'ai entendu jouer à Bercy, mais aussi à Bruxelles comme commissaire en charge de la fiscalité. En revanche, je ne crois pas que l'alourdissement sans limite de la charge fiscale au nom du service public soit l'alpha et l'oméga d'un socialisme moderne. Il y a une autre voie pour nos finances et nos politiques publiques, celle de la transformation par la réforme. Celle-ci procède de l'idée qu'il est possible de dessiner des politiques publiques qui soient aussi efficientes, moins coûteuses et plus justes, que cela suppose de mettre les mains sous le capot et de changer les pièces là où c'est nécessaire. Nous ne l'avons pas suffisamment explorée en 2012, et elle reste trop négligée en général dans notre pays. Nous avons laissé la dépense publique globalement intacte. Ce n'est pas, j'en suis persuadé, la logique qui eût été celle de Dominique Strauss-Kahn, ce n'était pas la mienne. La logique retenue fut beaucoup plus budgétaire, et comme l'outil de la maîtrise de la dépense n'était pas disponible à court terme, nous avons utilisé le levier fiscal. Je parlerais même d'une véritable *fantasia* fiscale, qui a très tôt dégradé l'image du pouvoir dans l'opinion. Les dégâts furent très vite considérables, voire irréparables. Nous savions déjà, dès décembre 2012, que la réélection du président en 2017 serait compliquée.

Il n'était pas possible de mener dès l'été ou l'automne 2012 une politique forte de réduction de la dépense, sauf à faire de l'austérité, ce qui n'était pas souhaitable en période de crise au risque de dégrader encore la croissance et eût été difficilement acceptable politiquement comme socialement.

L'alignement de la fiscalité du capital sur la fiscalité du travail a eu lieu, les 75 % ont été mis en œuvre sans grands dommages, mais pas la réforme structurelle, et notamment la fusion de l'impôt sur le revenu et de la CSG n'a pas été mise en avant. Mais nous avons surtout dû consentir à un choc fiscal d'une ampleur majeure, avec la taxe à 75 %, l'alourdissement de l'ISF, la non-indexation du barème de l'impôt sur le revenu, la création d'une tranche à 45 % sur l'impôt sur le revenu, l'alignement de la fiscalité de l'épargne sur celle du travail. Ce « paquet fiscal » fut collectivement décidé, j'en suis forcément solidaire. Mais il a eu un coût politique et économique énorme. Car c'était un prélèvement sur les agents, pesant sur la consommation au moment où la croissance ne décollait pas – cela pesa aussi sur leur moral et sur leur humeur.

J'étais conscient de ces effets graves, que je savais inévitables. Mais pour moi il s'agissait de ce qu'on appelle à Bruxelles un « *one off* », un fusil à un coup. Il eût fallu qu'à cette politique fiscale, utile pour la justice sociale et nécessaire à court terme au rétablissement des finances publiques, s'ajoutent une approche de transformation publique, pour améliorer la qualité de la dépense publique, et une politique de l'offre, pour muscler la compétitivité française, fortement décrochée. François Hollande était conscient de cette nécessité. Les économistes de sa campagne lui avaient suggéré un « choc de compétitivité », qu'il avait écarté. Mais sa première proposition avait été la création d'une Banque publique d'investissement, dont j'ai assumé la préparation et la discussion parlementaire avec un jeune rapporteur de grand talent, Guillaume Bachelay, amoureux de l'industrie, qui en avait nourri l'idée. Jean-Marc Ayrault a vite confié à Louis Gallois, grand haut fonctionnaire et patron de gauche, chevènementiste à l'origine, un rapport sur la compétitivité. Celui-ci déboucha sur le CICE (Crédit d'impôt compétitivité emploi), mesure bienvenue pour l'économie.

Le premier choc que François Hollande imposa à la France fut toutefois fiscal. Pour l'accompagner dans ce choix, François Hollande a nommé un ministre chargé du Budget d'une grande virtuosité, en totale synergie avec lui sur l'impôt, Jérôme Cahuzac. Quand celui-ci quitte Bercy, dans des circonstances sur lesquelles je reviendrai bien sûr, c'est Bernard Cazeneuve qui lui succède. Celui-ci est un homme d'une intelligence reconnue, plein d'humour et très réfléchi, un orateur d'une belle précision, un travailleur très organisé et pointu sur ses dossiers. Mais il est également ombrageux. Son ambition est aussi discrète que puissante, sans paraître jamais y toucher. Il se revendique toujours d'une haute idée de la République et de l'État, qui est sans aucun doute la sienne, mais qu'il reconnaît à mon sens trop peu aux autres, vite disqualifiés dans sa bouche et sous sa plume prolixe pour leur petitesse ou leur égoïsme. Nos relations, qui auraient pu et dû être excellentes, par fonction et parce que nous nous entendions bien avant son arrivée à mes côtés, ne furent pas aussi bonnes qu'elles l'auraient dû. Il réussit subtilement à discuter ses sujets avec le Premier ministre et le président de la République, beaucoup plus qu'avec son ministre de tutelle. J'aurais aimé que les choses se déroulent autrement et que l'ambiance de travail entre nous et nos équipes, vite engagées dans une défiance réciproque aussi ridicule que contre-productive, soit meilleure. Ce ne fut pas le cas, et je le regrette, pour la qualité de l'action publique d'abord, d'autant que nous avions peu de divergences de fond. Bernard Cazeneuve reste dans le paysage dévasté de la gauche réformiste une des voix qui porte encore et qui peut demain compter.

Quand arrive le deuxième budget du quinquennat, le Projet de loi de finances pour 2014, nous avons à nouveau autour du président, dans le salon vert de l'Élysée, des réunions d'arbitrage surréalistes par leur détail, et l'idée de verser une rasade de TVA et de CSG est sur la table. J'avais passé mon été à réfléchir, j'étais convaincu qu'il fallait débloquer la situation économique, investir. Et la TVA et la CSG à la fois, c'était beaucoup trop ! J'ai donc suggéré à François Hollande de passer à une nouvelle phase, celle d'une politique de l'offre plus assumée, et pour cela de négocier un pacte avec les entreprises. Celui-ci avait été proposé par un homme habile et sympathique, plein d'entregent et d'imagination, René Ricol, toujours présent dans les cercles du pouvoir, qui fut commissaire à l'Investissement sous Nicolas Sarkozy, plutôt de droite mais sincèrement prêt à nous aider, et avec qui, comme beaucoup, j'ai une vieille et amicale relation. Nous étions fin août 2013, je suis invité sur France Inter et me laisse emporter par ma conviction : « Je suis moi aussi sensible au ras-le-bol fiscal que ressentent les Français. » Cette phrase restera. C'était un mardi matin, j'avais rendez-vous à 17 h avec François Hollande, qui est très avare d'éloges, et qui me complimente, une fois n'est pas coutume : « C'était très bien, c'est comme ça qu'il faut parler, tu as eu entièrement raison, voilà une émission qui fera parler d'elle. » Et effectivement elle a eu impact certain ! Il y a nécessairement un seuil de tolérance à l'impôt et une forme d'allergie fiscale qui, contrairement à ce qui a été dit par certains socialistes aussi péremptoires que coupés du peuple, n'est pas réservée aux hauts revenus. Elle touche surtout les couches populaires.

Je suis alors élu du pays de Montbéliard, pas de Neuilly ou de Paris. Je ne parle pas au nom de gens qui payent l'ISF, je parle en connaissant bien l'ouvrier qui n'a pas envie qu'on lui dise que sa TVA et sa CSG vont augmenter, d'autant que ce sont les impôts les plus indistincts et proportionnels, les moins progressifs, ceux qui vont frapper tout le monde, et donc les plus injustes. Le légitime attachement de la gauche et de ses électeurs au service public ne valide pas l'augmentation indéfinie de la dépense publique financée par la frénésie fiscale ! Sur ce point, je suis resté de façon très têtue fidèle à ma conviction : je suis de plus en plus attaché en matière fiscale à la stabilité dans l'innovation et la justice – il faut savoir taxer pour réduire les inégalités ou favoriser la transition écologique – plutôt qu'aux tentations symétriques du coup de massue et des baisses d'impôts sans autre effet que le creusement des déficits.

Mes propos, tenus à la veille de l'université d'été du Parti socialiste de La Rochelle, sont très commentés. Tout le monde, de Jean-Marc Ayrault, héritier de Jean Poperen, qui campe sur une position de gauche traditionnelle, attachée au « grand soir » ou à la remise à plat fiscale, à Martine Aubry, toujours première secrétaire et très attentive à la dépense sociale plus qu'à son financement, commence à me flinguer. Sans surprise mais sans plaisir, je constate que François Hollande, après m'avoir chaleureusement félicité, prend ostensiblement ses distances avec moi. Il me fait savoir qu'il n'est pas satisfait de ma formulation, qui aurait par trop emprunté au vocabulaire de la droite, avant de reconnaître lui-même qu'il fallait une pause fiscale, dès la semaine suivante. Pourtant, je n'avais pas voulu « trianguler », mais tout simplement me faire comprendre ! Je persiste et signe, convaincu que j'avais raison et que je nous ai empêchés de faire une énorme erreur, d'imposer aux Français un deuxième choc fiscal qui eût été fatal à l'économie comme à ce qui nous restait de capital politique. Mais je l'ai aussi payé en prêtant le flanc à une campagne prétendument de gauche. Je me suis alors souvenu à mes dépens du fameux adage : « C'est un grand tort d'avoir raison trop tôt » !

À partir de ce moment-là commence pour moi un véritable chemin de croix. Je sens que mes jours à Bercy sont comptés. D'autant que François Hollande, déjà très affaibli politiquement, ne s'appuie pas sur son aile réformiste. Arnaud Montebourg, écarté des vrais centres de décision, élabore une logique alternative de sortie de nos engagements européens, de démondialisation et adresse directement à François Hollande une série de notes que ni l'auteur, ni le destinataire ne m'envoient, mais dont je n'ignore pas l'existence. Cela ne facilite pas la cohésion à Bercy ! Nos options européennes sont pourtant claires. Bien sûr, François Hollande noue des relations positives avec ses homologues espagnol ou italien, c'est naturel, tant nos pays sont proches et nos approches européennes et de finances publiques largement partagées. Mais il donne à Angela Merkel, et d'emblée, les mêmes signes que j'avais donnés à Wolfgang Schaübl e : le tandem franco-allemand est pour lui le cœur de toute notre politique européenne. Et il obtient un rééquilibrage de la politique européenne vers la croissance. Cette stratégie me paraît être de bon sens.

François Hollande a été très tôt impressionné par Angela Merkel, et très respectueux d'elle. Au final, ils se sont plutôt bien entendus, mais sans donner une forte impulsion européenne. Ce n'était pas leur tempérament, ni à l'un, ni à l'autre. Rien de déshonorant ne s'est produit pendant ces cinq années, aucun crime contre l'idée européenne n'a été commis, la sortie de crise s'est effectuée progressivement et les initiatives de la Commission ont dans l'ensemble été suivies. Mais il n'y a pas non plus eu de coup d'éclat. Le redressement de la France était trop lent et incomplet, et l'Europe n'avance jamais sans initiative française. Je regrette que François Hollande s'y soit refusé.

La finance ne doit pas être notre ennemie

Le troisième volet de mon activité à Bercy fut le financement de l'économie. J'y ai fait des choses tout à fait importantes. J'ai d'abord, début 2013, présidé à la naissance de la Banque publique d'investissement, la BPI, imposée par nous à Bercy qui n'en voulait pas et qui est aujourd'hui la grande banque des territoires, et j'ai préparé ses statuts. Ce n'était pas simple parce qu'il y avait plusieurs formules envisageables et concurrentes. Alain Rousset, président de la Région Aquitaine – devenue depuis Nouvelle-Aquitaine – et de l'Association des Régions de France, Girondin par origine et par tempérament, voulait qu'elle soit totalement régionalisée. Ségolène Royal, qui deviendra sa vice-présidente à la demande de François Hollande, ne simplifiait pas la conduite du projet, dont elle cherchait comme toujours à s'assurer la mainmise. Les directions de Bercy voulaient au contraire qu'elle soit plus centralisée pour mieux la contrôler. Il fallait définir son capital, entre l'État et la Caisse des dépôts. Et puis il y avait surtout le choix du dirigeant ou de la dirigeante, sur lequel je me suis opposé à François Hollande.

Le président souhaitait que ce soit Anne Lauvergeon, Jean-Marc Ayrault et moi n'y étions pas favorables. C'est une femme brillante, j'apprécie ses qualités, mais elle ne nous semblait pas alors en situation pour présider une entreprise publique. Elle est entrée un mercredi matin au Conseil des ministres en future directrice générale de la BPI, et c'est Nicolas Dufourcq qui est sorti avec le titre. Il y a eu une explication orageuse dans le bureau de François Hollande, qui a fini par se ranger à notre avis. Dix ans après, chacun voit que nous avons fait un bon choix. Nicolas Dufourcq, créatif et énergique, meneur d'équipes, attaché à l'industrie française, était l'homme qu'il fallait pour créer et installer cette banque de l'innovation de l'investissement des PME-PMI, le bras armé de la relance, qui est une grande réussite. J'ai également contribué à la naissance du Haut Conseil des finances publiques (HCFP), que je préside aujourd'hui, car placé auprès de la Cour des comptes, et qui participe à la bonne gouvernance des finances publiques, en améliorant la qualité des prévisions économiques, par son expérience indépendante et pluraliste.

J'ai fait adopter une loi bancaire, qui mettait à mes yeux en œuvre l'engagement du Bourget, mais de manière raisonnable : la séparation des activités et non des structures des banques, la limitation du « *trading* » à haute fréquence, la protection des consommateurs, l'inclusion bancaire. Contrairement à sa réputation à gauche, entachée par une référence à laquelle elle ne pouvait et ne devait pas ressembler, je pense que c'est une très bonne loi, qui dure d'ailleurs. Et une vraie loi progressiste. Nous avons alors eu des relations très tendues avec le Trésor, qui voulait une toute petite loi. J'ai dû me battre, parfois de manière un peu brutale, pour la faire grandir et grossir, notamment en favorisant l'inclusion bancaire, l'accès au compte, la carte de crédit pour tous.

Mais je ne pouvais pas et ne voulais pas mettre en œuvre

l'option que certains ont voulu croire sous-jacente au discours du Bourget, parce qu'elle était fausse. Couper en deux les banques, en séparant la banque généraliste et la banque d'investissement ou d'affaires, ç'aurait été affaiblir les banques françaises. Nos banques sont fortes parce qu'elles sont universelles, c'est-à-dire qu'elles agissent à la fois pour les personnes et pour les investissements. Si on les avait séparées, nous aurions eu à la fois des banques généralistes vulnérables et des banques d'investissement plus faibles. Aujourd'hui BNP-PARIBAS est la première banque européenne, la Société générale tient son rang, le système bancaire français est solide, beaucoup plus que le système allemand. Je savais que je décevrais certains idéologues, mais je n'ai pas trahi la gauche, et je ne regrette rien : pour faire de la bonne politique, il faut aussi un système financier robuste, même si celui-ci ne doit pas être le maître du jeu.

J'ai dû aussi m'occuper de dossiers industriels importants. Je pense bien sûr en premier lieu à PSA. Avec le concours d'Alexis Kohler, nous avons fait en sorte que la famille Peugeot, qui était depuis plus de deux cents ans l'actionnaire historique de l'entreprise, cède son contrôle et trouve enfin un allié efficace, en l'occurrence chinois. C'était indispensable, même si je mesurais mieux que quiconque l'ampleur du changement, et pour certains le choc que cela représentait. Dans l'idéal, j'aurais souhaité que cette formidable aventure familiale se poursuive, et j'ai laissé leur chance aux initiatives tentées par Thierry Peugeot, alors président du Conseil de surveillance. Mais la famille Peugeot était divisée, et surtout n'avait plus les moyens de faire face aux besoins en capitaux massifs qu'appelait une situation alarmante. Il s'agissait tout simplement de sauver ce fleuron de l'automobile française ! Les Chinois sont entrés au capital de PSA, comme l'État, dans une forme de nationalisation partielle et temporaire. Mon dernier acte de ministre des Finances fut d'ailleurs de signer l'accord avec la Chine, devant François Hollande et Xi Jinping.

Nous avons aussi contribué à recruter Carlos Tavares, qui s'est avéré un manager déterminé, efficace et habile, attaché à la performance jusqu'à la dureté, qui a aujourd'hui fait de PSA, grâce à ses efforts de productivité et de qualité ainsi que son rapprochement avec FIAT dans Stellantis, un leader mondial, alors que l'entreprise était en grande difficulté lors de mon arrivée à Bercy. Pour le ministre comme pour l'élu du pays de Montbéliard que je fus, cela restera toujours un grand motif de fierté, même si je n'ignore pas les pertes d'emploi et les souffrances créées par les restructurations à marche forcée de l'industrie automobile. Je citerai aussi les chantiers de l'Atlantique à Saint-Nazaire, alors propriété de STX, que nous avons tirés d'un mauvais pas en encourageant, notamment par le montage d'aides à l'exportation très inventives et par la recherche active de soutiens bancaires, la vente de plusieurs super bateaux ou de grands croisiéristes, Royal Caribbean et MSC.

Et pourtant, ce ne furent pas pour moi des années pleinement satisfaisantes, mais un temps difficile. Parce que, dans un contexte de crise économique et financière, j'agissais dans un système très, trop contraint. J'incarnais petit à petit la figure européiste du gouvernement, forcément droitière aux yeux d'une partie de la gauche tentée par le souverainisme, même si ce que je faisais était en réalité du progressisme européen. Le volet budgétaire était partagé et déséquilibré, il y avait beaucoup de coups à prendre. Et j'étais sans arrêt confronté à la parole d'Arnaud Montebourg, contradictoire avec nos options collectives et pourtant totalement impunie, jamais démentie. Le tout du fait de l'organisation – ou plutôt de la désorganisation – décidée par le président de la République, de telle façon que j'y faisais l'essentiel mais que tout le monde avait le droit de parler sans contrôle. Ma communication, de plus, était corsetée par François Hollande, qui suivait les médias littéralement à chaque instant. Où qu'il soit, quoi qu'il fasse, il était connecté jour et nuit à son fil de dépêches AFP. Pour lui, chaque annonce était une fuite et il aimait s'approprier les bonnes nouvelles. En quelque sorte, j'étais là pour accompagner un discours dur dans une période difficile. Ce qui, les derniers mois, m'a même valu cette remarque faussement encourageante du chef de l'État : « Monte en gamme, tu n'imprimes pas. » Ce à quoi je lui répondais : « Je veux bien, mais laisse-moi un peu d'encre... » Il est bien difficile, sans cela, d'imprimer quoi que ce soit ! Il est surtout impossible de se déployer pleinement quand on n'a pas la latitude nécessaire pour agir.

Le climat était donc pénible. Cette période qui aurait pu être pour moi l'occasion d'un épanouissement – Bruno Le Maire a tiré parti de ses années à Bercy, malgré la crise Covid, parce qu'il a eu le contrôle de la totalité du ministère et une grande liberté de parole, sans parler de l'absence de contrainte financière générée par le « quoi qu'il en coûte » – fut très compliquée. J'y ai sans doute ma part de responsabilité : elle est pour le moins partagée !

L'affaire Cahuzac, une épreuve

Et puis, il y eut l'affaire Cahuzac, qui m'a évidemment marqué. Jérôme Cahuzac était un homme politique d'un grand talent, hypermnésique, capable de faire des discours brillants, sans chiffres, agressif et charmeur. Bon connaisseur des questions budgétaires, ancien président de la Commission des finances de l'Assemblée nationale, il avait été choisi comme ministre chargé du Budget. Nous avions eu avant 2012 une relation absolument déplorable, parce qu'il avait aussi en lui beaucoup de ressentiment, d'aigreur, d'envie. Il avait une très haute idée de lui-même et se reconnaissait peu d'égaux. Je provoquais chez lui une antipathie viscérale. Il me détestait ouvertement, et pour ma part je n'appréciais pas ses procédés et son style, sa brutalité, son arrogance. Bref, on ne s'aimait pas !

À Bercy, il y a eu une éclaircie entre nous : nous avons décidé de nous entendre. Certes, il prenait une partie de la lumière, mais cela ne me gênait pas. J'avais suffisamment de pouvoir et de responsabilités pour ne pas m'en soucier. D'autant plus que je savais que Jérôme Cahuzac, quelles que soient ses qualités, ne pouvait pas aller plus haut, qu'il n'était pas un concurrent pour moi. Il ne suscitait pas la confiance

– et François Hollande m'avait d'emblée demandé d'être attentif à ses comportements. Mais surtout, je ne suis pas dévoré par l'envie – je ne suis pas un saint et c'est un sentiment humain que bien sûr je n'ignore pas, mais que j'écarte autant que faire se peut : il ne sert à rien, et enlaidit la vie ! Pour moi la politique, le service public, c'est d'abord un engagement pour faire, au nom de convictions, avec un esprit d'équipe. La loyauté est un principe auquel je ne déroge jamais. Et si j'ai parfois dû m'écarter ou m'éloigner de certaines personnes, c'est parce que j'ai été obligé de le faire par les circonstances, parce que la situation ou les faits l'imposaient, jamais par intrigue, souvent avec regret. Je n'aime pas blesser, je ne suis pas doué pour ça, je n'en éprouve ni goût ni plaisir.

C'est à la fois une force et une faiblesse. Car en politique, il faut savoir être individualiste. C'est un sujet dont je parle souvent avec Vincent Peillon, qui est pour moi, de longue date, un ami très cher. Nous avions joué un rôle non négligeable dans l'élection de François Hollande. Disons-le : il aurait eu du mal à l'emporter si Vincent Peillon et moi-même ne l'avions pas soutenu, avec les groupes qui nous entouraient, si nous n'avions pas fait passer notre ambition personnelle après l'intérêt collectif. Nous lui avons apporté des forces dont il avait besoin lors de la primaire socialiste de 2011, et nous avons bien fait, car je persiste à penser que, quelles qu'aient été ensuite les vicissitudes du quinquennat de François Hollande, la victoire de la gauche aurait été plus compliquée autrement. Nous sommes tous les deux devenus en 2012 des ministres importants, nous sommes alors numéros trois et quatre du gouvernement. Cela faisait dix ans que nous étions dans l'opposition, nous voulions avant tout que la gauche réussisse, avant de penser à nos carrières, à la prochaine étape qui favoriserait notre ascension. Pour moi, cela voulait dire réussir dans ce que je faisais, au nom de mes idées, pas préparer autre chose. Et donc servir le président. Je m'interdisais toute manœuvre, toute déloyauté, toute petite phrase. Si j'avais un désaccord avec Jérôme Cahuzac, je le lui exprimais, mais la décision une fois prise je l'appliquais. Je n'ai pas joué de carte personnelle, à aucun moment. Je l'ai laissé prendre sa place, sans réticence et sans crainte. Il m'en était reconnaissant. Ce fut, entre nous, une trêve bienvenue.

Elle ne dura que peu de mois. En décembre 2012, éclate l'« affaire Cahuzac », la possession par lui de sommes non déclarées à la provenance inconnue et irrégulière sur un compte localisé en Suisse, puis à Singapour. Jérôme Cahuzac est venu me voir dans mon bureau pour me tenir le discours qu'il a servi à d'autres : « Mon père était résistant, je ne pourrais pas aller sur sa tombe si j'avais un compte en Suisse. J'ai trois enfants, je ne pourrais pas les regarder en face si j'avais un compte en Suisse », avec beaucoup d'émotion, les larmes aux yeux, « les yeux dans les yeux » selon sa formule, qui restera. Eh bien je l'ai cru ! C'était avant Noël 2012. À ce moment-là, François Hollande me demande de faire une démarche que je crois juste, qui est de demander à la Suisse, dans le cadre de ce qui était à l'époque l'échange d'informations à la demande, si Jérôme Cahuzac avait eu un compte en Suisse à la banque UBS – celle initialement citée par Mediapart. Il fallait à l'époque demander ces informations. L'échange est maintenant automatique et international, je l'ai fait valider à la Commission européenne à partir de 2014 en signant des conventions d'échange automatique d'information sur les données bancaires avec la Suisse, Saint-Marin, Andorre, le Liechtenstein et Monaco. En 2012, nous n'en étions pas là, on pouvait répondre ou ne pas répondre,

répondre rapidement ou lentement, répondre complètement ou partiellement, et les Suisses, qui sont pour nous de bons partenaires, ont répondu vite et complètement : « Non, monsieur Cahuzac ne possède pas un compte à l'UBS. » Parce que le compte n'était plus à l'UBS, il avait été transféré à une autre banque suisse, la banque REYL, puis à Singapour, et là, Mediapart, qui a fait un travail remarquable dans cette affaire, a fait une erreur ! On pouvait demander au ministre suisse si un ressortissant français avait un compte chez UBS ou dans une banque nommément citée, mais pas si, de manière générale, il avait un compte dans une banque suisse. Cette pratique, qui s'appelle le « fishing », était interdite.

Me voilà du coup accusé de complicité ! Le *JDD* écrit de manière complaisante : « Cahuzac blanchi ». Mediapart et *Valeurs actuelles* m'accusent d'avoir mené une mission en Suisse pour le dédouaner, d'avoir travaillé dans le dos de la justice et m'accablent avec une hargne terrifiante. Je m'en suis expliqué dans un long entretien avec Edwy Plenel et Laurent Mauduit, mais d'autres, comme Fabrice Arfi, ne m'ont jamais lâché et pensent sans doute encore aujourd'hui que j'ai voulu protéger Cahuzac, ce qui est une complète absurdité – pourquoi diable l'aurais-je fait ? La droite réclame ma démission, la presse m'enterre. Enfin, arrive la Commission d'enquête présidée par Charles de Courson, membre de la Cour des comptes que j'avais connu lorsque j'y étais auditeur, devenu un député respecté pour sa liberté mais parfois fantasque, qui m'a convoqué deux fois et singulièrement maltraité.

Dans l'affaire Cahuzac, être mis en cause, être accusé d'avoir été son complice alors que tout nous séparait, alors que j'ai fait la seule démarche qui pouvait être de nature à montrer sa responsabilité, fut pour moi une vraie souffrance morale. Dans ces moments-là, on perd la lucidité, on vit dans une forme d'obsession, avec l'impression que tout le monde vous regarde comme un coupable, que tout le monde ne pense qu'à ça. On lit chaque article dans la presse au lieu de s'en protéger, et chaque mot est comme un coup de poignard. On se sent vraiment dans une lessiveuse. Je me suis senti sali. Je savais que le président de la République pouvait éprouver le besoin ou l'envie de me sacrifier : son soutien, réel et qui ne m'a pas manqué, avait ses limites.

D'autant que quelqu'un a depuis le début un doute sur Jérôme Cahuzac : François Hollande ! Personne n'ignore les liens étroits entre François Hollande et Edwy Plenel, qui ont même écrit un livre ensemble. Le patron de Mediapart avait alerté très tôt le président, à qui personne ne peut faire le grief d'être naïf et sentimental. Il n'a pas tranché dans le vif pour autant, et il a gardé ses interrogations par-devers lui. En fait, la grande erreur dans cette affaire c'est d'avoir laissé Jérôme Cahuzac en place, dans ce doute. Innocent ou coupable – et il était coupable –, il aurait fallu qu'il parte tout de suite, quitte à revenir ensuite au gouvernement comme Bernard Tapie l'a fait au début des années 1990 après un non-lieu. François Hollande a lui-même été très meurtri par cette affaire, blessé de la tache qu'elle laissait sur l'image de la gauche et l'affaire l'a affaibli au premier chef. Il réagit avec vigueur, en créant la Haute Autorité pour la transparence de la vie publique, avec une très grande hâte. En revanche, je ne sais pas pourquoi il n'a pas « coupé la branche », ce qu'il aurait fallu faire très vite. Dès décembre 2012, il fallait dire à Jérôme Cahuzac : « Le doute est trop important », et lui demander de partir sans délai. Cela aurait effacé tout soupçon d'embarras, de complaisance, voire de complicité, et aurait circonscrit l'affaire à son seul responsable. Le calvaire a duré trois mois, et nous a coûté, à moi en particulier, beaucoup de capital politique. J'y ai survécu, comme j'ai survécu à beaucoup de choses : je ne suis pas spécialement dur, mais je crois être très résilient et optimiste.

Je connais la phrase de Nietzsche, souvent utilisée en politique : « Ce qui ne tue pas rend plus fort. » Elle a sa part de vérité, mais ne correspond pas à ma psychologie personnelle. Je ne m'enorgueillis pas de tenir, je ne nie pas les épreuves, même si bien sûr j'en tire des leçons et cherche à ne pas reproduire les erreurs que j'ai pu commettre – et j'ai eu tort de ne pas avoir été plus sceptique sur Jérôme Cahuzac, de n'avoir pas plaidé pour son remplacement immédiat. Pourquoi, d'ailleurs, s'est-il lui-même accroché, se sachant coupable et ne pouvant ignorer que la vérité le rattraperait ? Là résidera toujours le vrai mystère de cette mauvaise affaire. J'étais le ministre des Finances, on me créditait de certaines réussites, notamment européennes. Je pense que j'avais les qualités pour réussir pleinement dans la fonction, pour porter plus longtemps le costume, dans lequel je me sentais à l'aise. Mais j'étais aussi désormais l'homme suspecté d'avoir potentiellement été le complice de Jérôme Cahuzac. À partir de l'automne 2013, après l'affaire Cahuzac et le « ras-le-bol fiscal », je sais que je suis objectivement fragilisé et je suis atteint, las, non pas de ce que je fais mais du contexte et du climat dans lequel j'agis.

Jérôme Cahuzac nous a pris en otage de ses turpitudes, sans doute parce qu'il avait une personnalité très clivée, qu'il voulait ignorer ce qu'il avait fait plusieurs années avant d'arriver, sur le tard, à soixante ans, aux responsabilités. Il s'est enfermé dans le déni et le mensonge et nous a abîmés dans sa lente et longue chute, ainsi que par son refus d'assumer.

Il ne mérite aucune indulgence, à la fois par ses comportements illégaux et pour son attitude politique et personnelle. Le pays n'allait pas bien. Il n'y avait pas de croissance, mais beaucoup de chômage. Nous avions hérité d'une situation périlleuse. Personne ne pouvait se permettre d'y ajouter ces péripéties honteuses, qui jettent le discrédit sur la politique et sur la gauche, venant qui plus est du ministre en charge des Comptes publics, donc responsable à mes côtés de la probité de la gestion de l'État. C'est pourquoi, depuis lors, j'agis avec tant de vigueur dans toutes mes fonctions, en luttant pour la transparence, pour la probité des responsables publics, contre la fraude et l'évasion fiscale, afin que de telles affaires ne puissent pas se reproduire.

Le « putsch » et mon départ de Bercy

Arnaud Montebourg m'a aussi posé des problèmes, évidemment d'une tout autre nature. Cela surprendra peut-être, je n'ai jamais réussi à le trouver totalement antipathique. Mais je n'ai jamais été d'accord avec lui, je n'ai jamais été vraiment intéressé par ce qu'il dit, ni convaincu par ce qu'il fait. Pour moi, c'est un acteur de théâtre, animé par quelques intuitions justes, mais qui débouchent sur des conclusions tellement fausses qu'elles gâchent ses fulgurances. Que l'on ait besoin d'industrie dans notre pays, qu'il faille se concentrer sur les territoires industriels et péri-industriels, j'en étais déjà conscient, ayant été député dans un territoire affaibli par la désindustrialisation. Qu'il faille parfois une intervention forte de l'État, ce n'est pas celui qui a fait entrer l'État dans le capital de PSA, qui était depuis deux cents ans une entreprise privée familiale, qui le conteste. Mais que l'on prescrive de revenir à de vieilles recettes planistes, en sortant du cadre européen, me paraissait incohérent, et de plus exprimé dans des termes grandiloquents et imprécis. Arnaud Montebourg a des qualités d'intelligence incontestables, des talents oratoires que personne ne peut nier, il est surtout extrêmement drôle, et, vertu rare en politique, capable de rire de lui-même. Il me faisait rire, parfois, tellement rire !

Je me rappelle le jour où il est venu me proposer dans mon bureau de Bercy, devant la Seine, en novembre 2013, de participer à une manœuvre contre Jean-Marc Ayrault. Il me dit : « François Hollande ne peut pas terminer son quinquennat, et s'il le termine, il ne sera pas réélu. S'il veut se représenter, il me trouvera sur sa route. » Nous sommes en novembre 2013 ! « Jean-Marc Ayrault doit partir, il va partir. Il faut que quelqu'un devienne Premier ministre à sa place. Nous en parlons avec Manuel Valls et Benoît Hamon. Vincent Peillon a échoué dans son ministère, il ne peut plus l'être, tu es ministre des Finances, donc tu ne peux pas, tu es trop à droite, moi je suis trop marqué idéologiquement. C'est donc Manuel Valls qui va devenir Premier ministre : l'Intérieur, c'est un bon tremplin. Il faut que tu sois avec nous. » Le tout, et j'expurge, ponctué de grands éclats de rire. Je l'écoute gentiment, en souriant, je l'avoue, car c'est un grand numéro de *commedia dell'arte*. Mais je lui montre poliment la sortie : « Je suis ministre des Finances, je ne suis pas là pour intriguer contre le président ou le Premier ministre, je peux avoir mes doutes ou mes interrogations, mais je m'y refuse, c'est contraire à mon éthique. Je ne serai donc pas de votre aventure. »

Je n'ai toutefois pas suffisamment pris le propos au sérieux, je n'ai pas agi ou réagi. J'ai laissé faire, parce que je trouvais le complot trop pathétique, et ses acteurs trop faibles pour diriger le gouvernement ou y jouer les tout premiers rôles. J'étais persuadé que cette évidence s'imposerait au président, fort de son expérience politique et d'un certain sens de l'État : je me suis trompé ! Il m'arrive, je l'avoue, d'être sensible au jugement personnel de gens qui comptent pour moi, trop parfois. Mais le reste du temps, je m'en fiche. À vrai dire, ce que pensait Arnaud Montebourg m'était plutôt égal. Parce qu'il me semblait très velléitaire, peu organisé. Parce qu'il était en général inopérant, qu'il perdait tous les arbitrages. Il a traversé ce quinquennat comme un fantôme, et a contribué à le faire échouer. Ce faisant, il s'est brisé lui-même, et son vrai-faux retour en 2021 fut celui d'une sorte de zombie. En arborant des T-shirts *made in France*, ou en réussissant à convaincre qu'il avait participé au sauvetage de PSA, alors qu'il avait été *de facto* exclu du dossier, il a fait de sujets importants un objet de dérision ou un plan de communication personnel. Il fut ensuite un ministre de l'Économie très fugitif, sacrifié par François Hollande et Manuel Valls à la première occasion.

Après son départ du gouvernement, il a traîné comme une âme en peine. Faute d'énergie, il a fini par perdre la primaire pour l'élection présidentielle de 2017, qu'il aurait logiquement dû gagner, au bénéfice de Benoît Hamon. Arnaud Montebourg est un cas étrange, un homme talentueux, romantique, éloquent, comique, capable d'idées et d'intuitions fortes – mais aussi égocentrique, parfois d'un grand cynisme, et surtout jamais vraiment structuré. Il y a du Cyrano de Bergerac en lui. Il y avait à côté de lui un personnage plus articulé, Aquilino Morelle, que j'aimais beaucoup, que j'avais présenté à Lionel Jospin, qui en a fait sa plume dans les années 90. Il s'est hélas égaré dans une rage anti-européenne, un souverainisme absolu qui confinent à l'irrationnel. Je ne peux me départir d'une vieille affection pour lui, même si nos idées et le cours de nos vies nous ont progressivement éloignés l'un de l'autre.

Les « putschistes », de manière presque affichée, ont déployé une stratégie grossière de prise de pouvoir. Leur équation est simple, presque simpliste. Manuel Valls veut prendre la place de Jean-Marc Ayrault, Arnaud Montebourg veut prendre le contrôle de Bercy, donc se débarrasser de moi, et Benoît Hamon veut détrôner Vincent Peillon. Ils veulent donc que nous partions tous les trois. Un putsch au sommet, baroque, de personnalités hétérogènes. Manuel Valls et moi ne manquions pas de ressemblances, nos histoires familiales étaient similaires, celles de deux fils d'une immigration intellectuelle européenne choisie. Cela ne suffisait pas. Nous aurions pu être proches, nous ne l'avons jamais été. Manuel Valls a une énergie incontestable, il ne manque pas de charme, c'est un passionné de culture, authentiquement engagé contre l'antisémitisme, qui possède de vraies qualités de cœur : sa présence imprévue et discrète aux obsèques de mon père, alors qu'il était Premier ministre, m'avait touché, et je n'ai jamais oublié ce geste élégant. Mais, son ambition, sans limites, quand elle l'emporte s'affranchit souvent de la cohérence et n'est guère entravée par le scrupule. Benoît Hamon, qui était mon ministre délégué, à qui j'ai donné l'occasion de piloter une excellente loi sur l'économie sociale et une bonne loi sur la consommation, a très bien réussi à Bercy. Il possède de réelles qualités d'empathie et de fortes convictions, mais il était audacieux de penser qu'il pouvait sans vraie préparation devenir un grand ministre de l'Éducation et encore plus vertigineux de l'imaginer en président de la République. Néanmoins, cet équipage réussit à s'imposer à un président qui n'y avait pourtant aucun intérêt. Ce triumvirat ne porte pas sa ligne, et a d'évidence son propre agenda, qui n'est pas le sien. Et pourtant il les laisse faire !

Le trio attaqué ne se comporte d'ailleurs pas comme une équipe. Jean-Marc Ayrault a fait une erreur fondamentale en pensant qu'il allait s'en tirer tout seul, en sacrifiant Vincent Peillon et moi-même, en imaginant que François Hollande le conserverait pour mener une deuxième formation gouvernementale sans nous. Il est vrai qu'ils avaient été, pendant une décennie, complices, parfois en inertie, l'un à la tête du Parti socialiste, l'autre du groupe parlementaire. Mais Jean-Marc Ayrault a cette fois surestimé la fidélité de François Hollande, et surtout sa capacité à résister à la force. Vincent Peillon et moi avions compris ce qui se passait, aussi bien chez les prétendants que dans l'esprit du Premier ministre : nous n'avons pas réagi. Et François Hollande a subi. Les assaillants n'étaient pas irrésistibles, mais les défenseurs, comme l'arbitre, ont été plus mauvais encore ! J'étais las, un peu écœuré, et ne pouvais que constater la distance qui s'était installée entre le président et moi. Pour moi, ces six derniers mois à Bercy ont été la chronique d'un départ annoncé.

Il faut savoir tirer les leçons d'une expérience en partie insatisfaisante. Je m'attribue certaines qualités en politique : j'aime ce que je fais et j'essaye de faire avancer les sujets qui sont les miens. Ce n'est pas un défaut d'avoir des convictions, et les miennes étaient européennes et socialistes. Au fil du temps, cela trace un chemin, et dessine une cohérence. Je connais le pouvoir, je l'aime, et je sais me battre. Mais je me suis interdit certaines pratiques, contraires aux valeurs que l'on m'a inculquées, à ce que je suis. Avant d'aimer la politique, j'ai une mystique républicaine, une mystique des institutions. « Un ministre en désaccord, ça ferme sa gueule ou ça démissionne », disait Jean-Pierre Chevènement. Je suis d'accord avec cette formule, même si elle n'aurait pas dû justifier de sa part un usage trop fréquent et parfois tactique de la démission. J'ajouterai qu'un ministre se doit de dire au président ses divergences, mais qu'il a un devoir de loyauté, en privé comme en public, qui a été amplement trahi et jamais sanctionné pendant le quinquennat de François Hollande. Il était hors de question pour moi de céder à cette tendance, que je réprouve au plus haut point.

Je ne suis donc pas du tout la logique de la politique moderne. Je suis toujours du « monde d'avant », au risque de l'archaïsme. Pour moi ce n'est pas un tort d'avoir quelques principes, de ne pas trahir ceux avec qui on travaille, de ne pas changer de convictions au gré des opportunités de poste, de respecter les institutions. On réussit même à survivre aux médiocres qui aujourd'hui peinent à se réinventer, et à tracer son chemin. Mais les règles du jeu ont changé depuis longtemps. Je ne regrette rien, même si je ne referais sans doute pas certaines de mes erreurs d'alors : un responsable politique important ne doit pas sous-estimer les rapports de force, au risque de paraître indifférent ou faible. Je n'ai pas oublié cela depuis. Et je ne l'oublierai plus jamais.

Vive la Commission !

Depuis longtemps déjà, j'avais compris que je ne pourrais pas rester à Bercy aussi longtemps que je l'aurais souhaité, que l'organisation de l'exécutif était délétère, que le soutien du président m'était compté. Je pensais qu'il ne m'avait pas donné tous les moyens d'agir. Cela ne pouvait pas durer ainsi éternellement : il fallait changer la donne – et d'abord l'insupportable désorganisation de Bercy – ou bien que je m'en aille. En avril 2014, au lendemain de municipales désastreuses, François Hollande croit devoir changer de Premier ministre et de gouvernement. Il sacrifie des hommes de confiance et d'expérience au profit d'une équipe hétéroclite et sans la moindre loyauté à son endroit. Je suis le seul ministre remplacé à être reçu par François Hollande : nous avions tout de même une longue histoire commune et une relation particulière. J'entre par la porte de derrière, par la « grille du coq », ce que je n'avais jamais fait jusque-là, je le rejoins dans son bureau, où nous avons une longue conversation. Je lui fais valoir ma disponibilité, même si je sais en réalité que mon sort est déjà scellé, pour piloter un « grand Bercy » à l'organisation enfin clarifiée ou, à défaut, pour partir à la Commission européenne, si possible quelques mois plus tard, au moment où celle-ci se forme.

Le lendemain matin, je reçois un coup de fil de François Hollande qui me dit, dans son style inimitable : « *La* décision est prise. » Pas « *ma* décision » mais « *la* décision », comme si c'était celle de Manuel Valls, qui certes n'a pas dû m'aider ! Et d'ajouter : « Tu seras commissaire européen. — C'est toi qui décides, ce serait bien que tu l'annonces. — Je reçois des journalistes et je leur dirai dès ce soir. » Il n'en a rien fait, se contentant de quelques vagues paroles : « Il fait partie de ceux qui ont toutes les qualités pour devenir membre de la Commission. » Pendant quatre mois, j'ai dû ensuite serrer ma position, face aux espoirs timides de Jean-Marc Ayrault, et aux tentatives plus vigoureuses d'Élisabeth Guigou et Pervenche Berès. Je ne sais pas s'il a été indécis, je ne le crois pas. Mais comme souvent il a tardé et répugné à prendre franchement position. À tel point qu'au moment du Conseil européen mettant en place la nouvelle Commission, c'est Jean-Claude Juncker qui a annoncé le nom du commissaire français, et pas François Hollande, qui certes lui avait donné le mien, mais ne l'a jamais prononcé et n'a écrit sa lettre de proposition qu'ensuite !

Toujours est-il que, devenu commissaire européen, je fais partie des très peu de Français qui ont été membres des trois institutions de l'Union. J'ai obtenu de Jean-Claude Juncker le portefeuille que je souhaitais, celui des finances de l'Union européenne, alors que François Hollande aurait souhaité un portefeuille tourné vers l'industrie et la compétitivité, qui eût été moins central. J'ai toujours eu une très bonne relation, proche et amicale, avec Jean-Claude Juncker. C'est lui qui a voulu que je sois commissaire européen, et que j'obtienne ce portefeuille, rarement détenu par les socialistes. Il a tout de suite affirmé : « Je veux que ce soit un socialiste qui s'occupe de l'économie et des finances. » Parce qu'il voulait que ce socialiste amène les pays du Sud à respecter les règles des finances publiques et acclimate les pays du Nord à un respect des besoins de souplesse et de compréhension des pays du Sud. Il m'a donc demandé d'être commissaire européen en charge de l'économie et des finances. Il a même fait davantage, puisqu'il m'a confié en plus la fiscalité, sans m'en prévenir. Quelques années après, quand je lui ai demandé pourquoi il m'avait fait ce « cadeau » par surprise, il m'a répondu : « Parce que j'avais peur que tu refuses. » En fait, il souhaitait, en me confiant ce portefeuille au moment où les scandales fiscaux émergeaient, dont les « LuxLeaks » qui pouvaient le fragiliser, montrer qu'il serait intransigeant sur ces questions, sur lesquelles je me suis beaucoup investi et qui m'ont passionné. Un vrai, un grand politique, Jean-Claude Juncker ! Il m'a laissé totale carte blanche pour lutter contre la fraude et l'évasion fiscales. Ces années à la Commission ont été probablement les plus belles de ma vie politique, à la fois parce que j'étais sur mon sujet de prédilection, l'Europe, sur mon thème, l'économie et les finances, et parce que j'ai pu imposer ma méthode, la flexibilité et la négociation.

La Commission est un univers politique où les conflits sont très feutrés. C'est une équipe dont chaque membre sait qu'il est là pour cinq ans, et où l'on est obligé de trouver des consensus entre des hommes et des femmes issus de formations politiques très différentes mais qui travaillent ensemble sans préjugés – certains de mes amis les plus proches au sein de la Commission, malgré nos désaccords, venaient de la droite et du centre, et m'ont souvent soutenu. L'intérêt général européen implique de fabriquer sans cesse des compromis – et pour moi le bon compromis est toujours le compromis progressiste. Pendant cinq ans, sur mes desseins, la Commission européenne a pour l'essentiel pris des positions sociales-démocrates. J'en étais sans doute l'élément le plus à gauche – tout est relatif, diront mes détracteurs, c'est toutefois incontestable – mais à aucun moment je ne me suis retrouvé en minorité. Souvent, j'ai réussi à convaincre, à créer des majorités implicites au Collège des commissaires. Parce que le fonctionnement de la Commission est ainsi fait : on ne vote jamais, on constate les rapports de force.

La Commission européenne a progressivement pris un pli théorisé par Jean-Claude Juncker, qui a justement défini sa Commission comme *politique*. Je veux rendre hommage à cet homme souvent sous-estimé, voire moqué ou caricaturé. Je le connais depuis près de trente ans maintenant, et j'ai toujours eu sympathie, respect et amitié pour cet animal politique étrange. Chrétien-démocrate du PPE en théorie, authentiquement lié à la démocratie chrétienne allemande, mais souvent plus proche en pratique des sociaux-démocrates, dont il partage les idées de solidarité et la volonté de construire une Europe sociale, en lien avec le syndicalisme auquel il reste très attaché, il est capable de construire des ponts entre des forces qui trop souvent s'ignorent, en respectant les identités de chacun. Jean-Claude Juncker est une personnalité très complexe, loin de la physionomie bonhomme et simple qu'il aime à se donner. Il est à la fois d'une drôlerie irrésistible et parfois infiniment triste, il semble rustique et est en réalité d'une grande finesse, il paraît comique mais il est grave et responsable, et surtout il est d'une redoutable intelligence. Il connaît tout et tout le monde, son jugement est rapide et aiguisé. Il est trop méconnu, alors qu'il a été un excellent président de la Commission à mes yeux, le meilleur après Jacques Delors dans l'ère moderne.

Au-delà de mes dossiers, sur lesquels il m'a pleinement et constamment soutenu, il a su, à sa manière particulière, imposer la Commission comme un acteur de premier plan au sein du Conseil européen – et même à l'échelle mondiale. Je suis sûr que l'histoire lui rendra justice. Ursula von der Leyen, personnalité solide et plus froide, a fait un pas de côté en disant : « La Commission est géopolitique » – je n'y vois pas de contradiction, elle doit être l'une et l'autre. Elle doit s'assumer comme une force motrice en Europe, une force de conception, de proposition et d'exécution. C'est elle qui doit offrir aux chefs d'État et de gouvernement les solutions, quitte à ce que ceux-ci les adaptent. Les cinq années que j'ai passées à la Commission européenne ont été des années très politiques, pas des années de technocrate ou de bureaucrate.

Aidé d'un cabinet de petite taille, animé par un chef de cabinet que j'avais connu lors de mon passage au Quai d'Orsay, Olivier Bailly, doté d'une grande capacité de travail, admirable connaisseur de la « machine » bruxelloise et très respecté à Paris, ce qui ne gâte rien, et surtout mû par des convictions à la fois européennes et progressistes en phase avec les miennes, j'ai impulsé le travail de deux directions générales. La prestigieuse DG ECFIN est un des fleurons de la Commission, en charge à la fois des prévisions économiques et de la préparation des « opinions » sur l'économie et les finances publiques des 27 – alors 28 États membres. La DG TAXUD prépare la législation fiscale et douanière de l'Union. Loin d'être des maniaques de l'austérité, les fonctionnaires bruxellois sont inspirés par une haute conception de l'intérêt communautaire et préfèrent de loin l'incitation et la réforme à la sanction. Avec leur concours, j'ai aussi beaucoup travaillé avec le Parlement européen, avec les ONG, avec la société civile, qui furent pour moi des appuis précieux, notamment pour faire évoluer les règles de finances publiques, trop rigides, ou pour faire advenir la « révolution de la transparence fiscale » que j'appelais de mes vœux.

J'avais aussi la tâche de représenter la Commission dans les grands forums de décision européens et mondiaux en matière financière. À ce titre, je siégeais à l'Eurogroupe, le Conseil des ministres des Finances de la zone euro, et à l'Ecofin, qui rassemble les ministres des Finances de l'Union entière. La Commission y joue un rôle absolument central. C'est elle qui a le monopole de l'initiative législative et propose les textes qui y sont débattus. Avec la présidence du Conseil et en lien avec le Parlement européen, elle en suit l'adaptation et la mise en œuvre. C'est elle, aussi, qui prépare les opinions sur la situation des pays membres, qui analyse leur situation économique et financière, qui prépare les décisions dans le cadre du pacte de stabilité et de croissance. Elle n'est pas toute-puissante, mais tout part d'elle et tout y revient. J'ai également participé pendant cinq ans, au titre de la Commission, aux assemblées du FMI et de la Banque mondiale à Washington, ou au World Economic Forum de Davos, créé et incarné par Klaus Schwab, qui est certes réservé à une hyper élite, mais est beaucoup plus ouvert aux problématiques émergentes que ne le laisse entendre une petite musique complotiste. J'y ai échangé, chaque année, avec George Soros, avec Bill Gates ou avec Bono, sur l'Ukraine et la Russie, sur les vaccins ou sur la pauvreté.

J'ai assisté aux réunions des ministres des Finances du G7, les sept principaux pays industrialisés du monde, et du G20, les vingt plus grandes puissances économiques de la planète, ainsi qu'aux sommets de celui-ci, où j'accompagnais Jean-Claude Juncker. J'ai aussi beaucoup partagé avec Mario Draghi, alors président de la BCE. Il fut le banquier central qui a sauvé l'euro, par la magie de son verbe, le fameux « *whatever it takes* » – « je ferai tout ce qu'il faut pour sauver la zone euro ». Puis, à la tête du gouvernement, il a incarné pendant un bref moment la tradition des grands leaders italiens de l'après-guerre comme Alcide De Gasperi. L'homme, mystérieux, distant, cynique, très drôle à sa façon, est d'une intelligence exceptionnelle. Je l'ai beaucoup côtoyé, à l'Eurogroupe, au G20, au G7, dans des rencontres bilatérales, et j'ai vite reconnu en lui un cerveau politique, certes rétif à toute logique de parti, peu disposé à se livrer aux délices de la politique spectacle, mais stratège et totalement déterminé. Il aime la politique et le pouvoir, il excelle à l'exercer, mais il a refusé le système politique italien, qui n'a pas voulu de lui comme président de la République et a choisi de vivre sans lui après les élections de septembre 2022, pour choisir une coalition entre la droite et l'extrême droite, dirigée par Giorgia Meloni, avec des options radicalement opposées. Son bref passage au palais Chigi, la résidence des Premiers ministres italiens, restera un moment marquant, dont la trace, en tout cas sur le terrain de la politique économique et de l'engagement européen, s'impose à sa successeure Giorgia Meloni, pourtant on ne peut plus différente de lui.

J'ai été frappé par le changement de physionomie de la gouvernance mondiale, marquée par l'émergence, au côté des grands pays démocratiques – les États-Unis, quand ils ne sont pas présidés par Donald Trump, le Canada, le Japon, l'Europe dans tous ses États et institutions –, de régimes illibéraux ou autoritaires. Côtoyer comme je l'ai fait Vladimir Poutine, Jair Bolsonaro, Narendra Modi, Xi Jinping, le prince héritier d'Arabie saoudite Mohammed ben Salmane, Recep Tayyip Erdoğan, Donald Trump lui-même, démontre abondamment le défi qu'affrontent les démocraties libérales dans ce XXIe siècle dangereux. Devoir convaincre les ministres des Finances hongrois, polonais ou tchèque fut aussi souvent pour moi une gageure. Je ne prétends pas avoir fait aboutir tous les dossiers qui m'étaient confiés. Mais au sein de la Commission, dans les Conseils ou dans les réunions internationales, j'ai défendu des positions extrêmement simples, en m'assignant trois missions.

Je voulais d'abord faire en sorte que nos règles budgétaires soient appliquées avec flexibilité, c'est-à-dire sans condamnation, sans sanction, sans pénalisation des pays en difficulté, notamment au sud de l'Europe. Avec Lionel Jospin, nous avions souhaité en 1997 que la zone euro soit large, incluant les pays du Sud, à rebours des conceptions allemandes. Mais il fallait prendre en compte son hétérogénéité. Les situations des différents pays n'étaient pas équivalentes : les niveaux de développement économique et de revenu divergeaient, les inégalités économiques, sociales et territoriales n'étaient pas identiques. Dès lors, s'il fallait des règles pour faire respecter la cohérence de la monnaie unique et faire converger les finances publiques, il était également nécessaire de mettre en place des outils de solidarité et d'individualiser davantage le suivi des politiques budgétaires. En cinq ans, nous n'avons sanctionné personne, ni l'Espagne, ni le Portugal, ni l'Italie, et avons permis que ces pays poursuivent leurs réformes sans pénaliser la croissance. C'est pour moi un motif de satisfaction.

Je souhaitais ensuite éviter le Grexit à toute force. Là encore, nous étions confrontés à une hostilité des conservateurs allemands, à commencer par Wolfgang Schäuble, exaspérés par l'impéritie de la Grèce, mais aussi acharnés contre le choix fait en 2015 par le peuple de se doter d'un gouvernement de gauche considéré par eux comme populiste. Il y eut certes un moment tendu, avec les provocations du flamboyant ministre des Finances grec, Yánis Varoufákis. Mais ensuite la nécessité d'un accord face à l'impossibilité du Grexit et le talent du jeune Premier ministre, Aléxis Tsípras, ont permis une sortie plus harmonieuse, et plus humaine du « programme grec ». J'ai sympathisé avec Aléxis Tsípras, dont j'appréciais la virtuosité politique mais aussi le courage, qui l'ont fait en peu d'années passer de la position d'un leader antisystème à celle d'un réformateur pro-européen – virage dont il a payé le prix politique. Mais j'ai bien travaillé avec les Premiers ministres conservateurs Antónis Samarás et Kyriákos Mitsotákis. Avant tout j'ai aimé la Grèce, le pays, son peuple. Je suis heureux que les Grecs d'aujourd'hui soient conscients que la Commission Juncker, contrairement à celle qui l'a précédée, a été à leurs côtés. Leur accueil chaleureux me le dit à chacun de mes séjours, qu'ils soient publics ou privés.

Je militais enfin pour combattre la fraude et l'évasion fiscales, en progressant dans la transparence. Face aux scandales dénoncés par le Consortium international des journalistes et par les ONG, dans le cadre des accords BEPS de l'OCDE, j'ai réussi à faire voter en cinq ans vingt directives – vingt ! – qui ont marqué une véritable révolution de la transparence. Je pense en particulier aux deux directives ATAD 1 et ATAD 2 contre l'évasion fiscale, à l'obligation pour les grands groupes de rendre publics leurs rapports financiers, à la transparence des activités des intermédiaires – avocats et conseillers fiscaux –, à la mise en place, très dissuasive, d'une « liste noire de paradis fiscaux ». Il reste encore bien des progrès à faire – par exemple je n'ai pas réussi à imposer une directive sur la fiscalité des grandes entreprises du numérique – et il faudra, pour aller plus loin, transformer les règles de décision, passer de l'unanimité qui bloque au vote à la majorité qualifiée qui démocratise les choix. Mais je suis heureux des avancées réalisées, dans lesquelles l'Europe a été à chaque fois pionnière et dont la Commission a été le moteur. Autant de thèmes d'action et de pensée très politiques, sur lesquels nous avons gagné du terrain sans pour autant avoir sauté le pas de la puissance politique.

On pense souvent que la Commission est un univers fermé, alors qu'elle est au contraire très ouverte à la discussion avec les autres. On imagine que c'est un lieu où le libéralisme triomphe toujours, alors que c'est une administration dominée par la règle, certes libérale dans le domaine de la concurrence ou du marché intérieur, mais beaucoup moins dans le champ macro-économique, où il y a place pour une logique sociale-démocrate. C'est la Commission Juncker qui a imposé une flexibilité dans le cadre du pacte de stabilité et de croissance à de nombreux gouvernements qui n'en voulaient pas et qui plaidaient pour une lecture rigide des règles, c'est la Commission qui a fait en sorte que l'on ne sanctionne personne. Et c'est la Commission actuelle, présidée par Ursula von der Leyen, qui a présenté le « paquet » budgétaire keynésien, le plan de relance européen dit « Next Generation EU », qui est la réponse européenne ambitieuse à la crise Covid. Je n'oublierai jamais les années que j'ai passées à la Commission, au sein d'une institution magnifique, qui n'a pas fini de grandir en influence et en intérêt.

L'Europe est condamnée à la puissance

Il est de bon ton de dénigrer l'Europe comme un nain politique. Cette vision est tout à fait caricaturale, et pour tout dire fausse. L'Europe est toujours extrêmement importante pour et dans le monde. Historiquement et politiquement, les institutions mondiales ont été bâties, au lendemain de la Seconde Guerre mondiale, par la Charte de San Francisco et les accords de Bretton Woods, avec à chaque fois les Européens au cœur. Il y a deux pays européens – la France et la Grande-Bretagne – parmi les cinq membres permanents du Conseil de sécurité des Nations unies. Il est admis que, si le président de la Banque mondiale est traditionnellement un Américain, le directeur général du FMI est un Européen – et en pratique ce fut souvent un Français. Au G7, les sept puissances industrielles du monde, il y a quatre pays européens – l'Allemagne, le Royaume-Uni, la France, l'Italie, plus l'Union européenne elle-même –, s'y ajoutent le Canada, les États-Unis et le Japon. Il en va de même au G20. Ces institutions expriment une représentation du monde qui reste très marquée par l'après-guerre, assez fortement européano-centrée.

Économiquement, l'Europe unie forme une puissance très

importante. Nous sommes le marché intérieur le plus intégré et le plus important du monde. Collectivement, nous sommes le principal partenaire commercial de 80 pays de la planète, ce qui est tout à fait considérable. Arrêtons donc de nous flageller : l'Europe est incontestablement une puissance économique et une puissance de diplomatie économique. Il demeure que nous avons plusieurs fragilités. La première, c'est que le monde s'est décentré vers l'Asie et que sa polarité est en train de s'éloigner de l'Europe. La guerre froide entre les États-Unis et l'URSS se jouait sur le théâtre européen. La confrontation des blocs se jouait sur ce territoire. Après la chute brutale du mur de Berlin et l'effondrement de l'URSS, suivant il est vrai une lente érosion depuis le début des années 80, la réunification de l'Europe a été vue comme l'achèvement, une « fin de l'histoire », théorisée par Francis Fukuyama. Certains rêvaient d'une sorte de paradis pacifique démocratique et libéral étendu à l'échelle du monde, construit autour d'une hyperpuissance américaine, pour reprendre l'expression d'Hubert Védrine, avec l'Europe comme alliée privilégiée et pôle d'équilibre et la Russie comme partenaire aimable – c'était l'époque de Boris Eltsine et l'âge d'or des oligarques. Ce rêve s'est dissipé et ne ressemble plus au monde d'aujourd'hui. La confrontation de puissances a repris avec la Russie de Vladimir Poutine. Mais cette confrontation se situe davantage sur le plan militaire, au cœur du continent européen, pour reconstruire une zone d'influence à l'est de l'Europe que la Russie a perdue depuis la fin de la guerre froide, ou dans le domaine de la cybersécurité : la Russie a décroché économiquement. L'époque où l'on s'interrogeait avec Raymond Aron sur la convergence des systèmes est révolue.

Depuis le début de ce siècle, et surtout depuis 2010, le

monde bascule vers une nouvelle polarité asiatique. L'essor économique se fait là, la Chine prend une attitude plus agressive, en particulier depuis la présidence de Xi Jinping, elle vise la première place mondiale, le système devient plus autoritaire à l'intérieur, plus dur voire menaçant à l'extérieur, il muselle la démocratie à Hong Kong, et réaffirme sa volonté d'unifier la Chine au détriment de Taïwan. Les États-Unis se détournent très largement de l'Europe, pour regarder vers l'Asie. Cela commence avec Barack Obama, personnalité extraordinairement séduisante et intellectuel raffiné, mais homme très froid et assez indifférent à l'histoire commune des États-Unis et de l'Europe, qui cherche à bâtir une grande alliance Pacifique. Le climat tourne à la confrontation avec Donald Trump, qui veut contrer la Chine, notamment sur le plan commercial. Et nous vivons un entre-deux avec Joe Biden, une sorte de coopération / confrontation avec la Chine. Et dans ce monde qui a changé d'axe, dans cette nouvelle géopolitique, l'Europe est effectivement moins centrale, même si elle le redevient, un peu à son corps défendant, avec le conflit en Ukraine.

La deuxième fragilité de l'Europe, c'est sa division. Certes, l'Allemagne reste une puissance économique majeure, la troisième ou quatrième au monde, et la France est toujours une puissance d'influence mondiale. Mais les Européens sont trop divisés s'ils avancent en ordre dispersé, et dès lors ne pèsent pas, ou moins qu'ils le feraient unis. Nous sommes divisés dans le rapport à la puissance militaire, nous le sommes sur les États-Unis, nous le sommes par rapport à la Chine, nous sommes divisés dans la relation à la Russie, en un temps où le besoin de puissance, donc d'unité, est tout à fait frappant. Nous traiter comme quantité négligeable est une erreur. Faire de nous le centre du monde, comme ce fut le cas, est un anachronisme. Voir en nous un bloc est un rêve. Aujourd'hui, je pense que nous sommes condamnés à la puissance.

Les travaux de Peter Frankopan sur les « routes de la soie » sont intéressants, parce qu'ils prennent en compte les projets mêmes de la Chine, qui sont très offensifs, en Afrique et en Europe notamment, à travers des prises de participation ou des privatisations – l'électricité au Portugal, dans différents pays, les ports en Grèce, de nombreux investissements en Italie ou ailleurs. Nous sommes dépendants de la Chine pour notre approvisionnement, nos chaînes de production, notre sous-traitance. Les Chinois sont présents dans notre capitalisme, ils sont des partenaires commerciaux majeurs, et tout cela est à la fois un facteur de vulnérabilité et une cause de division. Pour certains, ils sont devenus des partenaires indispensables. Ce fut le cas de l'Allemagne sous Angela Merkel, qui a défendu une diplomatie avant tout économique – « pas d'adversaire parmi les partenaires de l'économie allemande ». Toutefois, l'efficacité des routes de la soie ne doit pas être surestimée, les résultats de l'investissement de la Chine en Europe sont décevants, et le soutien, très idéologique, de la Chine à l'invasion de l'Ukraine par la Russie, a éloigné les Européens, notamment à l'est du continent, de Beijing. Nous devrions plutôt nous demander si nous sommes capables par nous-mêmes de développer notre propre politique d'investissement et d'avoir nos propres stratégies d'influence et de présence. Je pense en particulier à un continent décisif, cher aux Français, qui devrait aussi être important pour tous les Européens, l'Afrique, où nous sommes en train de nous faire tailler des croupières, économiquement et politiquement par les Chinois, politiquement et militairement par les Russes. Nous avons encore beaucoup de moyens d'y résister, d'y maintenir notre présence et notre audience et y investir.

Non, l'Europe n'est pas sortie de l'histoire, même si elle n'est plus aujourd'hui son centre. Le monde est en train de se réorganiser autour des nouvelles polarités, et d'abord d'un conflit majeur et frontal entre les États-Unis et la Chine, dans lequel les États-Unis, si toutefois ils réussissent à rester une démocratie forte et incontestée, conservent des armes considérables. Parce qu'ils sont, et de loin, la première puissance nucléaire par rapport à la Chine, qu'ils sont toujours la première puissance économique du monde, qu'ils ont des atouts technologiques que la Chine n'a pas encore, et enfin parce que le système chinois, dont tout le monde vante aujourd'hui les forces, a aussi d'extraordinaires faiblesses – son système politique de communisme de marché, désormais voué au culte de la personnalité de Xi Jinping, ne peut que produire à terme sclérose et contradictions. Sa croissance est déclinante, sa démographie vieillissante, sa créativité technologique hésitante. Même si le PCC n'a plus de communiste que le nom, celui d'un appareil, une bureaucratie qui veut tout planifier, tout contrôler au nom d'une idéologie et au service d'un individu ne peut pas l'emporter dans la durée. Dans ce contexte, nous, Européens, quoique divisés par nos histoires, nos cultures, nos intérêts, nous avons cette obligation de puissance. Si nous voulons éviter que cette histoire s'impose à nous, nous ne pouvons rester immobiles ou suivistes, nous sommes contraints à exister par nous-mêmes, donc à nous unir.

L'Europe a devant elle de grands défis à relever. Il y a d'abord le défi économique. La question n'est plus seulement de savoir comment rester un grand marché, mais comment devenir une grande puissance technologique et résorber nos impasses en matière de souveraineté économique, dans le domaine industriel, en investissant enfin dans la donnée, le numérique, et par cela en rattrapant notre retard, désormais préoccupant, en matière de recherche, et en nous dotant des règles communes d'un marché digital unique.

Nous devons et pouvons aussi réussir notre révolution écologique, devenir une puissance verte. Nous sommes de loin le premier investisseur en la matière, et nous avons la volonté politique et les programmes publics pour devenir la première puissance décarbonée du monde à l'horizon 2050. Nous avons donc des atouts importants, mais il faut résoudre les questions économiques et sociales – menaces sur la croissance et sur les inégalités – que cela pose. Et puis, il y a la puissance politique, la puissance militaire, la puissance diplomatique, sur lesquelles nous avançons doucement, mais qui peuvent maintenant connaître des avancées décisives. D'abord parce que les menaces existent et sont partagées, parce que nous savons chaque jour davantage que nous ne pouvons pas compter pour toujours sur le parapluie américain, parce que les bruits de bottes qui résonnent dans le monde, et à nos frontières mêmes, en Ukraine, illustrent le fait que si nous ne nous défendons pas nous-mêmes, nous risquons un jour de devenir des proies. La période est donc plus propice que jamais à l'élaboration d'une politique étrangère, d'une politique de défense européenne. En attaquant l'Ukraine, Vladimir Poutine a brutalement réveillé les Européens, qui ont réalisé que le rêve d'un monde pacifique pour l'éternité était passé. Les trente années écoulées depuis la chute du mur de Berlin n'ont finalement pas été une nouvelle ère, mais une parenthèse. Pour eux-mêmes comme au sein de l'OTAN, les Européens doivent maintenant penser et agir pour leur sécurité face à la menace concrète du retour de la guerre. L'Allemagne d'Olaf Scholz l'a compris, qui a changé sa doctrine en décidant d'investir 100 milliards d'euros dans son armée délaissée et en livrant des armes à l'Ukraine. Et la France, dont le statut est particulier – elle est depuis le Brexit le seul pays membre permanent du Conseil de sécurité de l'ONU, la seule puissance nucléaire de l'Union –, a un rôle moteur à jouer.

Cette Europe de la défense ne se fera pas forcément à 27, sa construction sera progressive, et pas nécessairement spectaculaire : l'armée européenne dont parlait Emmanuel Macron est peut-être une perspective à long terme, elle n'est pas pour demain ! Nous avons créé un fonds européen de défense, nous allons développer des coopérations en matière de défense et c'est le grand chantier des cinq ans qui viennent. De ce point de vue, ce qui s'est passé avec la dénonciation par l'Australie d'un important contrat de livraison de sous-marins est à la fois symptomatique, dramatique et paradoxalement positif. Nous pensons que les Américains nous ont manqué sur les sous-marins – et ils ont objectivement commis une faute à notre endroit –, eux pensent que nous leur avons manqué sur la Chine – il est vrai que notre soutien a été incomplet. Mais ils s'aperçoivent aussi qu'il y a eu une erreur fondamentale, que l'on ne peut pas négliger la France, que l'on ne peut pas négliger l'Europe. Il y a une vraie volonté de rectification, de correction de la part de l'administration américaine et de Joe Biden lui-même, incontestablement. Et du côté français, il y a eu également une clarification.

Emmanuel Macron, qui avait pourtant annoncé la « mort cérébrale » de l'OTAN en novembre 2019, a au contraire souhaité renouer le lien, en construisant un « pilier européen de l'OTAN ». Cette version peut être plus rassembleuse que l'idée d'une défense européenne construite à distance des Américains ou même contre eux, qui ne peut en aucun cas réunir les Européens. Les pays d'Europe centrale et orientale, en particulier, ne feront jamais rien sans ou en opposition à l'OTAN, l'ignorer serait une faute. Le fait d'avoir aujourd'hui comme interlocuteur une administration américaine, celle de Joe Biden, plus multilatéraliste, connaissant mieux l'Europe, appréciant plus l'Europe que celle de Donald Trump, et même que l'administration Obama, est une opportunité à saisir qui pourrait ne pas durer. Il y a une fenêtre de tir maintenant pour le rendez-vous avec la puissance, que nous devons saisir. Mais pour cela il faut que la France joue de son statut, affirme ses idées, tout en prenant conscience de ce qu'elle peut faire – et ne peut pas faire – avec ses partenaires. Nous n'imposerons pas une espèce de troisième voie en matière de défense ou de politique étrangère aux Européens. Nous pouvons en revanche être parmi les moteurs d'une nouvelle alliance atlantique qui permette en son sein de solidifier l'Europe. C'est aussi pour nous une occasion de renforcer nos liens, en particulier en matière de défense, de renseignement et de diplomatie avec le « QUAD » – les États-Unis, l'Inde, le Japon, l'Australie. Les relations entre les États-Unis et la France sont redevenues amicales et confiantes, sans pour autant que nous soyons alignés. Dans l'état présent du monde, c'est je crois une très bonne nouvelle.

L'agression de Vladimir Poutine a permis, même si ce n'était pas l'intention initiale du président russe, de clarifier les choses. La réaction des Occidentaux a été beaucoup plus forte et unie qu'il ne l'escomptait, à travers des sanctions économiques et financières d'une grande vigueur, mais aussi avec une solidarité politique sans faille. L'OTAN a retrouvé une raison d'être, et la France elle-même a déployé des troupes en son sein, à l'est de l'Europe, en Roumanie, Estonie et Pologne. La problématique de l'élargissement, qui semblait tombée en léthargie, sinon en désuétude, a été relancée. Enfin, l'Allemagne a rompu avec sa doctrine diplomatique et militaire, en acceptant de mettre fin au gazoduc Nord Stream 2 et en décidant d'investir très fortement dans sa défense. Comme souvent, l'unité européenne a été confortée par la crise et par la pression d'évènements extérieurs.

J'appelle donc à un changement de paradigme, même si la « méthode Monnet », ces « solidarités de fait qui petit à petit créent une union politique sans cesse croissante », a eu du bon. Nos économies, nos pays sont devenus parmi les économies à plus fort pouvoir d'achat, à plus fort niveau de PIB au monde. Regardons aussi ce que sont nos faiblesses, à commencer par l'insuffisante coordination de nos politiques économiques et les inégalités Nord-Sud, qui se sont creusées très fortement, ainsi que nos insuffisances en matière industrielle, et notamment dans les secteurs de l'économie de demain, le numérique et la transition énergétique, ou notre décrochage, pas seulement français d'ailleurs, dans le domaine de la recherche et de l'innovation. Ce sont des défis économiques et technologiques que nous devons relever.

Pour cela nous avons besoin de muscler notre moteur politique. Nous avons raté, avec le rejet du Traité constitutionnel européen par le peuple français en 2005, un rendez-vous décisif, dont l'échec a beaucoup compté dans l'histoire européenne et qui nous handicape toujours. Il n'était pas possible, au début des années 2000, d'en rester au décevant traité de Nice. Sans aller jusqu'au fédéralisme, nous avons alors voulu donner une Constitution à l'Europe. J'avais pour ma part plaidé pour que la présidence de la convention chargée d'élaborer un tel texte revienne à Jacques Delors, dont la connaissance des institutions européennes était unique. Mais il ne s'est pas porté candidat, attendant qu'on le sollicite, alors que Valéry Giscard d'Estaing a fait campagne avec ardeur, faisant craindre à Jacques Chirac qu'il soutiendrait son rival Lionel Jospin, à qui il le laissait espérer. Si son autorité sur la convention fut incontestable, ses orientations, très tournées vers la prééminence des institutions interétatiques, et sa volonté d'intégrer les politiques économiques et sociales dans le Traité ont à mon sens fragilisé sa lisibilité et son acceptabilité par les citoyens.

Peut-il d'ailleurs y avoir une puissance sans politique ? Évidemment non ! L'Europe est condamnée à la puissance, mais elle est aussi condamnée à la politique. Les deux doivent aller de pair. Contrairement à une idée reçue qui la voit immobile ou en panne, l'Europe gagne sans arrêt en force, dans un monde où la logique de puissance est galopante. Nous marchons vite, mais l'histoire court, donc nous donnons l'impression de décrocher, mais nous ne faisons pas du surplace, nous avançons. Les institutions européennes sont infiniment plus solides et politiques qu'hier, mais si nous voulons être à la hauteur des défis considérables que nous devons affronter, et ne pas nous contenter du langage de la puissance sans sa réalité, nous ne pouvons pas en rester là. Il faut accélérer ! J'avais écrit il y a quelques années un livre intitulé *S'il est minuit en Europe*. Je ne renie pas son diagnostic : l'horloge tourne, nous n'avons plus de temps à perdre.

QUATRIÈME PARTIE

RÉFLEXIONS SUR LA DÉMOCRATIE FRANÇAISE

Un regard différent sur la politique

Au bout de ces cinq années, j'aurais évidemment été heureux de poursuivre mon travail européen et d'occuper un des « top jobs » de l'Union – président de la Commission européenne ou haut représentant pour la politique étrangère et de sécurité commune, voire à un moindre titre président du Parlement européen. Je pouvais y prétendre, par l'expérience acquise et les résultats obtenus. Il y avait toutefois un « mais », la mécanique pour le choix de ces postes. Le processus de sélection est politique et institutionnel, et les partis européens jouent un rôle essentiel. Il y a des conservateurs, des socialistes, des libéraux, et il faut être proposé par sa famille politique. J'avais certes des soutiens dans la mienne, comme celui d'António Costa, de mes amis du Parti démocrate italien, ou encore d'Aléxis Tsípras. Mais le Parti socialiste français, dont j'étais issu, avait presque disparu lors de l'élection présidentielle de 2017, il ne pesait plus rien au plan européen, il était muet et confus dans sa famille politique, le PSE.

Ne pouvant pas prétendre à un de ces emplois européens, je n'ai pas demandé à Emmanuel Macron d'être dans la prochaine Commission. Je ne crois d'ailleurs pas qu'il m'y aurait maintenu, puisque je n'appartenais pas à sa famille politique et n'avais pas l'intention de la rallier : j'étais sans ambiguïté un social-démocrate européen et entendais le rester. Et puis, des facteurs plus personnels ont joué. Mon père est mort en 2014, ma mère en 2015, je me suis marié cette même année avec Anne et notre fils Joseph est né en 2018. Pendant sept ans, j'avais eu chaque semaine un Eurogroupe, un Conseil Ecofin, la session du Parlement européen, des voyages pour le G20, le FMI aux États-Unis, en Chine ou au Japon, en Indonésie ou au Pérou, sans compter les déplacements en Europe. J'avais envie d'améliorer mon empreinte carbone et de poser mes valises. Je cherchais une activité qui me permette d'être à la fois dans la continuité de ce que je savais faire, dans la poursuite de mon histoire personnelle, qui tienne aussi compte de mon aspiration à un nouvel équilibre, d'un nouvel âge de la vie. Je suis devenu père à soixante ans, j'en aurai quatre-vingts quand mon fils Joseph aura vingt ans : j'ai envie de profiter de lui le plus longtemps et le mieux possible, et qu'il se souvienne toujours de moi comme d'un père présent et aimant. Je me sentais enfin orphelin sur le plan politique, comme un social-démocrate égaré dans un univers qui ne l'est plus.

Pendant mon mandat à la Commission européenne, le paysage français s'était profondément modifié. Un nouveau président avait été élu, Emmanuel Macron, alors un jeune homme de trente-neuf ans, que j'avais connu secrétaire général adjoint de l'Élysée. Il avait eu l'ambition et l'intuition pour oser – à cet âge qui jusque-là signait le début des carrières ministérielles les plus précoces – se lancer dans une candidature présidentielle et la faire triompher. Il avait, bien sûr, bénéficié du verdict inattendu de la primaire de la droite, qui avait couronné François Fillon en lieu et place du favori, Alain Juppé, avant que le vainqueur de ce match soit mortellement atteint par une affaire qu'il choisit d'ignorer en maintenant sa candidature contre toute raison.

Je ne pouvais pourtant pas ne pas constater que le président élu avait aussi construit sa victoire sur les décombres de ma famille politique, la gauche socialiste. La défaite du Parti socialiste en 1993 avait été un coup de semonce, dont il s'était remis à une vitesse exceptionnelle, puisqu'il était revenu au pouvoir avec Lionel Jospin dès 1997. Le 21 avril 2002, et l'élimination du Premier ministre le soir du premier tour de l'élection présidentielle, fut, pour reprendre l'expression de Lionel Jospin lui-même, un « coup de tonnerre ». Il a fallu dix ans pour qu'un socialiste parvienne à nouveau à l'Élysée, en 2012. L'élection présidentielle de 2017 fut quant à elle un cataclysme, dont nul ne sait si le socialisme français se remettra. Le président de la République n'a pas pu – ou plutôt pas voulu, car il l'a vite regretté – se représenter, le Premier ministre Manuel Valls a logiquement perdu la primaire qui s'est ensuivie, le candidat du PS, Benoît Hamon, s'est effondré à 6 %. Je ne suis pas certain que les leçons de ce quinquennat aient été vraiment tirées.

Que restera-t-il du mandat de François Hollande ? Cette période s'est terminée sur une déroute et le style de l'homme ne s'est pas imposé. Dans la galerie des portraits de l'Élysée, tous les présidents ont leur récit, tous se sont représentés, ont été réélus ou battus. Lui, parce qu'il est resté trop introverti, parce qu'il ne s'est pas dévoilé – ou bien ce qui a été dévoilé, les vicissitudes de la vie privée, ne devait pas l'être –, ou parce qu'il a voulu être un homme normal dans une fonction qui ne l'est pas, en ressort comme affaibli, peu respecté par son prédécesseur comme par son successeur, parfois considéré comme un accident de l'histoire. Ce n'est pas juste, je pense qu'il aurait dû être mieux traité, comme le chef d'État qu'il a été, et que les socialistes devraient lui rendre sa place dans leur histoire, avec ses forces – il a ramené la gauche au pouvoir après une longue période d'opposition, il a dirigé le pays dans une période difficile – et ses faiblesses – ce quinquennat a débouché sur un échec dont la gauche socialiste ne s'est toujours pas remise. C'est ce que Lionel Jospin appelait le droit, et même le devoir d'inventaire : pour François Hollande, il n'a jamais été fait.

Quelle que soit l'estime que l'on peut avoir pour son parcours et pour sa personne, François Hollande ne peut évidemment pas s'exonérer de l'échec de la gauche. Il est arrivé au pouvoir avec un parti qui faisait 30 % des voix, qui détenait toutes les Régions, la quasi-totalité des grandes villes de France, la majorité des départements, le Sénat, l'Assemblée, qui à l'arrivée pèse 6 % des voix, et ne s'en relève toujours pas. Lionel Jospin disait toujours : « Celui qui exerce la plus haute fonction porte la plus grande responsabilité. » C'est d'ailleurs ce qui l'a amené à renoncer à la vie politique dès le soir de son élimination au premier tour de l'élection présidentielle, le 21 avril 2002. Nul ne peut échapper à l'implacable analyse de Marc Bloch dans *L'Étrange Défaite*, citant la fameuse phrase de Joffre : « Je ne sais pas si c'est moi qui ai gagné la bataille de la Marne. Mais il y a une chose que je sais bien : si elle avait été perdue, elle l'aurait été par moi. » Le grand historien ajoutait : « Sans doute entendit-il surtout rappeler, par là, qu'un chef est responsable de tout ce qui est fait sous ses ordres. Parce qu'il est le chef et a accepté de l'être, il lui appartient de prendre à son compte, dans le mal comme dans le bien, les résultats [...]. Quoi que l'on pense des causes du désastre, la cause directe – qui demandera elle-même à être expliquée – fut l'incapacité du commandement. »

Que représente, dès lors, la gauche, et en particulier la gauche socialiste qui a gouverné le pays pendant vingt ans entre 1981 et 2017 ? Le Parti socialiste d'aujourd'hui se contente d'un rôle second dans la vie politique française, dont il fut pendant si longtemps un des pôles de référence. Il en sera ainsi tant qu'il ne fera pas son aggiornamento, et en trouvant un leader pour l'incarner. Cela passera peut-être par un changement de périmètre, de structure, de nom. Car si le parti né à Épinay autour de François Mitterrand s'est terriblement affaibli, l'idée socialiste et sociale-démocrate qui, elle, n'a pas disparu, a sans doute maintenant besoin d'une réinvention complète.

La gauche, demain, doit à la fois se retrouver et changer profondément. Pour qu'elle pèse à nouveau, il faut une vraie exigence, une réflexion fondamentale. La gauche, demain, doit être d'abord écologiste. Pour les jeunes générations, c'est la première cause d'engagement, sinon la seule qui vaille. Et pour nous tous, c'est une ardente obligation. Notre planète se réchauffe, et les conséquences de ce changement climatique sur nos vies, sur la vie de nos enfants sont incommensurables – de la sécheresse et des incendies au retour des famines en passant par les crises migratoires à venir. Nous avons un devoir d'action, dans toutes les directions – économie, énergie, transports, urbanisme, santé, éducation... Pour les générations futures, la transformation écologique est la première aspiration, pour tous elle est la première exigence. Qu'on me comprenne bien : l'écologie n'est pas l'apanage de la gauche, mais elle est indissociable de la sobriété, de la justice et la réduction des inégalités, elle implique une régulation du capitalisme, elle s'accompagne d'une transformation des modes de vie dont celle-ci est plus naturellement porteuse.

La gauche, demain, doit être beaucoup plus radicale qu'elle ne l'a été, non pas au sens de prendre des positions extrémistes, mais en allant chercher les solutions à la racine des problèmes, en regardant où sont les inégalités aujourd'hui – les inégalités sociales, les inégalités hommes-femmes, les inégalités entre générations, les inégalités des chances, des possibles, des destins, les inégalités devant la culture et l'éducation, les inégalités territoriales. On parle beaucoup aujourd'hui des discriminations raciales, culturelles, de genre. Ces inégalités existent, les nier au nom d'un républicanisme intransigeant et caractériser tous ceux qui les combattent comme « wokistes » est une facilité à laquelle je ne céderai pas. Mais ce qui fait que l'on est socialiste ou social-démocrate, ce sont d'abord les inégalités sociales et territoriales. La question identitaire est un terrain sur lequel la gauche se perdra toujours, où elle se verra condamnée à créer des coalitions minoritaires ou fragiles, ou sera vouée à être dominée par un modèle beaucoup plus fruste que le sien.

La gauche, demain, doit être à la fois locale et européenne. Depuis 1983, l'Europe est un débat interdit dans le Parti socialiste, ou bien un terrain miné. Elle l'a constamment divisé, y compris lors des référendums. Elle a contribué à l'éloigner de son électorat populaire. Tout cela a rendu la gauche muette et idéologiquement illisible sur l'Europe, et ce n'est pas un hasard si Lionel Jospin comme François Hollande se sont peu avancés sur ce terrain, davantage par prudence politique, pour éviter de réveiller des divisions brûlantes, que par absence de convictions ou d'idées. Or l'Europe, aujourd'hui, est à repenser. La crise Covid et la guerre en Ukraine ont fait bouger les lignes : le statu quo comme la critique pavlovienne sont absurdes. Chacun voit bien, en tout cas, qu'il n'est pas de grand problème aujourd'hui dont la solution ne soit d'abord européenne. Le souverainisme et le nationalisme prospèrent sur les crises, ils attirent ceux qu'elles laissent pour compte. Ils ne sont pas pour autant une réponse. L'avenir de la gauche de gouvernement ne se construira pas en tournant le dos à toute l'histoire du socialisme français, à l'héritage de François Mitterrand et Jacques Delors, et en donnant la leçon, depuis une position de faiblesse politique unique en Europe, à la gauche européenne.

La gauche, demain, doit être démocrate. Il lui revient de porter le flambeau d'une rénovation institutionnelle de la vie publique, à l'heure où, partout dans le monde, l'idéal démocratique est attaqué par des forces autoritaires ou illibérales, et alors que la Ve République semble avoir épuisé sa force propulsive et dévoile ses contradictions et ses limites. Cet enjeu démocratique est pour moi essentiel. Le cycle électoral de 2022 a montré que la gauche n'avait pas disparu, qu'elle était une force avec laquelle il faut compter, même si elle est sans doute minoritaire dans la société française. Mais elle n'a pas encore retrouvé le talisman qui lui permet d'exercer le pouvoir : au-delà de l'unité, indispensable, elle doit être capable de marier à nouveau la transformation écologique, sociale et politique avec la responsabilité financière – non, ce n'est pas un gros mot, mais la condition *sine qua non* pour mettre en œuvre les politiques publiques indispensables, qui lui permettra de redevenir une force de gouvernement.

Faut-il encore parler de socialisme pour appeler cette gauche à venir ? Certains osent le faire à nouveau aux États-Unis, mais plus guère en France. Il y a des phénomènes de communication : le socialisme est-il une marque obsolète ? Si oui, par quel mot le remplacer ? La social-démocratie reste une force en Europe, elle symbolise une volonté réformiste et une capacité de gouvernement en lien avec les syndicats, mais elle n'a jamais vraiment existé en France, et ceux qui s'en revendiquent semblent parfois ignorer sa signification. La social-écologie a le mérite de vouloir associer deux courants aujourd'hui séparés mais dont toutes les études montrent que leurs sympathisants ont, eux, beaucoup de similitudes et d'abord d'aspirations communes. En tout cas, il s'agit de penser un socialisme moderne et écologique : la gauche de demain doit être sociale, écologiste, mais aussi européenne, démocrate et territoriale.

La gauche réformiste et transformatrice est-elle morte ? Allons-nous vivre pendant des décennies une vie politique sans gauche, ou en tout cas sans gauche candidate crédible à l'exercice du pouvoir ? La gauche française, et en particulier sa composante socialiste, est dans un état de faiblesse sans précédent. Mais elle ne s'est pas évaporée, elle est ailleurs, elle est nulle part et partout. Elle se réfugie dans l'abstention. Elle choisit les écologistes ou le centre parce qu'elle n'a plus de repères dans son propre espace. Elle se laisse tenter, pour son électorat le plus populaire, par les chimères nationalistes. Mais non, elle n'a pas disparu ! Le clivage gauche-droite demeure un petit peu partout dans le monde. Jamais la vie politique américaine n'a été aussi polarisée qu'aujourd'hui. En Grande-Bretagne, il reste encore un système bipartisan et le Parti travailliste, après une très longue période d'opposition, paraît bien placé pour reprendre le pouvoir en 2025 face à des conservateurs fragilisés par le Brexit et minés par leurs divisions. Dans l'Union européenne, que ce soit au sud, en Espagne, au Portugal, ou au nord dans les pays scandinaves, les sociaux-démocrates sont encore puissants. Mon ami António Costa a su par exemple mener au Portugal une politique de gauche, augmentant le SMIC de 25 % en trois ans, introduisant les 35 heures dans les services publics, investissant massivement dans les infrastructures et l'innovation, et simultanément réduisant de façon spectaculaire les déficits et la dette, en respectant les règles du jeu européen. Il a remporté trois fois les élections, et obtenu en 2022 la majorité absolue. L'Allemagne est à nouveau dirigée par les sociaux-démocrates, qui se sont imposés avec l'élection d'Olaf Scholz en jouant la carte de la crédibilité.

Je connais bien Olaf Scholz, le nouveau chancelier allemand, qui est un stratège méthodique et sous-estimé. Le SPD a depuis son élection connu des déceptions, et le style du nouveau chancelier, peu explicite et peu expressif, est critiqué. Peut-on aujourd'hui gouverner sans sacrifier à la communication et sans manifester un excès d'empathie ? Ce n'est pas certain, et c'est un handicap pour Olaf Scholz. Mais il a imposé à l'Allemagne trois tournants bienvenus, y compris par rapport à la longue ère d'Angela Merkel : un investissement massif, de 100 milliards d'euros, dans la défense, un effort résolu pour libérer son pays de la dépendance à la Russie, un engagement européen plus marqué et davantage théorisé, y compris sur le plan budgétaire et sur le terrain des règles.

Il n'y a aucune raison pour que la France soit le seul pays européen, avec les pays de l'Est, où les socialistes pèsent 2 % des votes. Si la gauche s'emploie enfin à tirer les leçons de ses échecs, si elle fait l'effort nécessaire pour retrouver une pensée tournée vers un idéal de justice et ancrée dans le réel, elle connaîtra à nouveau des jours meilleurs. Emmanuel Macron a été réélu pour un deuxième mandat, au terme duquel il ne pourra pas se représenter. Mais sa trajectoire aura été très particulière : personne ne pourra refaire ou revivre ce qui lui est arrivé, et il n'a pas construit une famille politique pérenne et unifiée.

Il y aura donc fatalement, après 2027, une droite et une gauche en France. Et d'ailleurs, il y a toujours beaucoup de socialistes. Beaucoup dans les territoires restent au Parti socialiste, et demeurent son principal atout pour un nouveau départ éventuel. Là sans doute, se trouve le vivier des talents qui pourront incarner à l'avenir ce mouvement essentiel à la bonne santé démocratique de notre pays. Il y a aussi – mais oui ! – des socialistes, des femmes et des hommes de gauche parmi les soutiens du président de la République. Ils trouveront un jour une matrice à construire ensemble, mais laquelle ? Le travail qu'il faudra faire pour y parvenir est considérable, d'autant plus que la décennie écoulée n'aura pas seulement été celle des occasions manquées, mais une véritable et profonde régression intellectuelle et humaine.

Cette tâche n'est pas aujourd'hui la mienne. Je suis à la tête de la Cour des comptes, une responsabilité magnifique et qui me comble. Elle suppose à la fois indépendance et impartialité, deux exigences que je respecte. Je ne suis plus engagé en politique, je ne suis plus membre du Parti socialiste. Mais ces devoirs, et la réserve dans laquelle je me tiens scrupuleusement, n'effacent pas mon histoire et mon identité. Servir l'État, c'est s'astreindre à une stricte neutralité dans l'action et dans le jugement sur les politiques publiques : j'y suis extrêmement vigilant. Ce n'est pas abdiquer, se renier, ou oublier. Je reste profondément un réformiste. Je crois que l'on peut combiner efficacité économique, justice sociale et bonne gestion des comptes publics. Que l'on peut allier la transformation de l'État avec une politique de réduction des inégalités. Si je m'interdis d'intervenir dans le débat politique, je peux et je veux, avec l'expérience qui est la mienne, mener quelques réflexions sur l'état de notre démocratie.

La crise démocratique

Les Français sont un peuple très politique, mais aussi lassé, désabusé. Ils sont mécontents de leurs institutions, et pourtant ils ne voient pas bien comment les changer. Ils sont mécontents de leur vie politique, mais ils n'ont finalement que peu d'échappatoire, peu de choix. Ils sont mécontents de leur vie, et il est vrai que la période écoulée a été très difficile. Nous sortons d'années de pandémie, qui ont été sombres, comme entre parenthèses. Toutes nos activités ont été perturbées, nos interactions ont été limitées, nous avons été ramenés à nos foyers, à nos identités intimes, le travail lui-même a été largement dépersonnalisé. De crise en crise, de la Covid à l'agression russe contre l'Ukraine, avec ses conséquences sur l'inflation, le pouvoir d'achat, la croissance, nos concitoyens ont vécu des temps difficiles, avec des dirigeants qui, à leur corps défendant, ont eux aussi vécu avec le virus, ont incarné la lutte contre la pandémie avec ses succès, ses échecs, avec aussi des improvisations nécessaires. Et au moment où cette épreuve prend fin, revient la guerre en Europe, avec la menace nucléaire et ce qu'elle porte, un sentiment, une crainte de fin du monde.

Cette grande ombre pèse sur notre vie politique. Le

président sortant a été réélu, mais a ensuite été privé de majorité. Les anciens partis de gouvernement ont été marginalisés. La gauche radicale a pris le pas sur la gauche socialiste. Le Rassemblement national a vu sa puissance électorale recevoir une traduction importante au Parlement. Le pays est difficilement gouvernable, mais c'est sans doute une expression de la volonté des Français qui ont souhaité mettre en place des garde-fous, des *checks and balances* à la toute-puissance présidentielle qui jusque-là caractérisait la Ve République. L'élection a désigné un nouveau président – le même –, elle n'a pas levé le malaise politique et social qui marque notre pays. Certes, elle n'a pas laissé l'extrême droite prendre le pouvoir – ce qui a toujours été dans ma vie un combat presque ontologique, radical, essentiel. Je partage le discours de François Mitterrand au Parlement européen en 1995 : « le nationalisme c'est la guerre », et je combats le retour en force de cette idéologie. Mais je sais aussi que la diabolisation, les leçons historiques trop désincarnées ne suffisent pas, ne suffisent plus à convaincre.

Élection après élection, le plafond de verre qui rendait l'extrême droite inéligible se fissure. Élection après élection, le front républicain devient plus friable. Une lassitude de la posture de dénonciation morale se développe, d'autant plus que l'extrême droite, nul ne peut le contester, évolue : Marine Le Pen n'est pas son père ! Certains diront qu'elle se banalise, d'autres qu'elle se normalise, en tout cas elle lisse ses aspérités, s'insère dans le jeu institutionnel, devient une prétendante plus crédible au gouvernement du pays. Elle s'appuie pour cela sur des exemples étrangers à l'est de l'Europe, en Hongrie ou en Pologne, mais aussi au nord, en Suède, ou au sud, en Italie. S'il n'y a pas de fatalité à sa victoire, qu'après tout les Français ont déjà refusée par trois fois au second tour de l'élection présidentielle, celle-ci est devenue un scénario possible, à prendre très au sérieux. Et elle peut finir par arriver, davantage par déception, par épuisement que par enthousiasme – comme s'il fallait essayer la dernière expérience au pouvoir que les Français n'ont pas vécue –, si un travail en profondeur n'est pas réalisé pour répondre à la crise politique permanente dans laquelle s'enfonce notre pays. Il est indispensable, j'en ai la conviction, de fabriquer à nouveau une adhésion positive à la démocratie, aux partis politiques, aux institutions, à l'État, qui convainque à nouveau ceux qui pensent que les institutions, la démocratie sont tellement dysfonctionnelles qu'il n'y a plus de solution qu'à l'extérieur de celles-ci. Or force est de constater qu'une telle adhésion n'existe plus.

Pour la première fois, les Français ont refusé au président élu, et même réélu, la majorité parlementaire qu'il réclamait et affaibli son parti aux élections législatives qui suivaient la présidentielle. Sans lui imposer une cohabitation avec une majorité alternative, ils ont choisi de le faire coexister avec un Parlement éclaté, dans lequel son parti, Renaissance, ne détient qu'un gros quart des sièges, un peu plus de 40 % avec ses alliés. Tout s'est passé comme si les électeurs avaient élu une Assemblée quasi proportionnelle avec un scrutin majoritaire, obligeant l'exécutif à tenir davantage compte du Parlement et à construire des majorités au cas par cas. Ils ont en quelque sorte créé les forces d'équilibre – les *check and balances* – que nos institutions jusque-là cherchaient à annihiler. Cela crée une situation nouvelle, totalement inédite, dont personne ne peut dire, près d'un an après la clôture du cycle électoral, si elle débouchera sur une paralysie politique ou sur une nouvelle donne démocratique. En somme, si la politique reste une passion française, la fatigue de la Vᵉ République est évidente et dangereuse.

La Vᵉ République originelle a été faite par et pour le général de Gaulle, avec l'idée d'installer un régime de surplomb, mais un surplomb arbitral. La clé de voûte en était clairement le président de la République dont tout procède – c'est ainsi que le général de Gaulle définissait les choses –, mais qui n'entrait pas dans le détail. Le général de Gaulle, malgré sa figure historique, n'entendait pas s'occuper de tout, ou déresponsabiliser les autres membres de l'exécutif, lui qui écrivait dans ses *Mémoires d'espoir* : « Avec mon gouvernement, je me trouve en rapports constants et approfondis. Cependant mon rôle n'absorbe pas le sien. Sans doute, l'ayant entendu, ai-je à fixer la direction d'ensemble qu'il doit suivre. Mais la conduite de l'administration est entièrement laissée aux ministres et jamais je n'adresse par-dessus leur tête aucun ordre aux fonctionnaires. Sans doute les Conseils que je tiens donnent-ils lieu à des décisions. Mais tous ceux qui y prennent part s'y font entendre librement et complètement et, au surplus, on n'est ministre que parce qu'on l'a bien voulu et on peut, à son gré, cesser de l'être [...]. Tout membre du gouvernement, quand il m'adresse un rapport, est sûr que je le lirai et, quand il me demande audience, est certain que je le recevrai. En somme, je me tiens à distance, mais non point dans une "tour d'ivoire". » Ces sages principes de gouvernement n'ont hélas plus cours depuis longtemps, même si Lionel Jospin a tenté de les remettre au goût du jour – mais il n'était pas président !

Le corps électoral présidentiel du début de la Vᵉ n'était pas le suffrage universel, même s'il était étendu par rapport à celui de l'élection du président de la IIIᵉ ou de la IVᵉ République. Surtout, le septennat donnait au président de la République une autre temporalité, et donc une hauteur de vue différente de celle de l'Assemblée nationale élue pour cinq ans – ou du Sénat investi pour six ans. Quant au parlementarisme, il est « rationalisé » par la limitation du domaine de la loi et la prééminence donnée à l'exécutif dans la conception de celle-ci et l'ordre du jour des Assemblées. Il y avait dans ce texte la volonté que la majorité coïncide avec celle du président de la République. Mais il n'excluait pas la possibilité qu'il y ait cohabitation, c'est-à-dire une majorité parlementaire distincte de la majorité présidentielle. Cette situation s'est d'ailleurs produite à trois reprises en 1986, en 1993, et en 1997, à chaque fois dans des conditions différentes. Mais à chaque fois, si elles ont divisé l'exécutif, les cohabitations ont aussi permis une respiration, et les Français n'ont été finalement mécontents d'aucune de ces occurrences. Et à chaque fois, la cohabitation a renforcé le président au détriment du Premier ministre, puisque François Mitterrand a été réélu contre Jacques Chirac, Jacques Chirac contre Jean-Marie Le Pen et Lionel Jospin. Édouard Balladur n'a réussi à s'imposer ni à François Mitterrand, ni au chef de son parti qu'il avait voulu effacer, Jacques Chirac. Nous voilà maintenant dans une autre situation, qui n'est pas la cohabitation mais qui n'est pas davantage le fait majoritaire, celle du président réélu sans majorité parlementaire, qui plus est non rééligible. Certains y verront le génie de nos institutions, d'autres le signe de leur irrésistible sénescence.

Un autre élément tout à fait structurant a disparu du paysage : le cumul des mandats, qui diminuait incontestablement le rôle du Parlement, mais ancrait les députés dans la réalité des territoires. La suppression du cumul des mandats n'a pas pour autant accru le rôle du Parlement, mais elle a assurément affaibli la légitimité des élus vis-à-vis de la population et leur capacité tout simplement à s'incarner dans leur circonscription, à représenter. Il faut ajouter à cela les règles de transparence, indispensables, dont l'affaire Cahuzac a imposé le durcissement, puisque c'est au lendemain de celle-ci qu'a été créée la Haute Autorité pour la transparence et la vie publique. Ces règles sont aujourd'hui extrêmement étendues, sur les incompatibilités, sur la transparence, mais aussi sur le contrôle des frais, ce qui fait de la politique une profession aujourd'hui très surveillée, assez mal payée au regard de métiers à responsabilité équivalente, notamment pour les fonctions ministérielles. Tout cela renforce les travers du quinquennat, qui plus est avec inversion du calendrier électoral, marqué par une hyper concentration des pouvoirs entre les seules mains du président de la République. La duplication du soutien présidentiel fut longtemps à la fois sans faille, condescendante et lointaine, donnant au président les moyens de sa politique, mais sans lui accorder pour autant une légitimité supplémentaire.

Ce système se privait par trop de délibération, et n'avait pas assez de durée. Un quinquennat c'est très court – un an pour agir, deux ans pour poursuivre, et deux ans de précampagne, si tout va bien. La décision est elle aussi paradoxalement difficile, parce que le pouvoir de la rue, celui de l'opinion, pèse très lourd. Le président est contraint de gouverner en tenant compte des idées d'une opinion flottante au gré des aléas qui se multiplient. La nouvelle donne politique ne contredit pas ce constat. Après avoir réélu Emmanuel Macron, les Français ont exprimé leur aspiration à moins de verticalité, à davantage de partage des pouvoirs, sans toutefois se déjuger en choisissant une majorité alternative. Le pays n'est pas pour autant ingouvernable, comme certains aiment à le dire. Il doit être gouverné différemment, par la recherche constante de compromis, qui n'est pas ou plus familière aux institutions de la Ve République, et plus largement à la tradition politique française, qui par exemple n'a jamais connu de vrai parti social-démocrate organiquement lié à des syndicats puissants et unis. La France rejoint ainsi la situation de la plupart de ses partenaires, où l'exécutif n'a pas à sa disposition un parti unique majoritaire, moins encore un parti godillot, mais doit sans arrêt négocier avec un Parlement exigeant, voire découler d'une logique de coalition.

Il y a dans cette nouvelle configuration politique une vague mondiale et des éléments français. La vague mondiale, c'est la montée du populisme et de l'autoritarisme, à l'assaut contre la démocratie. N'oublions pas le Brexit et le trumpisme : nous sommes confrontés dans le monde entier à une politique qui a fait ces dernières années beaucoup plus la part belle à l'émotion et au ressentiment qu'à la raison et à l'adhésion. Le « cercle de la raison », qui fut le rêve d'Alain Minc et Édouard Balladur en 1995, s'est totalement évaporé. Le mythe de la « France heureuse » d'Alain Juppé a été balayé. Le monde actuel, la politique actuelle sont extrêmement violents. On connaît les thèses de David Goodhart sur les « *somewhere* » et les « *anywhere* », les réflexions de Jérôme Fourquet sur l'« archipel français », et l'on voit s'affronter le vote périurbain et le vote urbain, la France périphérique contre la France métropolitaine, la France « triple A » contre la France de l'ombre. Le « grand remplacement » évoqué par Éric Zemmour, dans la filiation complotiste et xénophobe de Renaud Camus, est une imposture, qui joue sur les pulsions racistes, sur les inquiétudes et les phobies qui taraudent la société française.

Mais le sentiment de déclassement, lui, n'est pas une

invention ou une construction de l'esprit. Il vient d'extrêmement loin et il exprime une réalité. Je l'ai connu dans le pays de Montbéliard, dans cette France industrielle en déclin, qui se sent menacée par la mondialisation, puisque l'industrie représentait en France quelque 20 % du PIB en 1980, aujourd'hui à peine 11 %. La classe ouvrière n'a pas disparu, mais elle s'est réduite et transformée, la classe moyenne se trouve prise à son tour dans la spirale du déclin. Les villes petites et moyennes souffrent terriblement, voient leurs centres se vider, leurs quartiers se durcir, le prix de l'immobilier s'effondrer, quand les métropoles se gentrifient, se « boboïsent », devenant de plus en plus chères, donc socialement homogènes. Dans une partie de la France, la voiture reste indispensable, dans l'autre elle est presque interdite. Tout cela crée les conditions d'une politique clivée et fondée sur le ressentiment, dans un monde où les mythes fondateurs de la démocratie d'après-guerre ont disparu, le premier d'entre eux étant la crainte de la guerre. Le retour de la guerre en Ukraine, donc en Europe, nous rappelle toutefois que la paix perpétuelle est une illusion, il nous invite à nouveau à l'unité européenne, au rassemblement autour des valeurs démocratiques, et nous oblige à penser enfin notre rapport à la puissance, y compris militaire.

La politique moderne est d'abord caractérisée par la fragmentation. Le modèle jadis dominant dans nos démocraties de la bipolarisation, ou en France du « quadrille bipolaire » cher à Maurice Duverger, opposant une gauche et une droite hétérogènes mais tendant toutes deux vers les 50 %, a disparu lors de l'élection présidentielle de 2017, et celle de 2022 ne l'a pas ressuscité. La vie politique française est maintenant organisée, sans doute de façon durable, autour de trois pôles, dont les composantes peuvent en revanche considérablement évoluer : une gauche minoritaire mais désormais à nouveau présente, un centre éclaté mais ayant vocation à gouverner dans la durée, à condition de rester uni, une extrême droite désormais installée et prétendant à l'exercice du pouvoir. Le clivage gauche-droite demeure, mais son importance s'est beaucoup affaiblie, les votes se sont dispersés, et l'extrême droite a été présente au second tour dans trois des cinq élections présidentielles qui se sont tenues depuis 2002, il y a vingt ans. Le front républicain s'étiole, les écarts s'amenuisent, mais l'alternance n'est pas certaine et le nouveau clivage entre les nationalistes illibéraux et les pro-européens ne s'est pas intégralement substitué à la partition gauche-droite, ou plutôt il reste dissymétrique. Le Rassemblement national est toutefois maintenant la deuxième force de l'Assemblée nationale, il s'inscrit dans les institutions et se respectabilise, il va tenter de se professionnaliser et de lever les inquiétudes sur sa radicalité pendant les années qui viennent. Sa victoire en 2027 n'est pas une fatalité ou un automatisme, elle est néanmoins devenue plus qu'une possibilité.

La France restera-t-elle à l'écart du mouvement tellurique qui atteint nombre de pays européens, celui du décrochage électoral du centre-droit ou de la droite modérée, contrainte pour rester au pouvoir ou y revenir à des alliances avec l'extrême droite ? Il est loin, le temps où l'Europe s'indignait de tels rapprochements et votait, en 2000, des sanctions contre l'Autriche où, pour la première fois depuis la guerre, un parti d'extrême droite, le FPÖ de Jörg Haider, nostalgique du IIIe Reich, participait au gouvernement. L'extrême droite est aujourd'hui au pouvoir en Pologne et en Hongrie. Elle y participe désormais au nord comme au sud de l'Europe, en Suède, où les « modérés » gouvernent avec le soutien des « démocrates suédois » nés d'une formation néo-nazie, en

Finlande, où les conservateurs gouvernent en réalité avec l'extrême droite du « Parti des Finlandais », et en Italie où Giorgia Meloni, née à la politique au MSI, le parti post-fasciste italien, est désormais Première ministre. Certes, ces partis ont mis de l'eau dans leur vin. Mais s'allier avec eux n'est plus pour les droites classiques un tabou, même si la droite française s'y est toujours refusée.

Parmi les grandes démocraties, il reste certes quelques pays où règne le bipartisme, comme les États-Unis, ou le Royaume-Uni, mais c'est largement un héritage historique ou une conséquence des modes de scrutin. Partout ailleurs, un parti à 25 % est très puissant. Partout, il y a fragmentation, atomisation, et aussi une polarisation beaucoup plus forte des votes, une très grande violence dans la confrontation entre l'émotion et la raison, entre les nationalistes et les partisans de la société ouverte, le choix de l'Europe et son refus, l'attachement à la démocratie et la tentation de l'autoritarisme et de l'illibéralisme. En tout cas, la démocratie libérale, celle de toutes les libertés et de l'État de droit, n'est plus un modèle indiscuté, si jamais elle le fut. Cette nouvelle donne politique, donnant un poids considérable à l'émotion et au ressentiment, est une réalité mondiale dans des sociétés où les inégalités se sont considérablement creusées. Parce que le fondement est là. Les 10 % les plus riches possèdent 90 % de la planète et pendant la crise Covid ont vu leur patrimoine augmenter de 3 000 milliards de dollars sur fond de bulles mobilières et immobilières, pendant que d'autres, plus faibles, plus jeunes, voyaient une perte de statut et de richesse absolument considérable.

Enfin, nous sommes confrontés à un autre phénomène : la chute des idéologies et le déclin de la politique comme idéal. Dans ma génération, on n'entrait pas en politique uniquement pour le pouvoir, on s'y investissait même d'ailleurs avec une idée assez lointaine du pouvoir. Quand on était à l'extrême gauche, comme je le fus dans les années 70, ou même à gauche pendant les vingt premières années de la Ve République, à l'image de Michel Rocard, Pierre Mendès France ou François Mitterrand, l'exercice du pouvoir était une perspective lointaine, la politique un long combat et une interminable attente, au cours desquels on cherchait d'abord à faire triompher des idées, un mode de pensée. La fin du communisme et de la division de l'Europe après 1989 a représenté à la fois une formidable libération par rapport au totalitarisme et la chute d'un idéal qui avait créé cette alliance étrange, qu'incarnait le Parti communiste, entre des intellectuels et la classe ouvrière. Aujourd'hui, le Parti communiste lutte vaillamment pour son existence, il y a peu d'« intellectuels de gauche », ou du moins investis dans le débat politique à gauche, et il n'y a plus de classe ouvrière qui partage cette aspiration culturelle.

Charles Péguy, dans son formidable livre sur l'affaire Dreyfus, *Notre jeunesse*, écrivait déjà que « tout commence en mystique, tout finit en politique ». Aujourd'hui, la seule mystique semble parfois être l'amour de soi. Le narcissisme paraît devenir le principal moteur de la politique, et l'aspiration au pouvoir, à tout le pouvoir tout de suite, en quelque sorte « quoi qu'il en coûte » – quitte à agiter des idées flatteuses au gré du vent –, tient lieu de morale. La fragilité des appartenances politiques, la multiplicité des « ralliements » qui constituent désormais l'essentiel des campagnes électorales, comme si la compétition politique se résumait à une sorte de « mercato », à l'image du football, plutôt qu'à la confrontation de visions, en sont un symptôme : les campagnes modernes sont de plus en plus la chronique quotidienne des débauchages et des abandons, par lassitude ou par attrait irrésistible des responsabilités, et non plus l'histoire de longues fidélités récompensées. Le temps où les socialistes, avec Léon Blum, se posaient la question de la conquête ou de l'exercice du pouvoir, où celui-ci était pour eux un « long remords », pour reprendre l'expression d'Alain Bergounioux et Gérard Grunberg, est depuis longtemps révolu. Pour beaucoup de ceux qui ont longtemps incarné ce courant politique, il est surtout un immense appétit !

La France souffre plus que d'autres de cette dérive, parce qu'elle reste une nation politique, celle de l'idéal républicain. Nous subissons au carré cette désillusion. Et tout nourrit cette nostalgie, celle de la laïcité, de la République mise à toutes les sauces et revendiquée par chacun, nostalgie aussi de la figure du sauveur, constamment ravivée par la référence permanente au général de Gaulle, qui illustre le regret d'une République incarnée, d'une figure présidentielle certes démocratiquement contestée, mais puissante. Le durcissement et le ressentiment y sont d'autant plus forts que la perception du déclassement est plus puissante. La chute du mur de Berlin, l'élargissement resté par trop inexpliqué de l'Europe, la montée en puissance des institutions et de politiques européennes, alors que les élites françaises n'ont jamais porté l'Europe comme un idéal mais l'ont subie comme une contrainte au nom de laquelle on imposait des réformes que l'on n'était pas capable de souhaiter pour soi-même, y sont pour beaucoup.

Tout cela a créé le sentiment que « c'était mieux avant », que l'on était plus heureux quand la France était seule, la grande nation prestigieuse avec son statut et son irrédentisme, image au demeurant largement fantasmée d'un temps depuis longtemps passé, s'il n'a jamais existé, sur laquelle un Éric Zemmour bâtit sa rhétorique révisionniste. Peu d'hommes politiques ont développé l'idée que l'Europe était un multiplicateur de puissance pour la France. Emmanuel Macron l'a tenté. François Mitterrand le faisait aussi à sa façon, nourrie par l'histoire. Mais la plupart des responsables politiques font assaut de réticence ou d'hostilité, ou tolèrent au mieux un consentement réticent et passif. La gauche ne fait hélas pas exception, balançant souvent entre la caricature et le silence embarrassé, à l'exception notable d'une partie des Verts au moment des élections européennes, comme Daniel Cohn-Bendit ou Yannick Jadot.

Quelle place, dès lors, pour la politique, pour le politique ? Je suis convaincu que la politique est plus que jamais nécessaire, avec la multiplication des crises écologiques, économiques, financières, sociales, migratoires, géopolitiques, démocratiques qui caractérise notre temps. Nous n'avons jamais eu autant besoin de penser, et de penser la politique. Je suis très frappé par le désengagement des intellectuels et par la « désintellectualisation » des politiques. Ne nous méprenons pas : l'homme politique n'est pas un intellectuel organique, il est rarement un phare de la pensée, sauf lorsqu'il est un intellectuel entré en politique – comme François Guizot ou Jean Jaurès. Mais en revanche le politique peut être un « honnête homme », être nourri de lectures, de réflexions, alimenté par les débats, enrichi par la délibération, intelligent de l'intelligence des autres, capable de se construire un système robuste de valeurs, de choix, d'idées : je crois qu'il gagne à l'être ! Car, comme Henri Bergson, je suis convaincu qu'il faut « agir en homme de pensée, penser en homme d'action ».

Et on a aussi besoin du réengagement des intellectuels dans la cité. La politique française n'a pas suffisamment développé les think tanks, les pensées stratégiques, elle reste le plus souvent dans l'empirisme, dans le pilotage à vue, dans le sillage des candidats potentiels à la seule élection qui selon eux compte, la présidentielle. Du coup, la dimension programmatique a quasiment disparu, et le paysage politique français semble plus confus, dans l'attente d'une réorganisation, voire d'une refondation. Nous avons plus que jamais besoin de réflexion, de confrontations, de pensée, nous ne pouvons pas vivre longtemps avec cette dépolitisation, cette « médiocrisation » du débat politique en France.

La réforme institutionnelle et politique

Au-delà de cet impensé, je suis persuadé qu'une réforme institutionnelle et politique de notre pays est indispensable. Que faire de cette Vᵉ République, qui va fêter ses soixante-cinq ans – s'apprêtant à égaler la durée de la IIIᵉ – sans forcément la dénuméroter, ou tout réinventer ? Cette question est légitimement posée. Vingt ans après l'instauration du quinquennat, dont le bilan est pour le moins mitigé, un certain nombre de débats se sont imposés à l'agenda. D'abord, la question du cumul des mandats. J'ai ardemment souhaité le non-cumul, car il me semblait en effet qu'il y avait une nécessité de restaurer le Parlement, ce qui supposait à mes yeux d'en finir avec cette spécificité française. Force est de constater que ce fut un échec cuisant, en haut comme en bas : on a vu au contraire émerger à la fois des baronnies locales et des parlementaires hors sol. Il ne suffisait pas de créer des parlementaires à plein temps pour qu'ils soient influents, et des élus locaux sans mandat législatif ne sont pas pour autant pleinement épanouis. Si l'on voulait en rester au non-cumul, à l'instar de ce qui existe en Allemagne ou au Royaume-Uni, c'est par ces changements de fond – donner davantage de pouvoir au Parlement, décentraliser plus résolument – qu'il faut commencer. Sans doute faut-il revenir, en partie au moins, sur le non-cumul. Je ne dis pas que cela doit être systématique. Il y a sans doute des seuils, il y a des collectivités qui mobilisent à temps plein : il est assurément difficile d'être président de Région et député, maire d'une grande ville ou président de métropole et sénateur. Mais la question se pose.

Je suis aussi persuadé qu'il faut décorréler la durée des mandats du président et du Parlement. Le quinquennat avec inversion du calendrier électoral – les législatives suivant immédiatement la présidentielle – fut une erreur commise par un Lionel Jospin trop désireux de rétablir l'unité et la cohérence de l'exécutif au terme d'une longue cohabitation – un des rares sujets sur lesquels je fus en désaccord avec lui. Nous le payons depuis vingt ans. Certes, le président de la République détient en apparence tous les pouvoirs, mais il prend aussi tous les coups. Il est aussi maintenant totalement « sans filtre », « à portée d'engueulade ». Le président a les attributs d'un monarque, mais il ne peut plus prendre la même hauteur, sauf dans ses fonctions de chef de guerre, ou à l'international. Il n'est plus seulement en charge de l'essentiel, il s'occupe de tout dans le détail, il lui est dès lors plus difficile d'être l'homme de la Nation. Nous sommes loin de la fameuse phrase du général de Gaulle dans *Le Fil de l'épée*, qu'aimait à me répéter mon père : « Le chef est distant, car l'autorité ne va pas sans prestige, ni le prestige sans éloignement. »

Voilà pourquoi il faut selon moi revenir au septennat ou à un mandat de six ans, les députés étant alors élus pour quatre ans. Je pense en tout cas qu'il faut deux ans de décalage entre le mandat présidentiel et le mandat législatif. Cela me paraît tout à fait indispensable, la cohabitation pouvant le cas échéant être une soupape où évacuer les contradictions. Emmanuel Macron comme Marine Le Pen ont pris parti entre les deux tours pour le retour au septennat, sans qu'il soit clair de savoir si celui-ci devait être renouvelable ou non. À mes yeux, quatorze ans est une durée beaucoup trop longue pour un président doté des pouvoirs que confère la Ve République, deux fois six ans serait une durée maximale. Un septennat non renouvelable, donnant au président le temps d'agir sans vivre sous la contrainte permanente de la préparation d'une réélection et sans le confronter aux difficultés inexorables d'un deuxième mandat est aussi concevable. Le mot d'ordre de Mai 68 « dix ans, c'est trop » paraît à l'usage être une règle d'airain politique. Ce débat, esquissé, ne peut pas être esquivé désormais.

Il est également nécessaire de clarifier les rôles respectifs du président de la République et du Premier ministre. Car, au fil des ans, on assiste à l'effacement non dit du rôle du Premier ministre, même si l'absence actuelle de majorité parlementaire redonne une place qui s'était perdue à l'hôte(sse) de Matignon qui, contrairement au président de la République, est en contact quotidien avec les Assemblées. Si l'on pense qu'il ne peut pas y avoir deux sources de légitimité dans l'État, deux sources de pouvoir, avec des divergences de position, alors il ne faut plus qu'il y ait de Premier ministre, ni de droit de dissolution de l'Assemblée nationale, mais bel et bien une administration présidentielle à l'américaine. Cela ne me paraît pas très conforme à l'esprit français ni au rôle que doit être celui du président de la République, s'il veut incarner l'essentiel. Mais c'est une option qui aurait le mérite de lever une hypocrisie et d'entériner l'évolution du quinquennat : un président élu pour une durée si courte est nécessairement le chef unique de l'exécutif et de la majorité, il est forcément un leader politique et non une figure impartiale. L'autre option est d'accepter le caractère dyarchique de nos institutions, avec un président davantage en surplomb et en position plus arbitrale, et un Premier ministre qui soit vraiment le chef du gouvernement, disposant de la totalité des prérogatives de l'article 20 de la Constitution, et de restaurer un système qui soit beaucoup plus parlementaire, avec une décorrélation des calendriers électoraux. Avec le recul du temps et de l'expérience, je penche nettement vers cette conception, que je crois propice à l'indispensable rééquilibrage des pouvoirs dans la République, que j'appelle ardemment de mes vœux.

Il s'agirait de repositionner le pouvoir présidentiel lui-même, en revenant à l'esprit des débuts de la Ve : un président en charge de l'essentiel, qui resterait le chef des armées, qui conduirait la politique étrangère et représenterait la France au G7, au G20, au Conseil européen, qui définirait les grandes orientations de la nation, mais laisserait le gouvernement gouverner sous la direction du Premier ministre, personnalité politique et non d'essence technicienne, chef de la majorité, présidentielle si le Parlement suit celui-ci, parlementaire en cas de cohabitation. C'est donc essentiellement une question de pratique, qui dépend largement d'une autre concordance des temps que celle que nous impose le quinquennat.

Je veux aussi évoquer, au risque de déplaire, la revalorisation du métier politique. Nous vivons dans un pays qui nourrit une aversion absolue de l'argent. On peut certes soutenir, comme le faisait François Hollande, qu'au-dessus de 4 000 € par mois, on est riche. Mais est-il tabou d'estimer qu'un parlementaire, un ministre, doit être payé comme un responsable de haut niveau ? Même en acceptant, et je le fais bien volontiers, un décalage du niveau de rémunération entre le public et le privé, on en est loin, très loin ! Comme ministre des Finances, j'ai fait appliquer le plafond de 450 000 € de rémunération annuelle imposé par François Hollande aux dirigeants d'entreprises publiques. Et *de facto*, cela a réduit le vivier des recrutements, parce que ce sont des revenus considérés comme très faibles par rapport au privé. Nous n'avons pas tremblé, et je pense que c'était une bonne mesure, sur laquelle personne n'est revenu depuis : on trouve toujours des candidats de très grande qualité pour de telles fonctions, qu'on ne doit pas occuper par appât du gain, mais avec un sens du service public, du service du public. Mais les rémunérations des députés et des ministres, pour élevées qu'elles paraissent au regard du revenu médian des Français, n'en font pas des situations attractives pour qui exerce déjà des responsabilités importantes dans le secteur privé, et même dans le public. Elles ne feront sans doute pas venir les meilleurs à la politique, qui a pourtant besoin d'un vivier de très haut niveau. En découle cette situation paradoxale où la fonction politique ne peut attirer que des gens jeunes, voire très jeunes, déjà très diplômés et issus du privé, qui y retourneront fatalement, pour qui c'est un investissement, soit d'autres déjà riches, qui ont gagné suffisamment d'argent dans une première vie pour se consacrer sur le tard à l'action publique, soit des personnalités pour qui la politique est le meilleur accomplissement professionnel, voire matériel, possible, soit, enfin, quelques moines-soldats, qui se dévouent à la politique sans compter – il y en a encore quelques-uns. Ce n'est pas à mon sens une situation dont on peut s'accommoder indéfiniment : il faudra bien un jour revaloriser le métier politique. Je le dis en sachant que cette question est éruptive, dans un pays où l'on pense que les hommes politiques sont d'ores et déjà des privilégiés – ils le sont par rapport à d'autres, ils sont loin de l'être dans l'absolu ou si on les compare au privé. Si on ne s'y attaque pas, la politique, hier considérée comme une voie royale, aujourd'hui déjà frappée d'un puissant rejet, sera un jour prochain vue comme le dernier des métiers. La qualité du gouvernement du pays, essentielle à son bon fonctionnement, celle du débat démocratique, déjà dégradée, en souffriraient. Seul le populisme y gagnerait.

La réforme politique et démocratique ne peut faire l'impasse sur la réforme des modes de scrutin. Le scrutin majoritaire a, depuis le début de la Ve République, apporté une stabilité précieuse, avec des majorités qui permettent de gouverner. Toutefois, cette stabilité est petit à petit devenue un facteur d'inertie, elle congèle des majorités d'approbation sans débat, soutenant un exécutif lui-même affaibli et à la légitimité populaire plus étroite, avec des députés qui ne se satisfont plus d'être des godillots. Les vertus et les limites de la proportionnelle sont elles aussi connues. À rebours du scrutin majoritaire, on lui reproche l'instabilité des gouvernements qui se succèdent. On l'accuse aussi de favoriser la représentation des extrêmes et *ipso facto* de dégrader le climat du débat parlementaire. J'avais été heurté, quand François Mitterrand avait rétabli la proportionnelle en 1986, avec l'idée aussi machiavélique que transparente de faire monter le Front national et d'affaiblir la majorité que pouvaient obtenir Jacques Chirac et la droite lors des élections législatives, contre laquelle s'était élevé Michel Rocard, qui à l'époque avait démissionné du ministère de l'Agriculture. Ce fut sur le plan politique un coup de maître, puisque les trente-cinq députés FN alors élus n'ont laissé qu'une majorité extrêmement étroite au Premier ministre Jacques Chirac, ce qui a diminué sa manœuvrabilité dans la cohabitation. Jean-Marie Le Pen et ses troupes ont alors porté une voix violente et brutale dans l'Assemblée, qui n'y était plus habituée depuis la poussée poujadiste de 1956.

J'avoue avoir évolué. Le paysage politique a beaucoup changé depuis 1986. L'extrême droite représente un tiers du corps électoral, ses candidats sont parvenus trois fois en vingt ans au deuxième tour de l'élection présidentielle. Et pourtant, toisée par le scrutin majoritaire, elle fut longtemps terriblement sous-représentée à l'Assemblée nationale. En 2017, après que Marine Le Pen s'est qualifiée pour la première fois au second tour de l'élection présidentielle et y a obtenu 34 % des voix, son parti n'a compté que huit députés au terme des législatives qui ont suivi. Ce n'était pas tenable ! Il n'était pas possible d'accepter plus longtemps la déconnexion absolue entre la représentation nationale et la réalité politique et sociologique du pays. Les Français ont d'eux-mêmes mis fin à cette anomalie, en élisant en 2022 quatre-vingt-neuf députés du Rassemblement national. Certains y verront un prétexte pour ne rien changer. Mettons plutôt en accord le droit avec le fait, en instaurant le mode de scrutin proportionnel !

Il me semble que la proportionnelle permettrait aussi de substituer à l'hyper présidentialisation de nos institutions une dynamique de coalition, dont on voit aujourd'hui la difficulté dans le cadre politique actuel, en forçant des partis qui ne pensent pas la même chose à s'entendre sur un programme, des projets ou des mesures. La proportionnelle renvoie certes vers les partis, mais les oblige également à jouer le rôle, auquel je reste attaché dans une démocratie, d'intellectuel collectif, de formation de militants, de cadres, d'élus qui y acquièrent expérience, jugement, sensibilité au contact du terrain, avec un minimum de pensée commune. Elle contraint aussi à construire des programmes de gouvernement qui soient l'émanation d'une pluralité. Certains disent que les coalitions, en favorisant l'indifférenciation, en empêchant l'alternance gauche-droite, servent les extrêmes. C'est loin d'être une fatalité ! Observons que les dernières élections en Allemagne, pays où les coalitions sont systématiques depuis plus de soixante ans, ont produit un résultat impressionnant dans le contexte européen, celui de la réduction des deux extrêmes, puisque l'extrême droite AfD et le parti néo-communiste Die Linke représentaient moins de 20 % des suffrages. Les Allemands ont alors donné 80 % des voix à quatre partis, la CDU, le SPD, les Libéraux et les Verts, modérés et pro-européens. Enfin, la formation des coalitions est un exercice extrêmement minutieux, parce que le contrat qui les noue n'est pas un simple document ensuite démenti par les faits ou livré à la critique rongeuse des souris dont parlait Karl Marx, mais très précis et contraignant.

Le système français se prête davantage à des promesses fortes, mais qui n'engagent que ceux qui les reçoivent, et la déception à l'égard du pouvoir vient aussi de cela, comme de la minceur des résultats. Un système de coalition engage au contraire les partis dans des programmes de législature détaillés, négociés pendant des mois, qui restent la référence pendant la durée de la mandature.

Voilà pourquoi je suis désormais favorable à la proportionnelle. Cela n'implique pas mécaniquement le retour des partis de gauche et de droite traditionnels, balayés lors des élections de 2017 et 2022. Les partis ne sont pas des entités figées, immuables. Ils vivent, mutent, se métamorphosent, ils disparaissent parfois pour renaître autrement. Ce n'est pas non plus contradictoire avec l'existence d'autres formes de démocratie, participative ou directe, tels des débats citoyens, des consultations démocratiques. Ceux-ci se multiplient, à l'image du grand débat ou de la Convention citoyenne sur le climat. Cette inspiration peut nourrir toutes nos institutions. Ainsi, j'ai lancé à la Cour des comptes en 2022 une plateforme citoyenne pour nourrir nos thèmes d'enquête et mis en place un mécanisme de signalement pour écouter les lanceurs d'alerte. Sans forcément changer de République, nous devons, j'en ai la conviction, faire évoluer en profondeur notre démocratie.

Je ne plaide pas en faveur de la création d'une VIe République, au sens d'une transformation massive et brutale de notre ordre constitutionnel. Je pense toutefois qu'il existe aujourd'hui un constat largement partagé sur l'épuisement démocratique du pays, sur la fatigue de la Ve République telle qu'elle est. Certains sujets sont sur la table : l'atrophie du rôle du Parlement, malgré la fin du cumul des mandats, et le désintérêt croissant des Français pour l'élection législative ; la fonction du Premier ministre, de plus en plus réduit à une position seconde dans l'exécutif ; la pertinence, au XXIe siècle, de l'article 16 de la Constitution, qui ouvre des pouvoirs exceptionnels au président, voire de l'article 36 sur l'état de siège. D'autres questions institutionnelles s'imposent, qui ne sont pas toutes constitutionnelles, comme celle du mode de scrutin. L'aspiration à de nouvelles formes de démocratie grandit : la démocratie participative et citoyenne est clairement une exigence contemporaine, la démocratie sociale doit à l'évidence être revivifiée, alors que les syndicats, longtemps divisés et parfois marginalisés, voient leur rôle reconnu et réhabilité, la décentralisation, qui constitue un progrès incontestable, a besoin d'être clarifiée et approfondie. Plutôt que de s'attarder sur le slogan d'une sixième République, réfléchissons à l'adaptation de nos institutions, au fonctionnement de notre démocratie, à une nouvelle République en somme.

Transformer l'État, pour de meilleures politiques publiques

Une dernière chose me frappe dans l'expérience que j'ai acquise et dans la fonction qui est aujourd'hui la mienne : c'est la situation de l'État, à la fois renforcé et terriblement fragile. La crise Covid a marqué une forme de réconciliation des Français avec l'État, grâce au « quoi qu'il en coûte ». Et incontestablement, si la France n'avait pas, comme les autres pays européens au demeurant, créé des mécanismes astucieux et volontaristes, tels le prêt garanti à l'emploi, le temps partiel, les fonds de soutien, la casse économique et sociale aurait été beaucoup plus forte. Si l'on n'avait pas non plus relancé et mis en œuvre des plans d'investissement massifs, la réinvention d'une industrie de demain était impossible. Mais il est indispensable de réformer en parallèle les structures de l'État elles-mêmes, en recréant de la confiance dans les fonctionnaires et chez les fonctionnaires, ce qui reste pour beaucoup à faire. En France, l'État est la colonne vertébrale, qui avait autorisé une grande constance dans l'action sous la IVe République, qui fut remarquablement créatrice même si elle était extraordinairement instable. Il a aussi permis une forme de continuité à travers les alternances dans la Ve. Nous avons donc besoin de l'État et d'une élite administrative, pas nécessairement au sens de l'énarchie, mais qui continue d'y attirer des fonctionnaires d'excellence, motivés et formés, en leur offrant des carrières, en revalorisant leur action dans tous les sens du terme, symbolique et matériel, en améliorant nos facultés d'anticipation et d'évaluation. Nous devons faire davantage confiance aux corps intermédiaires, mais aussi aux institutions, à l'État.

Emmanuel Macron a décidé de réformer la haute fonction publique en supprimant l'ENA, créée après la Libération, remplacée par l'INSP (Institut national du service public). Cette réforme veut entraîner des changements plus profonds – les universités, l'Éducation nationale doivent continuer à évoluer pour accroître l'excellence de nos formations et donner leurs chances aux plus éloignés des conditions de la réussite, et contribuer à résorber les inégalités territoriales et sociales. Les « prépas talent », qui permettent de préparer des jeunes issus des quartiers et des populations moins favorisées aux concours administratifs, par exemple, sont une excellente initiative. Fallait-il supprimer l'ENA ? C'est une autre question ! L'ENA, à mes yeux, n'a pas démérité de la République, elle a permis de revenir sur certaines dérives qui existaient avant sa création, notamment l'entre-soi ou la cooptation, lorsque la sélection des membres des grands corps était faite par eux-mêmes.

Je comprends toutefois la motivation d'une réforme qui visait à remettre en cause le privilège de carrière donné à des jeunes, et même de très jeunes gens, par leur rang de sortie à l'ENA, qui leur permettait d'entrer directement à l'Inspection des finances, au Conseil d'État ou à la Cour des comptes, et à partir de là de rayonner dans la fonction publique, la politique ou le secteur privé en jouissant, par ailleurs, d'une sécurité à vie, du fait de leur appartenance à ces corps ou institutions. Pour autant, je n'apprécie pas la dénonciation, trop facile, de ces énarques comme des « rentiers » : les jeunes qui sont entrés directement à la Cour des comptes comme auditeurs en sortant de l'ENA n'ont pas hérité et ne vivent pas d'une sinécure. Ils travaillent beaucoup et sont méritants, c'est leur valeur qui leur ouvre ensuite de belles perspectives de carrière, et non je ne sais quelle protection corporatiste.

Par ailleurs, la suppression des corps existants, rattachés à un vaste corps d'administrateurs de l'État, à l'exception du Conseil d'État et de la Cour des comptes, protégés par leur rôle constitutionnel et leur statut de juridiction, ne va pas de soi. On songe à la « fonctionnalisation » contestée des inspections générales, des diplomates et des préfets. Ces difficultés doivent être traitées. Je ne suis ni corporatiste, ni conservateur, et encore moins pessimiste : la création d'un corps unique, celui des administrateurs civils hier, n'a jamais interdit de reconnaître la diversité des métiers et des talents de la haute fonction publique. Pourquoi en irait-il différemment avec les administrateurs de l'État aujourd'hui ? Je n'ai pas davantage le tempérament nostalgique. Puisque l'ENA a disparu, je souhaite m'emparer des opportunités offertes par cette réforme, à commencer par les possibilités qu'elle offre de démocratiser la haute fonction publique, qui en a assurément besoin : elle n'est pas à l'image de la société française, qu'il s'agisse de la diversité sociale – le nombre de fils d'ouvriers y reste dérisoire – territoriale ou des origines.

Si cette évolution a un sens, ce doit être celui de freiner la reproduction de nos élites. Tout part d'abord de l'amélioration du système éducatif lui-même, des conditions matérielles que l'on doit offrir aux enseignants pour aller dans les postes les plus compliqués, de l'évaluation précoce des talents, d'une politique de bourses ambitieuses. La diversification des recrutements est par ailleurs un impératif. Cela commence par la mixité. Comme chef des juridictions financières, de la Cour des comptes et des Chambres régionales des comptes, je refuse qu'on me propose des promotions ou des recrutements extérieurs qui ne soient pas paritaires, j'impose une très forte féminisation de ces corps, je tiens compte, autant que possible dans des systèmes de concours, des critères sociaux. Je souhaite enfin la reconnaissance de la diversité. Sans être favorable aux statistiques ethniques ou à la discrimination positive, qui ne correspondent pas à notre culture nationale et seraient mal acceptées, nous devons trouver des solutions pragmatiques à l'insuffisante représentation des différents visages de la France, qui demeure une anomalie et, disons-le, une forme d'injustice, qui entretient la colère, le ressentiment, parfois la désespérance. L'ascenseur social doit être réparé, et ouvert à tous. Si ce sont toujours les mêmes catégories, issues des mêmes origines ou des mêmes formations, qui détiennent tous les postes de pouvoir et du savoir, alors « l'archipélisation » de la société française, pour parler comme Jérôme Fourquet, ne débouchera pas seulement sur la « sécession des élites », qu'il a justement démontrée, ni même sur une nouvelle crise des Gilets jaunes, mais sur une crise démocratique et sociale permanente, dont l'issue politique est périlleuse.

Mais la transformation de l'État ne saurait s'arrêter à la réforme de la haute fonction publique, qui n'est que la partie visible et émergée de l'iceberg. C'est l'action publique elle-même, tout entière, qu'il faut faire évoluer. Cela suppose d'interroger la dépense publique, non seulement dans sa quantité mais dans sa qualité. Dans beaucoup de secteurs, par exemple l'éducation ou le logement, nous dépensons beaucoup, sans que la performance de notre système éducatif soit en progression ou que notre offre de logement social soit satisfaisante. La tâche est considérable et n'a jamais été vraiment engagée parce que le débat public français est trop binaire, entre ceux qui pensent qu'il y a trop d'État, qu'il faut le réduire ou le raboter, et ceux qui croient que l'attachement au service public justifie toujours de dépenser sans compter. Nous n'avons plus d'autre choix que de changer cet état de fait. Cela demandera du temps, de l'énergie, une volonté constante pour agir dans la durée, que la situation politique compliquée de notre pays ne facilite pas.

La France est confrontée à une série de défis unique. Je pense au défi climatique qu'il faut affronter, à une économie en mutation entre un système plus traditionnel et une économie du futur, à une situation géopolitique extraordinairement tendue avec la rivalité systémique entre la Chine et les États-Unis, avec la dérive du pouvoir russe, avec la montée des pouvoirs autocratiques ou illibéraux, le recul de la démocratie, à l'échelle planétaire. Nous avons le devoir de reconstituer un multilatéralisme efficace et légitime, de créer l'Europe-puissance, à la fois économique, écologique, politique, militaire. Nous devons aussi dépasser le « quoi qu'il en coûte ». Celui-ci était la bonne réponse face à la pandémie de Covid 19, parce qu'il a permis de sauver des vies, de préserver l'économie et le système de protection sociale. Devenu Premier président de la Cour des comptes, j'ai estimé que cette stratégie avait toute sa légitimité, et que le discours de l'austérité eût été, face à une pandémie sans précédent, aussi inaudible qu'erroné. Pour autant, dépenser sans compter ne peut pas, ne doit pas être la réponse à tous les chocs, à toutes les crises. Je ne crois pas à un « quoi qu'il en coûte » permanent et généralisé, pour amortir le choc énergétique, pour contenir l'inflation, pour soulager tous les maux, toutes les souffrances, qui aboutirait insidieusement à une étatisation de notre société et nourrirait une illusion fatale. Car la dette publique dont nous allons hériter en sortie de crise est une charge écrasante pour les générations futures, qui doit impérativement être contenue.

Je ne propose pas une politique d'austérité, à laquelle j'ai toujours été hostile, qui freinerait le dynamisme de l'économie et fragiliserait le service public. Mais je ne crois pas davantage que l'on puisse tout miser sur le mirage d'une croissance retrouvée qui serait la clé ou la solution de tous nos maux alors que le retour de l'inflation, les séquelles de la crise Covid sur les chaînes de production et les conséquences du retour de la guerre en Ukraine font au contraire craindre une période de « stagnation séculaire » ou une croissance potentielle durablement freinée. Il n'est plus possible, il n'est pas responsable d'être indifférent à la situation de nos finances publiques. La France aura tôt ou tard – et je le crains plus tôt que tard – un rendez-vous avec la maîtrise de la dette publique et de la dépense publique. Ce n'est pas un sujet purement technique, même s'il l'est par définition au point de paraître rébarbatif : c'est un problème de société, politique et démocratique, un enjeu de crédibilité pour notre pays et une question de souveraineté européenne. La dette publique, si elle augmente trop, si la charge de son remboursement s'accroît à l'excès, ôte toute marge de manœuvre à l'action publique : il n'y a pas de bonnes politiques publiques possibles sans finances publiques saines !

La France ne pourra pas financer les investissements massifs qui l'attendent (pour son indépendance énergétique, pour faire face aux changements climatiques, pour mener la transformation numérique de son économie, pour préserver la crédibilité de notre défense nationale, pour améliorer la situation dégradée de l'hôpital public, pour rester dans la course en matière d'innovation et de recherche, domaines où elle a décroché de manière préoccupante) sans se désendetter. Pour cela il est impératif de maîtriser nos dépenses de fonctionnement et de rendre plus efficaces nos politiques publiques. Nous voyons se dresser devant nous deux cimes : un mur d'investissements à financer, une montagne de dettes. Et nous ne ferons pas grandir le premier sans diminuer la seconde. N'attendons pas que le problème soit tranché un jour par les marchés, que ceux-ci nous contraignent à une purge austéritaire comme ce fut le cas il y a quelques mois en Grande-Bretagne. Soyons conscients que nous avons aussi notre travail d'adaptation, de réformes à faire. On peut tout à fait dépenser moins en dépensant mieux. On peut mener des politiques plus performantes et j'en suis convaincu plus justes, sans accepter pour autant des dépenses publiques toujours plus importantes.

Je suis persuadé que la Cour des comptes a un rôle particulier à jouer sur ce sujet, dans ce moment précis. C'est son métier de base et je crois que par sa capacité de contrôle, en allant plus vite, en étant plus ouverte aux citoyens, en intégrant davantage les dimensions nationale et locale, elle peut constituer l'une des vigies qui rappellent les faits et posent les enjeux, soulèvent des défis, proposent des réformes en des termes objectifs. Ce qui m'a frappé en y revenant après une vie professionnelle et politique qui s'est déroulée pendant plus de trente années à l'extérieur, c'est le très grand crédit dont elle dispose. Il n'y a pas beaucoup d'institutions qui ont 90 % de notoriété et 70 % de confiance ! On nous entend et on nous écoute, non pas parce que nous avons toujours raison – ce que nous disons est réfutable : ce n'est pas la vérité révélée, c'est un objet du débat public, mais c'est toujours étayé, chiffré, objectivé dans l'indépendance et la collégialité. C'est à travers nous que la société s'assure que le service public rend compte de son administration aux citoyens. Nous avons donc une capacité d'influence que je ne surestime pas – nous ne sommes ni un pouvoir ni un contre-pouvoir – mais qu'il ne faut pas non plus sous-estimer, et que j'entends faire jouer à plein.

Après mon arrivée rue Cambon, en dehors des grandes prises de position institutionnelles inhérentes à ma fonction – la présentation du rapport public annuel de la Cour, de ses rapports et des avis du Haut Conseil des finances publiques dans le cadre de l'examen des projets de loi de finances et de financement de la Sécurité sociale –, j'ai observé pendant un temps un quasi-silence médiatique, et ai fait précéder la parole par l'action. J'ai d'abord établi un diagnostic des forces et des faiblesses de la maison. Je mesurais le capital de respect dont elle disposait, la grande compétence de ses membres, la force de ses traditions et de ses valeurs – indépendance, collégialité, contradiction, nature juridictionnelle. Mais je voyais aussi ce qu'il fallait changer : le rythme des productions, la variété des produits, le rapport au citoyen, l'articulation entre la Cour des comptes à Paris et les Chambres régionales des comptes dans les territoires, qui à mes yeux devaient faire un grand ensemble, comme Philippe Séguin en avait eu l'intuition. Il y avait beaucoup de choses à modifier, et pour cela il fallait une mise en mouvement collective, en mode projet, et prendre son temps. J'ai passé une année entière là où on ne m'attendait pas, ou peu, à me consacrer totalement ou presque à la vie interne de la Cour. J'avais un projet de transformation de la Cour et des juridictions financières, auquel j'avais réfléchi notamment avec deux collègues et amis, Patrick Lefas et Guillaume Valette-Valla, et que nous avons mené à bien ensemble, en associant tous les personnels de l'institution. Je communiquais, certes, mais essentiellement sur les rapports importants. Pour la première fois depuis bien longtemps je n'ai pas ou peu vu de journalistes, j'ai tranquillement assemblé mon puzzle.

C'est maintenant chose faite, la transformation de la Cour est engagée et visible, elle est plus rapide, plus présente dans le débat public. Pour ma part, je recommence à m'exprimer, mais à mon rythme. Je ne cherche pas à être présent tout le temps : la rareté crée aussi de l'intérêt et l'impact de la Cour, qui publie désormais l'intégralité de ses travaux, soit deux cents rapports par an, est d'une grande puissance en soi. À notre place, nous comptons dans le débat public, nous sommes écoutés, et pesons, à défaut d'être toujours entendus ou suivis – ce qui ne me choque pas, car je respecte trop le politique pour prétendre dicter ses décisions. Mais je suis convaincu que notre voix, que j'ai la responsabilité de porter, est essentielle aux Français, et qu'elle le sera particulièrement dans les temps troublés que nous vivons. La mission fondamentale de la Cour, consacrée par la Constitution, est, en définitive, l'information du citoyen. Tant que j'exercerai cette fonction, je m'efforcerai de la remplir. Sans faiblesse, sans complaisance ou timidité, en toute indépendance, armé de la qualité qu'une longue vie publique, je l'espère en tout cas, m'a apprise : le jugement.

CONCLUSION

Il y a un paradoxe du temps qui s'écoule, apparemment de façon immobile, en réalité inexorablement. J'ai soixante-six ans. J'ai moi-même peine à le croire, tant la vie est passée vite, tant les instants que j'ai vécus sont présents à ma mémoire avec des sentiments intacts, des sensations vivaces. C'est un âge où l'on a encore beaucoup de forces, physiques et intellectuelles. Un âge où l'on peut agir, diriger, penser, écrire, vivre, en pleine possession de ses moyens. Je n'ai pas oublié l'essentiel de ce qui m'a fait – mes origines, mes convictions, mes idées, mes goûts, mes élans, mes colères, mes enthousiasmes. Certes, tout cela s'est sans doute un peu apaisé, patiné, et ce n'est pas plus mal. Mais ces traits de personnalité restent – je pourrais paraphraser Picasso, et son « on met longtemps à devenir jeune ». Je ne peux toutefois pas, et je ne veux pas, avoir l'illusion de la jeunesse éternelle. Mais j'aime la formule de Louis Althusser, qui fut un des maîtres à penser, aussi obscur que lumineux, de ma jeunesse : « l'avenir dure longtemps ».

Il n'est pas encore temps de faire comme si le sablier s'était intégralement vidé. J'ai devant moi quelques années à la Cour des comptes. Il y aura, je le souhaite du moins, encore une vie active ensuite. Ce sera, probablement, ma dernière aventure professionnelle, avant une étape où je pourrai profiter de l'existence, lire ou relire des livres, voir grandir mon fils, l'accompagner dans son adolescence et dans sa jeunesse aussi longtemps que la vie me sera prêtée. J'ai l'espoir d'avoir devant moi une bonne dizaine d'années à plein régime. Et j'en ai envie ! J'ai consacré ma vie publique à la démocratie, à l'Europe, au service de mon pays, ce pays que mes grands-parents et mes parents ont choisi. Ces idéaux sont aujourd'hui fragilisés et la France est en souffrance. Je ne me résigne pas à cette situation, elle fait encore bouillir mon sang. Je refuse l'indifférence et la passivité. Tant que ce sera le cas, je me mobiliserai, j'agirai, je ferai entendre ma voix. Il y a encore tant de choses à dire et à faire !

Remerciements

Merci à Michaël DARMON. Ses questionnements m'ont aidé à dire ce que je savais sans toujours parvenir à l'exprimer.
Il a fallu beaucoup de patience et d'intuition à Alexandra CONNAN pour m'accompagner dans les innombrables réécritures de ce récit. Je lui en suis reconnaissant.

III. DEVOIR D'ÉTAT, VOCATION EUROPÉENNE

IV. RÉFLEXIONS SUR LA DÉMOCRATIE FRANÇAISE

Composition : PCA
Achevé d'imprimer
par CPI Firmin-Didot
à Mesnil-sur-l'Estrée, en octobre 2023
Dépôt légal : octobre 2023
Numéro d'imprimeur : 176621

ISBN : 978-2-07-295451-1/Imprimé en France

398229